ESTÚPIDOS HOMBRES BLANCOS

MICHAEL MOORE

EDICIONES B
GRUPO ZETA

Barcelona • Bogotá • Buenos Aires • Caracas • Madrid • México D.F. • Montevideo • Quito • Santiago de Chile

Título original: *Stupid White Men*
Traducción: Miquel Izquierdo Ramon
1.ª edición: septiembre 2003
© Michael Moore, 2001, 2002
© Ediciones B, S.A., 2003
  Bailén, 84 - 08009 Barcelona (España)
  www.edicionesb.com
Publicado por acuerdo con Regan Books, un sello editorial
de HarperCollins Publishers, Inc.
Impreso en Argentina - Printed in Argentine
ISBN: 84-666-1281-5
Depósito legal: B. 24.802-2003
Supervisión de Producción: Carolina Di Bella
Impreso por Printing Books, Av. Coronel Díaz 1344,
Avellaneda, Buenos Aires, en el mes de febrero de 2004.

ESTÚPIDOS
HOMBRES BLANCOS

MICHAEL MOORE

Para Al Hirvela

Fue sorprendente que ganara. Me enfrentaba a la paz, la prosperidad y el poder.

GEORGE W. BUSH, 14 de junio de 2001,
en conversación con Goran Perrson,
primer ministro de Suecia,
inconsciente de que una cámara
de televisión seguía grabando.

PRÓLOGO

SU PREGUNTA
MOLESTA

"No hay ningún motivo válido
para engañar a los niños."

Bertrand Russell

El lúcido, viejo y bueno Bertrand Russell sabía de lo que estaba hablando. No hay nada peor que un niño cuando entra en cortocircuito con el mundo. ¿Por qué le dijeron que todos éramos iguales? ¿Quién le enseñó que la justicia era justa? ¿Quién fue el responsable de meterle en la cabeza que la libertad existe? El niño simplemente no pudo soportarlo y se dedicó a preguntar. Preguntar es desobedecer. Quien pregunta no está conforme y, por sobre todo, no está tranquilo; las definiciones no le alcanzan. El pequeño Michael Moore nació en Michigan y vive en Nueva York, el ejemplo más perfecto de mentira colectiva, donde todos se levantan dispuestos a vivir el gran día que nunca llega. Michael es un gusano oradando la Gran Manzana: descubre en su camino que la mayor parte de sus compatriotas son analfabetos funcionales, que la Justicia no es ciega sino tuerta y aviesa, que los votos en el Estado de Florida pueden manipularse gracias a las influencias de la familia republicana y que su presidente, George W., es un patán que tiene al alcance de su mano el único botón de la Bomba Final. Demasiados descubrimientos para una sola vida. Desde entonces se dedica a enfrentar al Sistema con sus propias contradicciones: la batalla es despareja, y el Sistema le responde como sabe, transformándolo en un éxito de ventas, instalándolo de por vida en la lista de *best-sellers* pero convirtiéndolo, a la vez, en un *boom* ensordecedor: la radio y la televisión lo ignoran, sus películas son financiadas por los ingleses y la mitad de la Alfombra Roja lo silbó al recibir el Oscar. Este niño gordo y desprolijo, de barba rala y campera comprada en mesa de saldos es un ejemplo de fe en una democracia que, quizá, nunca existió. Su pregunta, molesta. Sus preguntas, molestan. Pero de eso se trata preguntar: preguntarse si todo este gran malentendido puede continuar, si los niños, alguna vez, podrán crecer con respuestas sinceras.

JORGE LANATA

Buenos Aires, octubre de 2003

Introducción
a la edición inglesa

Esta edición de *Estúpidos hombres blancos*, a diferencia de la primera, no se publica para América del Norte, el continente donde vive la amplia mayoría de los hombres penosamente estúpidos, vergonzosamente blancos y asquerosamente ricos.

El libro se escribió inicialmente para estadounidenses y canadienses (en realidad sólo para estadounidenses, pues los canadienses son gente lista y enrollada que está al corriente de los males estadounidenses y que compró el libro como simple deferencia hacia mí).

Lo escribí en los meses anteriores al 11 de septiembre de 2001. Los primeros 50.000 ejemplares salieron de imprenta el 10 de septiembre de ese mismo año. Ni que decir tiene que, al día siguiente, esos libros no se distribuyeron por las librerías de todo el país tal como estaba previsto.

Yo mismo le pedí a la editorial, ReganBooks (una filial de HarperCollins), que retrasara la salida a la venta del mismo unas semanas, ya que como residente de Manhattan no me sentía con ánimos para salir de gira de promoción en tales circunstancias. El editor de HarperCollins se mostró de acuerdo..., y acto seguido, una alarma de bomba se disparó en la sede empresarial: «Tengo que irme —dijo—. Van a evacuar el edificio.» Sus últimas palabras fueron: «Te llamaré en unas semanas.»

No hubo más avisos de bomba y las semanas fueron pasando. Al no recibir llamada alguna, decidí telefonear a la gente de ReganBooks/HarperCollins para preguntarles cuándo iban a salir a la venta mis 50.000 ejemplares (que estaban acumulando polvo en un almacén de Scranton, Pensilvania). La respuesta que me ofrecieron ponía muy en duda la presunta condición democrática de mi país:

«No podemos sacar el libro a la venta tal como está escrito. El clima político del país ha cambiado. Nos gustaría que pensaras en reescribir el 50 % de tu trabajo..., que omitieras las referencias más duras a Bush y que rebajaras el tono de tu disensión. También quisiéramos que nos entregaras 100.000 dólares para la reimpresión de los libros.» Sugirieron que eliminase el capítulo titulado «Querido George» y que cambiara el título de «A matar blancos». («Ahora mismo, el problema no son los blancos», adujeron. «Los blancos —respondí— siempre son el problema.») Añadieron que me agradecerían que no me refiriera a las elecciones de 2000 como un «golpe» y que sería «intelectualmente deshonesto» no admitir en el libro que, al menos desde el 11 de septiembre, el señor Bush había hecho «un buen trabajo». La charla se cerró con estas palabras: «En ReganBooks ya somos conocidos como los "editores del 11-S"; tenemos un par de libros listos sobre los héroes de las Torres Gemelas, vamos a publicar la autobiografía del jefe de policía y preparamos un álbum fotográfico sobre la tragedia. Tu libro ya no encaja en nuestra nueva imagen.»

Pregunté si dichas órdenes procedían de arriba, o sea, del propietario de News Corp., que posee a su vez HarperCollins, Rupert Murdoch. No hubo respuesta.

Yo sí respondí: «No pienso cambiar el 50 % siquiera de una palabra. No puedo creer lo que me dicen. Este libro ya lo habían aceptado e impreso y ahora tienen miedo o simplemente tratan de censurarme para ajustarse al dictado de la filosofía política empresarial. En un momento en que se supone que tendríamos que estar luchando por nuestra libertad, ¿vamos a dedicarnos a limitar nuestros derechos? ¿No es éste el momento de decir que, independientemente de los ataques que suframos, lo último que vamos a hacer es convertirnos en uno de esos países que suprimen la libertad de expresión y el derecho a discrepar?»

Sí, sonaba tajante, pero la verdad es que estaba asustado. Mucha gente me había recomendado que me tranquilizara, que diese mi brazo a torcer un poco o jamás vería el libro en un estante. De modo que escribí al editor y traté de llegar a una solución de compromiso, ofreciéndome a escribir material nuevo y a revisar la obra para asegurarme de que no quedase una sola línea que pudiera resultar ofensiva para quienes perdieron a algún ser querido el 11 de septiembre. Intenté apelar a su sentido de lo que debería ser el verdadero patriotismo —dejar que todo aquel que desee expresar su punto de vista haga oír su voz— y les dije que confiaba en que fueran ellos quienes lo publicaran, pues presumía que no iban a echarse atrás ante tales riesgos.

Le respuesta que obtuve es el equivalente editorial de «vete a la mierda».

Me exigían una reescritura sustancial, seguían insistiendo en que metiese tijera a buena parte del libro y, efectivamente, querían que mandara un cheque por valor de 100.000 dólares a la empresa del señor Murdoch.

El toma y daca se prolongó dos meses. Traté de hablar con la presidenta de ReganBooks, Judit Regan, pero no se dignó devolverme las llamadas. Sus allegados me dijeron que, desde el 11 de septiembre, Regan pasaba buena parte de su tiempo en el canal de Fox News, presentando un programa de debates y entrevistas de última hora, quizás uno de los peores de la televisión americana (en vista de que había integrado su editorial en el imperio mediático de Murdoch, éste la había recompensado con un espacio propio en su canal de noticias).

Fuentes de News Corp. me contaron varios detalles relativos a la práctica prohibición de mi libro, pero las leyes inglesas no me permiten publicarlos en la edición británica del mismo. ¡Eh, ex propietarios de América del Norte y de buena parte del mundo, a ver si os agenciáis una Constitución con una Declaración de Derechos y una Primera Enmienda que garantice la libertad de expresión y de prensa! Tan bien como empezasteis con la Carta Magna —hace ya mil años—, y parece que fue lo último a lo que os quisisteis comprometer por escrito. Liberadme de la censura. Nos disteis un gran idioma, construisteis caminos por todos lados, y en Estados Unidos todavía vemos las reposiciones del *Show de Benny Hill*. Lo mínimo que podríais hacer es permitir que un autor escriba lo que piensa en lugar de verse obligado a pedir a los ciudadanos británicos que se escabullan de la monarquía y acudan al ciberespacio *(www.michaelmoore.com)* para averiguar lo que no me dejasteis decir en estas páginas.

Hacia las ocho de la noche del 30 de noviembre de 2001, recibí una llamada de HarperCollins.

—Parece que nadie se baja del burro —se lamentó mi editor, apesadumbrado—. Tú no te bajas, ellos tampoco. Punto muerto. El libro no va a salir en sus condiciones actuales.

Le dije que podía llevarlo a otra editorial.

—No puedes —repuso—. Lee tu contrato. Tenemos los derechos por un año.

—Y si el libro no sale, ¿qué vais a hacer con las 50.000 copias que tenéis muertas de asco en un almacén?

—Pues supongo que las van a triturar para reciclar el papel.

¿Triturar? ¿Destruir? Me entraron náuseas. Esa noche no pegué ojo. ¿En qué punto me hallaba? Traté de animarme ponderando las últimas palabras que acababan de decirme. «Míralo desde el lado bueno —le dije a mi esposa—; esto demuestra la enorme influencia que tenemos en el panorama político: ¡hasta el opresor se dedica ahora a reciclar!»

Era un último intento para no comerme la cabeza con la sospecha de que mi país estaba dejando de ser tierra de libertad. Todos sabemos algo que somos incapaces de confesarnos: estamos ante un estado policial en ciernes que se acerca a la pesadilla orwelliana de la mano de una fuerza mucho más eficaz que la Policía del Pensamiento: la policía empresarial. Mientras el gobierno hace redadas de ciudadanos con aspecto de árabes y los encierra sin cargos, la elite empresarial se entretiene idiotizando al pueblo.

Pensé que ya no había nada que hacer, pero entonces llegó la mañana del 1 de diciembre de 2001. Esa fecha debería ser una fiesta nacional en el país, pues tal día como ése del año 1955 una costurera negra rehusó ceder su asiento a un blanco en un autobús público de Montgomery, Alabama. Según la ley, el color de su piel la obligaba a ello. Su callado gesto de coraje sacudió los cimientos de la nación y desencadenó una revuelta. Rosa Parks, que ahora reside en mi estado natal de Michigan, es un importante recordatorio de que pueden darse grandes cambios en una sociedad cuando una o dos personas de conciencia limpia y firme deciden actuar.

Y así sucedió el 1 de diciembre de 2001. Acudí a algún lugar de Nueva Jersey para hablar ante un centenar de personas de un consejo de acción ciudadana en cuya reunión anual me había comprometido a participar. Plantado en la tarima, les confesé a los concentrados que no me sentía con ganas de pronunciar el discurso que había planeado. En su lugar, les conté lo que me había impedido dormir la noche anterior. Les dije que ya no creía que nadie pudiera llegar a leer las palabras que había escrito y les pregunté si les importaba que les leyera un par de capítulos de mi *Estúpidos hombres blancos*.

La sala asintió, tal como uno espera que haga la clase trabajadora de Jersey cuando se les ofrece algo que el poder no desea que sepa. Así que me puse a leer los amenazadores capítulos conocidos como «Querido George» y «A matar blancos». Al cabo, la sala prorrumpió en cálidos aplausos y varias personas me pidieron que les firmase algunos ejemplares.

—¿Qué ejemplares? —pregunté.

—Ejemplares de su primer libro —respondió una mujer.

—Claro —dije y me senté para disponerme a firmar, no mi libro más reciente, sino el que había pergeñado cinco años antes. Mientras autografiaba un ejemplar tras otro, pensé que podría estar firmando mi nueva obra si al menos hubiese cedido, cedido un poco... o mucho. Si al menos hubiese renunciado por completo a mis principios.

Cuando terminé, salí precipitadamente del edificio porque no quería que toda esa gente me viera llorar. ¡El grande y corajudo Michael Moore! Regresé a Manhattan, convencido de que mi carrera de escritor había terminado y que vivía en un lugar que me había desecado el alma. Enjugué mis lágrimas al divisar ante mí el cercenado perfil de la ciudad. Bien, pensé, al menos todavía seguía allí, a diferencia de los bomberos de mi manzana o el productor con quien había trabajado en abril y que, en aquel infausto día de septiembre, viajaba en el avión que impactó contra la torre sur del World Trade Center. Sí; estaba vivito y coleando.

Entonces, sucedió algo milagroso. Sin saberlo yo, entre el público al que me había dirigido el 1 de diciembre en Jersey, se hallaba una mujer que, después de escuchar mis penas, decidió hacer algo al respecto. Era una bibliotecaria de Englewood, Nueva Jersey, llamada Ann Sparanese. Aquella noche, se fue a casa y se conectó a Internet para escribir una carta a sus amigos bibliotecarios, que colgó en un par de páginas dedicadas a temas literarios progresistas, en la que les contaba lo que HarperCollins planeaba hacer. Me riñó (al más puro estilo de las bibliotecarias) por no hacer público mi caso, pues no tenía derecho a callar en el creciente clima de censura que empezaba a respirarse en el país y que afectaba a todo el mundo. Cabe recordar que la nueva ley antiterrorista USA Patriot Act prohibía a los bibliotecarios denegar a la policía información sobre quién está leyendo qué. ¡Incluso podían acabar en la cárcel si contactaban un abogado! Pese a esta atmósfera opresiva, Ann Sparanese pidió a todo el mundo que escribiera a HarperCollins y exigiera que pusiera a la venta el libro de Michael Moore.

Y eso es lo que cientos y luego miles de ciudadanos hicieron.

Yo no tenía la menor idea de que esto se estaba cociendo hasta que recibí una llamada de HarperCollins.

—¿QUÉ LES DIJISTE A LOS BIBLIOTECARIOS? —inquirió la voz al otro extremo de la línea.

—¿De qué hablas? —le pregunté, desconcertado.

—Estuviste en Nueva Jersey y contaste todo a los bibliotecarios.

—No había bibliotecarios en Nueva Jersey y... ¿Cómo sabes lo que dije?

—Está en Internet. Algún bibliotecario se ha empeñado en difundir la historia, ¡y ahora estamos recibiendo un montón de correo hostil por parte de bibliotecarios!

Vaya, me dije. Los bibliotecarios son, sin duda, un grupo terrorista con el que uno no desearía enzarzarse.

—Lo siento —dije, apocado—. Pero te juro que comprobé que no hubiera prensa en la sala.

—Pues ahora ha salido a la luz, y no hago más que recibir llamadas de *Publisher's Weekly*.

Pocos días después, *PW* citó una supuesta declaración de mi editor en la que afirmaba que yo reescribiría el libro (más tarde, éste la desmintió rotundamente). Después de guardar silencio ante la prensa durante meses, esperando poder arreglar las cosas pacíficamente, le conté a *PW* todo el viacrucis por el que había pasado, así como que había 50.000 copias de mi libro retenidas como rehenes en Scranton. Entonces, el periodista me habló de la bibliotecaria de Nueva Jersey que había alborotado el avispero.

—No conozco a esa mujer —dije—, pero sea quien sea me gustaría agradecérselo.

La semana siguiente, después de que me convocaran a un encuentro con el alto mando en HarperCollins —en el que se me amenazó nuevamente con que mi libro «simplemente no puede salir al mercado con esa portada y ese título»—, recibí una llamada de mi agente para comunicarme que el libro se pondría a la venta tal como estaba, sin un solo retoque.

La editorial estaba mosqueada porque todo había salido a la luz pública y ellos quedaban como unos censores (que es lo que eran). «¡Malditos bibliotecarios!» Dios los bendiga. No debería sorprender a nadie que los bibliotecarios fueran la vanguardia de la ofensiva. Mucha gente los ve como ratoncitos maniáticos obsesionados con imponer silencio a todo el mundo, pero en realidad lo hacen porque están concentrados tramando la revolución a la chita callando. Se les paga una mierda, se les recortan su jornada y sus subsidios y se pasan el día recomponiendo los viejos libros maltrechos que rellenan sus estantes. ¡Claro que fue una bibliotecaria quien acudió en mi ayuda! Fue una prueba más del revuelo que puede provocar una sola persona.

Sin embargo, la airada editorial había decidido que este libro debía morir de un modo u otro, con o sin bibliotecarios. Ordenaron que no se imprimieran más ejemplares y me notificaron que no habría promoción en los periódicos y que mi gira de presentación se limitaría a tres ciudades («tres y media si quieres contar la ciudad en la que vives»): Ridgewood, Nueva Jersey (donde reside el congresista republicano que en las elecciones de

2000 compitió contra el ficus que nuestro programa de televisión había designado como candidato); Arlington, Virginia (sede del Pentágono) y Denver. Pregunté si habían extraído tan brillante idea del manual *Cómo acabar con un libro*. El día de la presentación se acercaba peligrosamente, y HarperCollins había acordado con las emisoras un total de cero apariciones televisivas. El libro no se mencionó ni en la radio ni en la televisión públicas y se me informó de que una cadena de librerías vetaba mi aparición en sus dependencias «por razones de seguridad».

Así pues, el libro parecía listo para un entierro inmediato cuando decidí publicar una carta en Internet en la que refería todo por lo que había pasado. Denunciaba que en esta nueva era de represión, las palabras se antojaban tan peligrosas como terroristas y pedía a los lectores que compraran el libro para no dejar que quedaran sepultadas.

En pocas horas se vendieron los 50.000 ejemplares. Al día siguiente, *Estúpidos hombres blancos* era número uno en la lista de Amazon.com. HarperCollins se hallaba en estado de choque. ¿Cómo era posible? Me habían dicho que la obra jamás llegaría a conectar con el pueblo norteamericano.

Al quinto día, el libro ya iba por su novena reimpresión. La editorial no daba abasto. Se colocó en el primer puesto de la lista de libros más vendidos del *New York Times* y de las del resto del país. Durante meses no fue posible encontrar un ejemplar en las librerías.

Mientras escribo esto, *Estúpidos hombres blancos* se halla en su quinto mes como líder de todas las listas. Sigue sin haber recibido publicidad alguna en los periódicos, y yo sólo he aparecido en dos programas de televisión: uno que se emite hacia la una de la madrugada y otro que empieza a las siete de la mañana.

El ostracismo mediático no ha surtido el menor efecto. El público estadounidense, al que los medios pintan más burro que un canasto, ha demostrado que sabe estar a la altura de las circunstancias, y no hay más que agradecérselo a George W. Bush. Sus acciones desde aquel mes de septiembre han estremecido a todo americano pensante. Este libro ha vendido más ejemplares que ningún otro título de no ficción en Estados Unidos este año.

La última noticia que tuve es que iba camino de su 25ª impresión. Ánimo, ciudadanos de este hermoso planeta: puede que, después de todo, haya todavía esperanza para nosotros, los americanos.

Lo que me alegra de que ahora se edite fuera de EE. UU. es que, a juzgar por el correo que recibo de Londres a Liverpool y de Galway a Perth, los estadounidenses no tenemos el monopolio de los estúpidos hombres blancos. Después de que el libro alcanzara el primer lugar de ventas en Canadá (puesto en el que sigue después de cuatro meses), empecé a recibir incontables cartas de canadienses contándome qué panda de cabrones gobiernan su país, desde el arrogante (aunque lameculos de EE. UU.) primer ministro hasta el magnate que posee casi todos los grandes periódicos, una miríada de cadenas de televisión y 120 periódicos locales. No hay duda de que los canadienses podían identificarse con mi discurso.

Entonces, sucedió algo curioso. Mi esposa me llamó para que echase un vistazo a la pantalla de su ordenador, y allí estaba: *Estúpidos hombres blancos*, en el número uno de las listas de Amazon en el Reino Unido. ¿Cómo era posible? Allí todavía no había salido a la venta. Sin posibilidad de adquirirlo en Gran Bretaña (HarperCollins había respondido a mis repetidas peticiones de que publicaran una edición inglesa con persistentes negativas), los británicos e irlandeses estaban comprando ejemplares importados que se vendían notablemente más caros. A sabiendas del dinero que había de por medio, ReganBooks/HarperCollins pusieron las imprentas a toda máquina para exportar otros miles de ejemplares a las Islas Británicas. En una semana, el libro ya estaba en el primer puesto de la lista de ventas del *Sunday Times*.

Ahora ya me he librado del rodillo de Murdoch, gracias a la ayuda de Penguin Books, del Reino Unido, que se ofreció a publicar la edición de bolsillo. La misiva que me enviaron es una de las muestras más generosas y firmes de compromiso con mi trabajo que he visto nunca y agradezco su apoyo enormemente.

No es la primera vez que establezco una relación mejor con extranjeros. La BBC se ofreció a producir mi primera serie, *TV Nation*, después de que la NBC la rechazara en Estados Unidos.

Una vez recibida la aprobación de la BBC, la NBC decidió que había cometido un error y nos incluyó en su parrilla. Posteriormente, la BBC produjo mi documental *The Big One*. El Channel Four produjo más tarde la primera temporada de nuestra siguiente serie, *The Awful Truth*, y su socio canadiense, Salter Street Films, acabó financiando mi siguiente película, *Bowling for Columbine*. Resulta triste y afortunado a la vez que para conseguir dinero que me permita ofrecer al público norteamericano obras que examinan la condición estadounidense, deba abandonar mi país.

Sin duda, no hace falta escarbar mucho para dar con estúpidos hombres blancos en Estados Unidos. Sin embargo, pese a que estoy muy agradecido con todos aquellos que en distintos países me han ayudado, resultaría parcial de mi parte achacar únicamente a mi país la existencia de ese colectivo aberrante. Un sinnúmero de criaturas de esta ralea acechan en toda la Commonwealth y en la misma tierra de Irlanda que mis bisabuelos llamaron su hogar.

En Gran Bretaña, parece que toda la atención de los últimos años se ha centrado en el mal de las vacas locas..., dejando de lado a los hombres locos. El mero hecho de que no comamos hombres locos no es motivo para pasar por alto este grave problema de seguridad. Los políticos británicos y ejecutivos de las multinacionales hacen estragos, tratando de igualar los méritos de sus colegas de EE. UU. para mostrar al mundo que su estupidez no tiene nada que envidiar a la de los estadounidenses. Basta considerar el estado del sistema ferroviario británico para ver adónde puede conducir el modelo americano (que consiste en privatizar entidades bien gestionadas anteriormente por el estado).

No hay nada más triste que ver a líderes de otros países tratando de imitar a los del nuestro. Nunca fue más cierto lo de que un hombre —un jefe de Estado— se apunta a un bombardeo. Si nosotros nos resignamos a aceptar unos medios de comunicación infames, al poco sus noticiarios empiezan a parecerse a los nuestros. Decidimos eliminar nuestra red de asistencia para los pobres y en un abrir y cerrar de ojos su cuerpo legislativo recorta numerosos servicios sociales que han existido durante décadas.

Y esto último es lo que resulta más indignante para este observador: que otros países empiecen a castigar a los desposeídos y a hacerles la vida más difícil. Es un camino que puede dejar el país hecho un desastre. Si les entretiene ver cada mes un tiroteo en escuelas y centros de trabajo yanquis, si les parece que el hecho de que la tasa de mortalidad infantil en algunas ciudades supere a la de Nairobi es señal de progreso, si quieren vivir en un mundo en el que van recortándose progresivamente las libertades civiles, sigan nuestro ejemplo. De este modo, no sólo se convertirán en Mini-Yos de EE. UU., sino que les invitaremos regularmente a participar en nuestras tentativas de explotar a los pobres de otros países para que todos podamos llevar zapatillas de deporte bien baratas. ¡No pueden dejar escapar esta oportunidad!

Bueno, quizá sí puedan. Tal vez aún les quede cierta esperanza. Para nosotros, es posible que ya sea demasiado tarde. Quién sabe. Este libro les aportará una visión de EE. UU. que no suelen presentar siquiera los medios de su país. Lo pueden considerar un espejo de lo que también sucede actualmente en otras partes del mundo y como advertencia de lo que podría estar por venir. Cuando terminen, sería de desear que se comprometan en cierta medida a deponer a todos los blancos estúpidos de cada uno de sus puestos de poder. Además de hacerles sentir bien, quizá logre que sus trenes vuelvan a llegar a la hora y vía debidas.

MICHAEL MOORE,
julio de 2002

1
UN GOLPE A LA AMERICANA

EL SIGUIENTE MENSAJE, ENVIADO DESDE AL-
GÚN PUNTO DE AMÉRICA DEL NORTE, FUE INTER-
CEPTADO POR LAS FUERZAS DE LA ONU A LAS 6.00 H.
DEL 1 DE SEPTIEMBRE DE 2001:

Soy un ciudadano de Estados Unidos de América. Nuestro
gobierno ha sido derrocado y el presidente electo se ha visto forzado al exilio. La capital de la nación ha sido ocupada por hombres blancos y viejos que beben martini y llevan pechera.

Estamos sitiados. Somos el gobierno de Estados Unidos en
el exilio.

No se pueden pasar por alto nuestros números. Somos 154
millones de adultos y 80 millones de niños, en total 234 millones
de personas que no votaron por el régimen que se ha hecho con
el poder y que no nos representa.

Al Gore es el presidente electo de Estados Unidos. Obtuvo
539.898 votos más que George W. Bush. Sin embargo, no es él
quien ocupa el Despacho Oval. En cambio, nuestro presidente
electo erra por el país como alma en pena sin dar señales de vida
más que para pronunciar alguna conferencia que le permita rea-
bastecer su reserva de bizcochos.

Al Gore ganó. Al Gore, presidente en el exilio. ¡Viva el *presi-*
*dente Albertooooo Gorrrrre!**

Entonces, ¿quién es el hombre que mora en el número 1600

* En español en el original. *(N. del T.)*

de la avenida Pennsylvania? Es George W. Bush, «presidente» de Estados Unidos. El ladrón en el poder.

Habitualmente, los políticos esperan a tomar posesión del cargo antes de convertirse formalmente en criminales. Pero éste es un caso prefabricado, que comporta un delito de allanamiento de una sede federal: hay un okupa en la Casa Blanca. Si les dijera que esto es Guatemala, se lo creerían sin más, sea cual fuere su tendencia política. Pero dado que este golpe venía en un paquete envuelto con la bandera estadounidense en su tono favorito de rojo, blanco o azul, sus responsables creen que van a salirse con la suya.

Éste es el motivo por el que, en nombre de los 234 millones de americanos a quienes han tomado como rehenes, he solicitado a la OTAN que haga lo que ya hizo en Bosnia y en Kosovo, lo que Estados Unidos hizo en Haití, lo que Lee Marvin hizo en *Doce del patíbulo*:

¡Manden a los marines! ¡Lancen misiles SCUD! ¡Tráigannos la cabeza de Antonin Scalia!*

He cursado una solicitud personal al secretario general de la ONU, Kofi Annan, para que atienda nuestra petición. Ya no somos capaces de gobernarnos ni de celebrar elecciones libres y limpias. ¡Necesitamos observadores, tropas y resoluciones de la ONU!

¡Maldita sea, queremos a Jimmy Carter!

Por fin nos hemos rebajado al nivel de una república bananera cualquiera. Y ahora nos preguntamos por qué deberíamos molestarnos en levantarnos cada mañana para trabajar como burros con el fin de producir bienes y servicios que sólo sirven para enriquecer más a la Junta y sus cohortes de la América Empresarial (un feudo autónomo en el seno de Estados Unidos al que le está permitido ir por libre). ¿Por qué hemos de pagar impuestos para financiar su golpe? ¿Qué sentido tendrá mandar a nuestros hijos a la guerra para que se sacrifiquen defendiendo «nuestro estilo de vida» cuando esto ya no significa más que el estilo de vida de un puñado de hombres grises atrincherados en los cuarteles que tomaron por asalto junto al río Potomac?

* Magistrado notoriamente conservador del Tribunal Supremo. *(N. del T.)*

¡Oh, Virgen Santa, no puedo más! Que alguien me pase el mando a distancia universal. Tengo que sintonizar el cuento de hadas en el que yo era ciudadano de una democracia con derecho inalienable a la vida, la libertad y la búsqueda de opíparas comilonas. Aquella historia que me contaron de niño decía que yo importaba, que era igual a cualquiera de mis conciudadanos y que ninguno de nosotros podía ser tratado de manera diferente o injusta, que nadie accedería al poder sin el consentimiento de los demás. La voluntad del pueblo. América, tan hermosa. La tierra que amo. El último... brillo... del crepúsculo. Bueno, ¿cuándo llegarán las fuerzas de pacificación belgas?

El golpe se fraguó mucho antes que la mascarada de las elecciones del año 2000. En el verano de 1999, Katherine Harris, que merece el título honorario de hombre blanco estúpido y fue codirectora de la campaña presidencial de George W. Bush y secretaria del estado de Florida a cargo de las elecciones, pagó 4 millones de dólares a Database Technologies para repasar el censo del estado y eliminar del mismo a cualquier «sospechoso» de tener antecedentes policiales. Contó para ello con la bendición del gobernador de Florida, el hermano de George W., Jeb Bush, cuya esposa fue sorprendida por agentes del servicio de inmigración tratando de introducir en el país un alijo de joyas valoradas en 19.000 dólares sin declararlo ni pagar impuesto alguno... Un delito en toda regla. Pero ¿de qué se quejan? Esto es América, y aquí no perseguimos a delincuentes ricos o emparentados con la familia Bush.

La ley sostiene que los ex convictos no tienen derecho a votar en Florida. Lamentablemente, eso significa que el 31 % de los hombres negros de Florida no puede votar por el hecho de contar con antecedentes penales (y estoy seguro de que el sistema judicial de Florida es intachable). Harris y Bush sabían que al tachar del censo los nombres de ex convictos impedirían el acceso a las urnas a miles de hombres negros.

Ni que decir tiene que los negros de Florida son demócratas en su inmensa mayoría, como quedó patente el 7 de noviembre de 2000: Al Gore recibió el voto de más del 90 % de todos ellos. De todos los que tuvieron permiso para votar, se entiende.

En lo que parece ser un fraude masivo cometido por el estado de Florida, Bush, Harris y compañía no sólo borraron del censo a miles de negros con antecedentes, sino también a miles de ciudadanos negros que no habían cometido un delito en su vida, junto con otros miles de votantes potenciales que no habían cometido más que faltas.

¿Cómo pudo ocurrir algo así? El equipo de Harris pidió a Database —una empresa estrechamente vinculada a los republicanos— que aplicase criterios de exclusión tan amplios como fuera posible para desembarazarse de estos votantes. Sus subalternos incluso exhortaron a la compañía a incluir en su lista a personas con nombres similares a los de los delincuentes, e insistieron en que Database comprobara los antecedentes de los individuos que tenían la misma fecha de nacimiento que delincuentes reconocidos o un número de la Seguridad Social parecido. Según las instrucciones de la oficina electoral, una coincidencia del 80 % de los datos señalados bastaba para que Database añadiera un nombre más a la lista de votantes despojados de su derecho a voto.

Estas directrices resultaban chocantes incluso para una empresa amiga como Database, pues implicaban que se prohibiría a miles de votantes legítimos ejercer su derecho el día de las elecciones por el mero hecho de tener un nombre y apellido parecidos al de otra persona o porque su fecha de nacimiento coincidiese con la de algún atracador de bancos. Marlene Thorogood, la directora de proyectos de Database, mandó un mensaje de correo electrónico a Emmett *Bucky* Mitchell, abogado de la oficina electoral de Katherine Harris, alertándolo de que «desgraciadamente, una programación de ese tipo podría arrojar falsos resultados positivos» o identificaciones erróneas.

No pasa nada, repuso nuestro amigo Bucky. Su respuesta: «Obviamente, más vale equivocarnos por exceso que por defecto, y dejar que los supervisores [electorales del condado] tomen una decisión final respecto a los nombres que posiblemente no coincidan.»

Database hizo lo que se le había mandado. De un plumazo, 173.000 votantes registrados en Florida fueron eliminados a perpetuidad del censo electoral. En Miami-Dade, el mayor condado de Florida, el 66 % de los votantes borrados del censo eran negros. En el condado de Tampa, lo eran un 54 %.

Sin embargo, Harris y su departamento parecían no tener bastante con esa selección de nombres. Ocho mil habitantes más de Florida fueron borrados del censo debido a que Database se sirvió de una lista falsa elaborada por otro estado en la que supuestamente figuraban ex convictos que se habían trasladado al estado de Florida.

La verdad del caso es que los delincuentes de la lista ya habían cumplido con su condena y habían recobrado su derecho a voto. En la lista también constaban nombres de personas que sólo habían cometido alguna falta, como aparcar en lugar indebido. ¿Y qué estado fue el que decidió echar una mano a Jeb y George entregando esa lista amañada?

Texas.

El chanchullo clamaba al cielo, pero los medios de comunicación estadounidenses hicieron la vista gorda. Hizo falta que la BBC hurgara en la historia y emitiese en los telediarios de máxima audiencia segmentos de quince minutos en los que revelaba todos los sórdidos detalles de la operación y responsabilizaba del pelotazo electoral al gobernador Jeb Bush. No hay nada más triste que tener que mirar a tu propio país desde 8.000 kilómetros de distancia para conocer la verdad acerca de tus elecciones. (Finalmente, *Los Angeles Times* y el *Washington Post* publicaron artículos al respecto, pero despertaron poco interés.)

Esta vulneración del derecho a voto de las minorías se extendió hasta tal extremo en Florida que llegó a afectar a personas como Linda Howell. Linda recibió una carta en la que se le advertía que tenía antecedentes y que, por tanto, no se molestara en acudir a su colegio electoral pues se le impediría votar. El problema está en que Linda Howell, además de tener el expediente inmaculado, era la supervisora electoral de Madison County, Florida. Ella y otros funcionarios electorales exigieron una rectificación al estado, pero todas sus peticiones cayeron en saco roto. Se les dijo que todo aquel que se quejara por habérsele negado el derecho a voto debía someterse a un cotejo de huellas dactilares con el fin de que el estado determinara si se trataba o no de delincuentes.

El 7 de noviembre de 2000, cuando los habitantes negros de Florida acudieron a las urnas en un número sin precedentes, muchos fueron rechazados con un rotundo «Usted no puede votar». En varios distritos de las ciudades más degradadas de Florida, los colegios electorales estaban fuertemente vigilados por la policía para impedir que votara alguien incluido en la «lista de delincuentes» de Katherine y Jeb. Se coartó el derecho constitucional a voto de cientos de ciudadanos honrados, sobre todo en barrios negros y latinos, bajo amenaza de arresto si protestaban.

Oficialmente, en Florida, George W. Bush obtuvo una ventaja de 537 votos sobre Al Gore. No resulta temerario afirmar que si se hubiera permitido votar a los miles de ciudadanos negros e hispanos eliminados del censo, el resultado habría sido otro y le habría costado le presidencia a Bush.

La noche de las elecciones, después del cierre de los colegios electorales, se produjo una enorme confusión en torno al recuento de votos en Florida. Por fin, el hombre a cargo de la cobertura de la noche electoral para Fox News tomó la decisión de anunciar en antena que Bush había ganado en dicho estado y que, por tanto, la presidencia era suya. Y eso es exactamente lo que ocurrió. La cadena de noticias de la Fox declaró formalmente a Bush como ganador.

No obstante, en Tallahassee* el recuento no había finalizado. De hecho, Associated Press insistió en que por el momento los resultados estaban muy igualados y se negó a seguir el ejemplo de la Fox. Sin embargo, las otras cadenas corrieron como posesas tras el señuelo de aquella emisora, temerosas de que se las viera como lentas o fuera de onda, a pesar de que sus propios corresponsales en el lugar insistían en que era demasiado pronto para declarar un ganador ¿Pero quién necesita corresponsales

---

* Capital del estado de Florida. (N. del T.)

cuando uno juega a seguir la voz de su amo? El amo en este caso es John Ellis, el directivo encargado de la cobertura de la noche electoral por parte de la Fox. ¿Y quién es John Ellis?

Es el primo de George W. y Jeb Bush.

Una vez que Ellis echó el anzuelo y todos picaron mansamente, ya no había vuelta atrás, y nada resultó más devastador psicológicamente para las posibilidades de Gore que la repentina impresión de que ÉL era un aguafiestas por pedir recuentos, demorar la admisión de su derrota e inundar los tribunales con abogados y demandas. La verdad del caso es que en aquellos momentos Gore iba por delante —tenía más votos—, pero los medios de comunicación no se dignaron presentar la cruda verdad.

El instante de aquella noche electoral que jamás olvidaré se produjo a primera hora, después de que las cadenas anunciaran —correctamente— que Gore había ganado en el estado de Florida. Las televisiones conectaron entonces con la habitación de un hotel en Texas, donde se encontraba George W. con su padre, el ex presidente, y su madre, Barbara. El progenitor se mostraba tan fresco, a pesar de que la cosa pintaba mal. Un reportero le preguntó al joven Bush qué pensaba acerca de los resultados.

«Todavía no... doy nada por hecho en Florida —soltó un Bush junior algo inconexo—. Ya sé que ustedes se fían de todas esas predicciones, pero la gente sigue contando votos... Las cadenas se han precipitado tremendamente al dar los resultados y la gente que cuenta los votos tiene otra perspectiva, así que...» Fue, sin duda, un momento insólito de la alocada noche electoral: los Bush, con sonriente serenidad, parecían una familia de gatos que acabara de zamparse una nidada de canarios. Era como si supiesen algo que todos desconocíamos.

Y así era. Sabían que Jeb y Katherine habían cumplido con su trabajo meses atrás. Sabían que el primo John se había hecho fuerte en su feudo de la Fox. Y si todo lo demás no funcionaba, cabía echar mano de un equipo con el que papá siempre podía contar: el Tribunal Supremo de Estados Unidos.

Por lo que sabemos, eso es exactamente lo que pasó a lo largo de los siguientes 36 días. Las fuerzas del Imperio contraatacaron sin piedad. Mientras Gore se concentraba estúpidamente en lograr el recuento en algunos condados, el equipo de Bush se afanaba tras el Santo Grial: los votos de los residentes en el extranjero. Un buen número de los mismos procedería de los militares, que suelen votar a los republicanos y que acabarían por dar a Bush la ventaja que no había conseguido negando el voto a negros y abuelas judías.

Gore lo sabía y trató de asegurarse de que los votos fueran debidamente examinados antes de ser contados. Sin duda, esto contradecía la petición de «dejemos que se cuenten todos los votos» que él mismo había predicado. Sin embargo, tenía de su lado la ley de Florida, que es sumamente clara a ese respecto y establece que los votos de los residentes en el extranjero sólo se pueden contar en caso de que hayan sido enviados y matasellados en otro país en fecha no posterior a la de la jornada electoral.

Sin embargo, mientras Jim Baker recitaba su letanía de «no es justo cambiar las reglas y las pautas que rigen el recuento de votos sólo porque un bando concluya que es la única manera de obtener los votos que necesita», él y sus fuerzas operativas se dedicaban justamente a eso.

Una investigación llevada a cabo en julio de 2001 por el *New York Times* demostraba que de los 2.490 votos de residentes en el extranjero que se aceptaron como válidos, 680 eran defectuosos o cuestionables. Se sabe que 4 de cada 5 electores afincados en otros países votaron por Bush. Según ese porcentaje, 544 de los votos obtenidos por Bush tendrían que haber sido anulados. ¿Pillan el cálculo? De pronto, el «margen ganador» de Bush de 537 votos queda reducido a un margen negativo de 7.

Así pues, ¿cómo llegaron a contarse en favor de Bush todos esos votos? Pocas horas después de las elecciones, la campaña de George W. había lanzado su ofensiva. El primer paso consistía en asegurarse de que entrara el máximo número posible de votos. Los soldados republicanos mandaron carretadas de frenéticos mensajes de correo electrónico a navíos de la marina pidiéndoles que sacasen votos de donde fuera. Incluso llamaron al secretario de defensa de Clinton, William S. Cohen (un republicano) para pedirle que ejerciera presión sobre los militares destinados en el extranjero. Éste declinó la oferta, pero no importó mucho: se enviaron y contaron miles de votos, a pesar de que parte de los mismos se había emitido en fecha posterior al día de las elecciones.

Ahora, todo lo que tenían que hacer era asegurarse de que la mayor cantidad posible de esos votos acabara en las arcas de W. Y ahí empezó el verdadero atraco.

Según el *Times*, Katherine Harris había planeado mandar una nota informativa a sus escrutadores en la que aclaraba el procedimiento para contar los votos procedentes del extranjero. En esa misma comunicación se recordaba que las leyes del estado exigían que todas las papeletas hubieran sido «mataselladas o firmadas y fechadas» a más tardar el día de las elecciones. Cuando quedó patente que la ventaja de Bush menguaba rápidamente, Harris decidió no enviar la nota. En su lugar, mandó una circular que especificaba que no era indispensable que las papeletas estuviesen mataselladas «en fecha no posterior al día de las elecciones». Vaya, vaya.

¿Qué es lo que la llevó a cambiar de parecer y jugar con la ley? Quizá no lo sepamos nunca, visto que los archivos informáticos donde constaban datos sobre lo ocurrido han sido misteriosamente borrados, lo que representa una posible violación de las floridas leyes del estado. A toro pasado, una vez que su asesor informático los hubo «comprobado», Harris permitió que sus ordenadores fueran examinados por los medios. Actualmente, esta mujer planea presentarse al Congreso. ¿Se puede tener mayor desfachatez?

Envalentonados por la bendición del secretario de Estado, los republicanos lanzaron su ofensiva para cerciorarse de que se tuviese la manga más ancha posible en el recuento. «Representación igualitaria» al estilo de Florida significaba que las reglas que regían la aceptación o rechazo de los votos por correo variaban según el condado en que uno residiese. Quizás ése sea el motivo por el que en los condados donde ganó Gore, sólo se contaron 2 de cada 10 votos timbrados en fecha incierta; en tanto que en los condados donde Bush se alzó con el triunfo se contaron 6 de cada 10.

Cuando los demócratas adujeron que los votos que no observaban las reglas debidas no debían contarse, los republicanos orquestaron una cruenta campaña para presentarlos como enemigos de todos los hombres y mujeres que arriesgaban la vida por nuestro país. Un concejal republicano del ayuntamiento de Naples, Florida, se mostró característico en su hipérbole demencial: «Si les alcanza una bala o un fragmento de metralla terrorista, ese fragmento no lleva matasellos ni fecha alguna.» El congresista republicano Steve Buyer de Indiana consiguió (posiblemente de manera ilegal) los números de teléfono y las direcciones de correo electrónico de personal militar con el fin de acumular relatos de militares preocupados por la posibilidad de ver su voto rechazado y ganarse de este modo la simpatía de «nuestros guerreros y guerreras». Hasta el león del desierto Norman Schwarzkopf intervino con la reflexión de que era «un día muy triste para nuestro país» pues los demócratas habían empezado a hostigar a los votantes de las fuerzas armadas.

Toda esa presión desgastó a unos demócratas apocados y sin nervio, que acabaron por asfixiarse. En su aparición en el programa televisivo *Meet the Press*, el candidato a la vicepresidencia, Joe Lieberman, apuntó que los demócratas debían dejar de armar alboroto y de poner en duda la validez de cientos de votos militares por el simple hecho de que no iban «matasellados». Lieberman, como tantos otros de la nueva camada demócrata, debería haber luchado por sus principios en lugar de preocuparse por su imagen. ¿Por qué? Entre otras cosas porque el *New York Times* averiguó lo siguiente:

- 344 papeletas no presentaban prueba alguna de haber sido enviadas en fecha no posterior al día de las elecciones.
- 183 papeletas llevaban matasellos de Estados Unidos.
- 96 papeletas no tenían la acreditación debida.
- 169 votos procedían de personas no inscritas en el censo electoral, venían en sobres sin firmar o fueron emitidos por gente que no había solicitado el voto.
- 5 papeletas llegaron después de la fecha límite del 17 de noviembre.
- 19 votantes en el extranjero ejercieron su derecho por partida doble, y se les contó el voto en ambas ocasiones.

Todos estos votos contravenían las leyes del estado de Florida y, aun así, acabaron contándose. ¿Queda suficientemente claro? ¡Bush no ganó las elecciones! Las ganó Gore. Esto no tiene nada que ver con los votos aparentemente defectuosos ni con la violación evidente del derecho a voto de la comunidad afroamericana de Florida. Sencillamente, se violó la ley. Todo está documentado, y todas las pruebas disponibles en Tallahassee demuestran que las elecciones se sirvieron en bandeja a la familia Bush.

La mañana del sábado 9 de diciembre de 2000, el Tribunal Supremo tuvo noticia de que los recuentos en Florida, a pesar de todo lo que había hecho el equipo de Bush para amañar las elecciones, favorecían a Al Gore. A las dos de la tarde, el recuento no oficial mostraba que Gore estaba alcanzando a Bush: «¡Sólo 66 votos por debajo, y avanzando!», anunció un apasionado locutor. El hecho de que las palabras «Al Gore va por delante» no se oyeran jamás en la televisión estadounidense resultó decisivo para la victoria de Bush. Sin tiempo que perder, los malos hicieron lo que debían: a las 2.45 de la tarde, el Tribunal Supremo detuvo el recuento.

El tribunal contaba entre sus miembros con Sandra Day O'Connor, nombrada por Reagan, y estaba presidido por William Rehnquist, hombre de Nixon. Ambos eran septuagenarios y esperaban poder retirarse bajo una administración republicana para que sus sucesores compartieran su ideología conservadora. Según testigos, en una fiesta celebrada en Georgetown la noche de las elecciones, O'Connor se lamentó de no poder permanecer otros cuatro u ocho años en el cargo. Bush junior era su única esperanza de asegurarse un feliz retiro en su estado natal de Arizona.

Entre tanto, otros dos jueces abiertamente reaccionarios se encontraron ante un conflicto de intereses. La esposa de Clarence Thomas, Virginia Lamp Thomas, trabajaba para la Heritage Foundation, un destacado *think tank* conservador de la capital; sin embargo, George W. Bush acababa de contratarla para que le ayudara a reclutar colaboradores con vistas a su inminente toma del poder. Al mismo tiempo, Eugene Scalia, hijo del juez Antonin Scalia, era abogado del bufete Gibson, Dunn & Crutcher, el mismo que representa a Bush ante el Tribunal Supremo.

A pesar de ello, ni Thomas ni Scalia apreciaron conflicto de intereses, por lo que se negaron a retirarse del caso. De hecho, cuando el tribunal se reunió, Scalia fue quien dio la tristemente célebre explicación de por qué debía detenerse el recuento: «El recuento de votos que son cuestionables legalmente amenaza irreparablemente, a mi parecer, con perjudicar al demandante [Bush] y al país, al ensombrecer lo que él [Bush] considera que es la legitimidad de su triunfo en estas elecciones.» En otras palabras, si dejamos que se cuenten todos los votos y éstos acaban por dar la victoria a Gore, no hay duda de que eso entorpecerá la capacidad de Bush para gobernar una vez que lo hayamos nombrado presidente.

Y no le faltaba razón: si los votos demostraban que Gore había ganado —y eso fue lo que sucedió—, no sería descabellado suponer que los ciudadanos perderían algo de su fe en la legitimidad de la presidencia de Bush.

Para defender su decisión, que justificaba el robo, el Tribunal Supremo echó mano de la cláusula relativa a la protección igualitaria de la Decimocuarta Enmienda, la misma enmienda que había desestimado de manera flagrante a lo largo de los años cuando los negros recurrían a ella para luchar contra la discriminación racial. Adujeron que, dada la diversidad de métodos de recuento, los votantes de cada distrito no estaban siendo tratados por igual y, por tanto, se estaban violando sus derechos. (Resulta curioso que sólo los disconformes en el tribunal mencionaran que el anticuado equipamiento electoral, que se había utilizado sobre todo en los barrios pobres o habitados por minorías, había creado en el sistema una desigualdad totalmente diferente... y mucho más turbadora.)

Finalmente, la prensa se decidió a llevar a cabo su propio recuento, contribuyendo con su granito de arena a la confusión pública reinante. El titular del *Miami Herald* decía: «La revisión de votos que da como ganador a Bush habría superado la prueba del recuento manual.» Pero más abajo se podía leer el siguiente párrafo, perdido en medio del artículo: «La ventaja de Bush se habría desvanecido si el recuento se hubiera llevado a cabo bajo las pautas severamente restrictivas que algunos republicanos defendían [...]. Los encargados de la revisión concluyeron que el resultado habría sido otro si cada panel de escrutadores de cada condado hubiera examinado cada uno de los votos [...]. [Si se hubiese aplicado] el criterio más inclusivo [es decir, un criterio que tuviese en cuenta la auténtica voluntad de TODO el pueblo], Gore habría ganado por 393 votos [...]. Si se hubiesen registrado los votos que [parecían indicar] un fallo bien en la maquinaria electoral, bien en la capacidad del votante para usarla [...] Gore habría ganado por 299 votos.»

Yo no voté por Gore, pero creo que cualquier persona justa concluiría que la voluntad del pueblo de Florida le era favorable. Da igual si lo que corrompió los resultados fue el desastre del recuento o la exclusión de miles de ciudadanos negros: no cabe duda de que el pueblo había elegido a Gore.

Es posible que no exista peor ejemplo de la abusiva negación del derecho a un escrutinio justo que la que se dio en el condado de Palm Beach. Se ha hablado mucho de la «papeleta mariposa», que daba lugar a equivocaciones porque en ella los nombres de los candidatos y las casillas que había que perforar están desalineadas respecto de los nombres de los candidatos. Los medios de comunicación no dejaron de señalar que la papeleta había sido diseñada por uno de los miembros de la comisión electoral del condado, una demócrata, y que una junta local de mayoría demócrata le había dado su visto bueno. ¿Qué derecho tenía Gore a quejarse si su propio partido era el responsable del defectuoso diseño de la papeleta?

Si alguien se hubiera molestado en comprobarlo, habría descubierto que uno de los dos «demócratas» del comité —la diseñadora de la papeleta, Theresa LePore— era una republicana que había cambiado su afiliación en 1996. Luego, justo tres meses después de que Bush accediera al cargo, renunció como demócrata y se registró como independiente. En la prensa, nadie se molestó en preguntarse qué estaba pasando en realidad.

Así las cosas, el *Palm Beach Post* estima que más de 3.000 votantes, en su mayoría ancianos y judíos, que creían estar votando por Al Gore, habían perforado la casilla equivocada, dándole su voto a Pat Buchanan. Hasta el propio Buchanan salió en televisión para declarar que esos judíos no habían votado por él ni de coña.

El 20 de enero de 2001, George W. Bush se apostó al frente de su Junta en los escalones del Capitolio y, en presencia de Rehnquist, presidente del Tribunal Supremo, pronunció el juramento que hacen todos los *presidentes* al asumir el cargo. Una lluvia fría y persistente cayó sobre Washington durante todo el día. Los nubarrones oscurecían el sol, y el recorrido del desfile hasta la verja de la Casa Blanca, abarrotado en ocasiones similares por decenas de miles de ciudadanos, aparecía inquietantemente desierto, salvo por los 20.000 disconformes que abuchearon a Bush a lo largo del trayecto. Enarbolando pancartas que lo acusaban de haber robado las elecciones, los empapados manifestantes se erigieron en conciencia de la nación. La limusina de Bush no pudo sortearlos y, en lugar de una muchedumbre de partidarios entregados, lo recibió una multitud movilizada para recordar a un gobernante ilegítimo que él no había ganado las elecciones y que el pueblo no lo olvidaría.

En el punto donde todos los presidentes electos, desde Jimmy Carter, se han apeado de sus limusinas para recorrer a pie las cuatro últimas manzanas (como recordatorio de que somos un país gobernado no por reyes, sino por nuestros iguales, al menos en teoría), el vehículo de Bush, con blindaje triple y las lunas tintadas de negro —a la manera de los gánsters—, frenó en seco. La multitud coreaba cada vez más alto: ¡VIVA EL LADRÓN! Se podía ver a los del servicio secreto y a los consejeros de Bush apiñados bajo la gélida lluvia, tratando de decidir qué hacer. Si Bush salía para caminar hacia la Casa Blanca, lo abuchearían, lo acallarían a gritos y lo acribillarían a huevazos. La limusina permaneció allí durante unos cinco minutos. Seguía lloviendo y, efectivamente, varios huevos y tomates impactaron en el coche, mientras los manifestantes retaban a Bush a salir y encararse con ellos.

De pronto, el coche del presidente se puso en marcha y avanzó calle abajo. Habían decidido darle gas y salir cuanto antes de entre el gentío. Los agentes del servicio secreto que corrían junto a la limusina se rezagaron, y los neumáticos del coche los salpicaron con el agua sucia de la calle. Es una de las mejores escenas que he presenciado jamás en Washington D. C.: un aspirante al trono de Estados Unidos forzado a escabullirse de miles de ciudadanos estadounidenses armados únicamente con la verdad y los ingredientes de una buena tortilla.

Después de apretar el acelerador, la Mentira Americana corrió a refugiarse en la caseta acorazada construida enfrente de la Casa Blanca. Buena parte de la familia Bush y de los invitados ya había abandonado el lugar para guarecerse. Aun así, George se quedó allí, saludando orgulloso a las bandas de música con sus instrumentos inutilizados por el aguacero y el prolongado desfile de carrozas empapadas y deshechas. De vez en cuando pasaba un descapotable en cuyo interior viajaba, calada hasta los huesos, alguna de las celebridades que Bush había convencido para que lo honraran con su presencia: Kelsey Grammer, Drew Carey, Chuck Norris. Al final del desfile, hasta sus padres habían desertado para ponerse a cubierto y Bush permanecía solo en la caseta, como una sopa. Era una visión patética: el pobre niño rico segundón que reclama su premio sin que nadie lo anime.

Pero más tristes todavía estábamos los 154 millones de personas que no habíamos votado por él. En un país de 200 millones de votantes, resulta que éramos mayoría.

Y sin embargo, ¿qué otra cosa iba a pensar George en esos momentos sino «todo esto me la suda»? Ya había mogollón de manos contratadas para instalarse en la Casa Blanca y mover los hilos de su presidente marioneta. Los viejos amiguetes de papá regresaban a Washington para echar una mano, y Georgie no tenía más que ponerse cómodo y presentarse como alguien con capacidad para delegar. Los titiriteros habían tomado las riendas y el negocio de gobernar el mundo podía fácilmente dejarse en sus manos.

¿Y quiénes eran estos intachables pilares patrióticos de la Junta Bush? Representan a las humildes y generosas filas de la América empresarial y aparecen ennumerados más abajo, para facilitar su identificación a las fuerzas de Naciones Unidas y de la OTAN cuando lleguen a apresarlos para restaurar el orden y la democracia. Miles de ciudadanos agradecidos abarrotarán las plazas y avenidas para jalearlos a su llegada.

A título personal, yo me contentaría con un juicio múltiple emitido por televisión y con su deportación inmediata a una auténtica república bananera. ¡Dios bendiga a Estados Unidos de América!

QUIÉN ES QUIÉN EN EL GOLPE

Presidente en funciones/«Vicepresidente»: Dick Cheney

Todavía no estoy seguro de dónde viene la parte «compasiva» del «conservadurismo compasivo», pero sé dónde reside el conservadurismo. Durante seis mandatos, Dick Cheney fue congresista por el estado de Wyoming y su actuación lo situó entre los más conservadores de los 435 miembros del Congreso. Cheney votó contra la enmienda por la igualdad de derechos, contra la financiación del programa Head Start de asistencia infantil, contra una resolución de la Cámara que instaba a Suráfrica a excarcelar a Nelson Mandela y contra la cobertura médica del aborto incluso en casos de violación o incesto. Y sus hazañas no acaban aquí. Cheney ha dejado su impronta en todas las recientes administraciones republicanas, incluida la de Richard Nixon, durante la cual fue asesor adjunto de la Casa Blanca a las órdenes de Don *Rummy* Rumsfeld. Luego, sustituyó a Rumsfeld como jefe de gabinete del presidente Ford. Durante la legislatura de George Bush I, Cheney fue secretario de Defensa y embarcó al país en dos de las mayores campañas militares de la historia reciente: la invasión de Panamá y la guerra del Golfo.

Entre los dos regímenes Bush, Cheney fue director general de Halliburton Industries, una empresa petrolera que tenía tratos con gobiernos represivos como los de Birmania e Irak. Durante la campaña de 2000, él mismo negó que Halliburton mantuviese relación comercial alguna con Saddam Hussein. Más tarde, en junio de 2001, el *Washington Post* reveló que dos filiales de Halliburton estaban haciendo negocios con Irak. ¿Pueden imaginarse la hecatombe que habría sobrevenido si los republicanos hubieran averiguado algo parecido acerca de Clinton o Gore? Por otra parte, Alaska no es el único sitio donde Cheney ha sugerido que se practiquen prospecciones. Halliburton cuenta con un sustancioso contrato para la implantación de plataformas petrolíferas en el litoral del golfo de México. Cuando lo postularon para la vicepresidencia, Cheney puso reparos para desprenderse de sus acciones en Halliburton. Supongo que intuía que los buenos tiempos estaban por llegar.

Fiscal general: John Ashcroft

El hombre encargado de supervisar nuestro sistema judicial se ha opuesto sistemáticamente a la legalización del aborto, incluso en casos de violación o incesto; está en contra de suministrar protección contra la discriminación laboral a los homosexuales; votó a favor de limitar el proceso de apelaciones en casos de pena de muerte (y, como gobernador, dio el visto bueno a siete ejecuciones); ha sido un firme defensor de la más descabellada legislación antidroga. Quizás estos antecedentes nos ayuden a entender por qué perdió su candidatura al Senado contra un difunto.* Sus esfuerzos, sin embargo, fueron profusamente recompensados por AT&T, Rent-a-Car y Monsanto. La compañía farmacéutica Schering-Plough contribuyó con 50.000 dólares, posiblemente en agradecimiento por haber presentado el

* Ashcroft se presentó a la reelección como senador por Misuri en 2000. Su rival, el demócrata Mel Carnahan, murió en un accidente de aviación unas dos semanas antes de las elecciones, lo que no le impidió vencer a Ashcroft (no hubo tiempo de retirar su nombre de las papeletas). Su viuda, Jean, accedió al cargo en su lugar. *(N. del T.)*

proyecto de ley que pretendía extender la patente de la compañía sobre el fármaco contra la alergia Claritin. A la postre, la ley no fue aprobada. Todos esos fondos procedentes de la industria farmacéutica quizás expliquen por qué Ashcroft votó contra la inclusión de medicamentos que sólo se expenden con receta en el programa de asistencia médica para la tercera edad. Otro contribuyente a su campaña, Microsoft, le entregó a Ashcroft 10.000 dólares a través de su comité de recaudación de fondos asociado con el Comité Nacional de Senadores Republicanos. Afortunadamente para ellos, perdió y hoy puede dedicarse plenamente al Departamento de Justicia, es decir, cruzarse de brazos mientras el gigante informático, nuevamente exonerado del fallo judicial que habría partido la compañía en dos, campe a sus anchas bajo su mirada benévola.

En lo tocante al control de armas, Ashcroft se encuentra a la derecha (si es que eso es posible) de la Asociación Nacional del Rifle. Su primera ley a favor de esta industria como fiscal general establecía que al cabo de veinticuatro horas de la compra y revisión de datos, todas las fichas sobre el perfil de los compradores de armas serían destruidas por el Departamento de Justicia (dejando al gobierno sin la menor información acerca de quién tiene un arma o qué tipo de arma tiene).

Secretario del Tesoro: Paul O'Neill

Este abanderado de la abolición de los impuestos que gravan a las grandes empresas ejerció como presidente y director general de Alcoa, el mayor fabricante de aluminio del mundo (y uno de los mayores contaminantes de Texas) antes de unirse a la administración Bush. Aunque Alcoa ya no cuenta con su propio Comité de Acción Política, ejerce como grupo de presión a través del bufete de abogados Vinson & Elkins. Este bufete, el tercer mayor contribuyente a la campaña de Bush, descubrió un resquicio legal en las normas de protección medioambiental del estado de Texas, lo que permitió a Alcoa emitir 60.000 toneladas anuales de dióxido de azufre. Alcoa también ha contribuido generosamente a las arcas de O'Neill. Éste vendió recientemente su participación en la misma —que constituía una parte sustanciosa de sus 62 millones de dólares en activos—, pero lo hizo lentamente y de mala gana, no sin antes asistir desde su puesto oficial al incremento de su valor en un 30 %. Como secretario del Tesoro, O'Neill ha dicho que la Seguridad Social y la asistencia sanitaria para la tercera edad no son necesarias. Quizá sea éste el motivo por el que recibe una pensión anual de Alcoa de 926.000 dólares.

Secretaria de Agricultura: Ann Veneman

Como tantos otros miembros del gabinete Bush, la secretaria de Agricultura Ann Veneman cuenta con una larga carrera profesional en las administraciones republicanas. Trabajó para Ronald Reagan y para Papi Bush y, luego, fue directora del Departamento de Agricultura y Alimentación de California a las órdenes del gobernador Pete Wilson. En dicho estado, puso en práctica políticas que han ayudado a grandes corporaciones agrícolas a exprimir a los pequeños propietarios (por ejemplo, hoy día sólo cuatro empresas producen el 80 % de la carne de vacuno en Estados Unidos). Veneman, uno de los miembros más modestos del gabinete (su fortuna apenas asciende a unos 680.000 dólares), consiguió unos ingresos extra incorporándose a la junta directiva de Calgene, la primera compañía que ha comercializado alimentos manipulados genéticamente. Calgene fue adquirida por Monsanto, la mayor empresa de biotecnología del país, que, a su vez, pasó a manos de Pharmacia. La multinacional Monsanto, que donó 12.000 dólares a la campaña presidencial de Bush, está tratando de impedir que se apruebe la legislación que obligaría a identificar mediante etiquetas los ingredientes biotecnológicos de los alimentos. Veneman ha trabajado también para el Consejo de Política Internacional sobre Agricultura, Alimentación y Comercio, un grupo subvencionado por gigantes de la alimentación como Nestlé y Archer Daniels Midland.

Secretario de Comercio: Don Evans

Antes de incorporarse a la administración Bush, Evans fue presidente y director general de Tom Brown, Inc., compañía de gas y petróleo valorada en 1.200 millones de dólares. Además, formó parte del consejo de administración de TMBR/Sharp Drilling. Como director de finanzas de la campaña de Bush, estableció un récord de recaudación de fondos al conseguir 190 millones de dólares. La Administración Oceánica y Atmosférica Nacional también se encuentra bajo el control de este magnate del petróleo.

Secretario de Defensa: Don Rumsfeld

Don Rumsfeld es un halcón de la vieja guardia republicana. Fue asesor de Richard Nixon en la Casa Blanca, donde trabajó junto a Dick Cheney. Mientras servía como secretario de Defensa del presidente Richard Ford y, luego, como jefe de gabinete de la misma administración, Rumsfeld fue el artífice de la invalidación del tratado de desarme SALT II que habían firmado EE. UU. y la Unión Soviética. Se ha opuesto tajantemente a cualquier tipo de control armamentístico y en su toma de posesión tildó el tratado ABM de «agua pasada». Defensor desde el primer momento del plan de defensa conocido como «Guerra de las Galaxias», Rumsfeld supervisó en 1998 una comisión encargada de calibrar la amenaza que podían representar para Estados Unidos los misiles balísticos en manos de estados «terroristas». Conocido por su alarmismo temerario, Rummy afirmó que dicha amenaza se dejaría sentir en un plazo de cinco años (la mitad del tiempo calculado por la CIA). Cuando se aburrió de bombas y misiles, ocupó el puesto de director general de la empresa farmacéutica G. D. Searle (que ahora pertenece a Pharmacia) y de General Instrument (ahora, propiedad de Motorola). Antes de incorporarse a la administración Bush fue miembro de varias juntas de administración, entre ellas las de Kellogg's, Sears, Allstate y Tribune Company (que edita el *Chicago Tribune*, *Los Angeles Times* y posee una cadena de emisoras de televisión, incluido el canal 11 de Nueva York).

Secretario de Energía: Spencer Abraham

Como senador de Michigan, Abraham demostró un talante tan antiecológico que la Liga de los Votantes para la Preservación del Medio Ambiente le concedió una nota de 0. Se opuso a la investigación sobre energías renovables, quiso revocar el impuesto federal sobre la gasolina y se le ocurrió que las prospecciones petrolíferas en Alaska eran una buena idea. Puede que ése sea el motivo por el que en el año 2000 votó por la desaparición del departamento que ahora dirige. Abraham recibió de la industria automovilística más dinero que ningún otro candidato: 700.000 dólares. Uno de sus mayores contribuyentes fue DaimlerChrysler, que forma parte de la Coalition for Vehicle Choice, una asociación privada que se opone a las normas para el ahorro energético. Este año, DaimlerChrysler tiene previsto introducir un vehículo deportivo utilitario de gran tamaño con un consumo de un litro por cada cinco kilómetros. No es nada nuevo: en su período de senador, Abraham también votó contra el incremento de los requisitos de ahorro energético aplicables a los deportivos utilitarios.

Secretario de Salud y Servicios Sociales: Tommy Thompson

El hombre que va a desempeñar un papel esencial en los tratos con la industria tabacalera no debería tener grandes problemas en desenvolverse con plena objetividad. Después de todo, el hecho de que Thompson trabajara en el consejo asesor del Fondo Legal de Washington, defendiendo a quienes promovían el consumo de tabaco o de que recibiera en contribución para su campaña como gobernador unos 72.000 dólares de Philip Morris, empresa que le pagó varios viajes al extranjero para que promoviera el libre comercio, no parece motivo suficiente para pensar que éste no obrará de manera imparcial. Lástima que vendiera recientemente sus acciones de Philip Morris por una cifra de entre 15.000 y 50.000 dólares, pues parece que estos años van a ser la edad de oro de la nicotina.

También serán buenos tiempos para los fabricantes de perchas de metal.* Tommy T. milita en el movimiento autodenominado «provida», por lo que se ha dedicado a obstaculizar el derecho al aborto. Como gobernador de Wisconsin obligaba a las mujeres a procurarse asesoramiento psicológico y a esperar tres días antes de someterse a una operación.

Secretaria de Interior: Gale Norton

Gale Norton sigue las huellas de su mentor y predecesor, James Watt. Inició su carrera en la abogacía en la Mountain States Legal Foundation, un *think tank* conservador centrado en el medio ambiente, financiado por compañías petroleras y fundado por Watt. En estrecha colaboración con este grupo, Norton ayudó al estado de Alaska a desafiar una ley sobre pesca del Departamento de Interior. Ha llegado a declarar inconstitucional la Ley de Especies en Peligro de Extinción y ha puesto en duda la validez de la Ley para la Protección del Medio Ambiente. Como abogada del bufete Brownstein, Hyatt & Farber, Norton representó a Delta Petroleum y defendió los intereses de NL Industries, empresa contra la que se habían interpuesto varias demandas por intoxicación infantil causada por la pintura con plomo. También fue directora nacional de la Coalición de Abogados Republicanos para el Medio Ambiente, asociación financiada por la Ford y por la petrolera BP Amoco.

Secretaria de Trabajo: Elaine Chao

Chao ha dedicado gran parte de su vida laboral al sector no lucrativo, con United Way y Peace Corps, pero también ha formado parte de los consejos de administración de Dole Food, Clorox y de la compañía de suministros médicos C. R. Bard (que,

* Hace alusión al uso de estos instrumentos en prácticas abortistas precarias derivadas de la prohibición del aborto. (*N. del T.*)

en la década de los noventa, se declaró culpable de fabricar catéteres defectuosos y de practicar experimentos ilegales con los mismos), así como del coloso Hospital Corpóration of America (HCA). También ha estado en la junta de Northwest Airlines. Está casada con el senador republicano por Kentucky Mitch McConell.

Secretario de Estado: Colin Powell

Cuando las guerras le han dejado algo de tiempo, Powell ha servido en las juntas de administración de Gulfstream Aerospace y AOL. Gulfstream fabrica jets para los sultanes de Hollywood y para gobiernos como los de Kuwait y Arabia Saudí. Cuando trabajaba para AOL, la empresa se fusionó con Time Warner, y el valor de las acciones de Powell subió hasta alcanzar los 4 millones de dólares. Por entonces, Michael Powell, hijo de Colin, fue el único miembro de la Comisión Federal de Comunicación (FCC) que abogó por que la fusión se produjera sin impedimentos. Así las cosas, George W. Bush ha nombrado a Michael presidente de FCC, y entre sus funciones está la de supervisar las actividades de AOL/Time Warner, así como cualquier intento de regulación del monopolio que detenta AOL sobre la tecnología de la «mensajería instantánea».

Secretario de Transporte: Norman Y. Mineta

Se trata de un residuo de la administración Clinton: el único «demócrata» del gabinete Bush. Al igual que el resto, tiene sus contactos empresariales. En su etapa de congresista por Silicon Valley, recibió contribuciones a su campaña por parte de Northwest Airlines, United Airlines, Greyhound, Boeing y Union Pacific. Tras retirarse, entró a a trabajar en Lockheed Martin. ¿Qué mejor lugar al que ir a parar que el departamento que supervisará todas esas empresas?

Jefe de gabinete de la Casa Blanca:
Andrew H. Card Jr.

Card fue el principal factor de presión a favor de General Motors antes de integrarse en la administración Bush. También fue director general de la ya desaparecida Asociación Americana de Fabricantes de Automóviles, que lanzó una campaña contra el control de las emisiones de monóxido de carbono y batalló con Japón por cuestiones comerciales. Card testificó ante el Congreso en representación del grupo de presión de la Cámara de Comercio de Estados Unidos contra la «Declaración de Derechos del Pasajero». Contribuyó con 1.000 dólares a cada una de las campañas fallidas de John Ashcroft y Spencer Abraham.

Director de la Oficina de Gestión y Presupuesto:
Mitch Daniels Jr.

Daniels fue vicepresidente de la empresa farmacéutica Eli Lilly. En el cargo que ocupa ahora, se dedicará a supervisar la elaboración del presupuesto federal, tarea que conlleva decidir cuánto dinero se destinará al subsidio de medicamentos para beneficiarios de la tercera edad de la asistencia sanitaria, provisión a la que se oponen Eli Lilly y otras compañías farmacéuticas. Daniels posee acciones por valor de entre 50 y 100.000 dólares de General Electric, Citigroup y Merck.

Es tan probable que esta administración apruebe un subsidio para medicinas recetadas a las personas mayores como que Bush me invite a unas cañas.

Consejera Nacional de Seguridad: Condoleezza Rice

En agradecimiento por los servicios prestados en el consejo de administración de Chevron, Rice ha visto bautizado con su nombre un petrolero de 130.000 toneladas. Además, ha sido directiva de Charles Schwab y Transamerica, así como consejera de J. P. Morgan. Trabajó en el equipo de seguridad nacional durante el mandato de Bush I.

Asesor político del presidente: Karl Rove

Viejo amigo y defensor de Bush, Rove llegó a ser consejero de Philip Morris. Durante los cinco años en los que fue asesor del gobernador Bush, la tabacalera le pagó 3.000 dólares al mes para hacer de informante sobre elecciones y candidatos. Desde que ocupó su cargo en la Casa Blanca, ha estado en el ojo del huracán por aprovecharse de su posición para favorecer los intereses de las empresas en las que tiene acciones. Recientemente, fue criticado por mantener encuentros con ejecutivos de Intel para discutir una fusión futura, cuando él mismo poseía acciones de dicha empresa (parte de una cartera de entre 1 y 2,5 millones de dólares). La fusión fue aprobada dos meses después de los encuentros y Rove vendió sus acciones un mes más tarde.

Asesor en la sombra del presidente: Kenneth L. Lay

Lay es el jefe de Enron, el mayor proveedor de electricidad en Estados Unidos y máximo contribuyente a la campaña presidencial de Bush. Lay se ha servido de su estrecha relación con Bush para presionar al presidente de la Comisión Federal Reguladora de Energía con el fin de acelerar la desregulación energética. Al parecer, también ha procurado a Bush una lista de candidatos preferidos para puestos clave de la misma comisión. Gracias en parte a la crisis energética californiana, Enron se ha convertido de la noche al día en una empresa valorada en 100.000 millones de dólares. Tanto Bush como Cheney confían en los consejos de Lay hasta el punto de que algunos de los candidatos que optan a determinados puestos de la administración deben ser «entrevistados» por él antes de acceder al puesto.

Como pueden ver, amigos y vecinos, estamos ante un régimen que no se detendrá ante nada con tal de forrarse ni renunciará al poder por las buenas. Su cometido es el de explotar su poder económico y político para llevar las riendas del país y, de paso, ayudar a sus amigos a enriquecerse aún más.

Hay que detener a este hatajo de cretinos. Ya he informado a Kofi Annan de las diversas ubicaciones de estos (en su mayoría) hombres, para que las tropas de la ONU puedan aprehenderlos. Señor Annan, se lo suplico. Ustedes han invadido otros países por faltas menos graves. No hagan la vista gorda ante este agravio. Se lo rogamos: salven a Estados Unidos de América. Exijan la celebración de nuevas elecciones y un margen de 48 horas para que la Junta acepte. En caso contrario, macháquenlos al más puro estilo de la fuerza aérea americana.

CÓMO ORGANIZAR EL CONTRAGOLPE

Nosotros, el pueblo, con una implicación de sólo un par de horas a la semana, podemos animar un mar de fondo que acabe por hundir a la Junta Bush/Cheney. He aquí lo que puede usted hacer a título individual:

1. **Póngase en contacto con sus representantes cada semana, y consiga que sus amigos hagan lo mismo.** Los senadores, miembros del Congreso y otros altos funcionarios prestan mucha atención a las llamadas, cartas y telegramas que reciben. Cada día les llega una selección de mensajes de sus votantes. Con sólo dedicar unos minutos semanales, usted puede hacer oír su voz.

   El clamor popular puede parar en seco el programa de Bush, y unos cientos de cartas pueden poner en marcha ese clamor. De hecho, ya han sido desestimadas varias medidas de Bush gracias a la desaprobación popular. ¡FUNCIONA! Basta de quejarse: hagamos algo. Hoy mismo, seleccione un tema que le preocupe y haga lo siguiente:

a. Llame al 202-224-3121, centralita del Capitolio. Deles su código postal y le pasarán con su representante.

b. Escriba a Oficina del senador [nombre], Senado de Estados Unidos de América, Washington, D. C 20510; o a Oficina del representante [nombre], Cámara de los Representantes de Estados Unidos de América, Washington D. C, 20515.

2. **Siga a Bush a sol y a sombra.** Si se entera de que Junior viene a su ciudad, organice a un grupo de amigos para protestar. Recuerde a los medios de comunicación que Bush no está gobernando por voluntad del pueblo. Sea escandaloso y divertido. Lleve pancartas, organice pantomimas, juicios simulados... Muéstrele que no hay lugar donde esconderse de la verdad.

3. **Fuerce a los demócratas a que hagan su trabajo.** Obviamente, el modo más fácil de contrarrestar el golpe está en conseguir que la «oposición» plante cara como es debido. Pero no va a ser fácil: hoy día los demócratas dedican poco tiempo a todos aquellos que no pueden acudir a sus banquetes de 1.000 dólares el cubierto. Siga estos pasos para encauzar a los demócratas por el buen camino:

- **Intervenga.** Visite mi página web (*www.michaelmoore.com*) y firme la petición online que desafía a los demócratas en el Congreso a enfrentarse a Bush/Cheney, bajo amenaza de retirarles su escaño y apoyar a los verdes allí donde los demócratas no son más que republicanos disfrazados.
- **Hágase con el poder en su sección local del Partido Demócrata.** En la mayor parte de los condados, la sección local del Partido Demócrata está dirigida por un reducido número de personas porque la mayoría no se digna aparecer. Asista con diez amigos al próximo encuentro del condado o de la ciudad. Con toda probabilidad, su pandilla se constituirá en mayoría. Sírvase de las reglas y estatutos del partido (que a menudo pueden hallarse en la red) y tome el control.

4. **Preséntese como candidato**. Exacto: USTED, que está leyendo este libro (si se da la casualidad de que es estadounidense). Es el único modo de cambiar las cosas. A menos que la gente decente y normal se presente a los puestos de gobierno, el cargo siempre acabará en manos de vándalos. ¿De qué sirve que nos quejemos de los políticos choriceros si no estamos dispuestos a hacer su trabajo? Salte al ruedo. Puede presentarse a la junta escolar, al ayuntamiento, a la tesorería del condado, a la comisión de alcantarillado, a secretario municipal o del condado, a la junta estatal de educación, a secretario de Estado, gobernador, miembro del Congreso, senador de Estados Unidos, incluso a la perrera municipal. En cualquier caso, el cargo al que no debe dejar de optar es el de delegado de su circunscripción electoral. Cada distrito electoral de EE. UU. elige delegados de los dos partidos; puede que sea el cargo oficial más bajo, pero constituye la base sobre la que se erige todo el castillo de naipes. Determinados delegados son seleccionados para acudir a los congresos nacionales del partido, donde se elige a los candidatos presidenciales: usted debe ser uno de ellos.

Que conste que lo mío no es sólo de boquilla: ya he puesto manos a la obra y he conseguido que una docena de amigos lo hagan también en sus circunscripciones. Se necesita un buen número de firmas para que un nombre llegue a figurar en una papeleta, y los requisitos varían. En todo caso, hay tan poca gente que vote en las primarias —y tantas circunscripciones que terminan sin candidato— que, a menudo, para ser elegido basta con hacer acto de presencia. De modo que diríjase a la junta electoral o a la oficina del secretario del condado y recoja unas solicitudes antes de que expire la fecha límite.

Éstas son sólo unas cuantas medidas para poner en marcha el contragolpe. Da igual si lo hace como demócrata, como verde o como mero ciudadano cabreado; lo importante es alzarse e ir a por ellos.

2
QUERIDO GEORGE

CARTA ABIERTA AL «PRESIDENTE» GEORGE W. BUSH

Querido gobernador Bush:

Tú y yo somos como de la familia. Nuestra relación personal se remonta a muchos años atrás, aunque ninguno de los dos se haya molestado en airearla; nadie se lo creería.

Sin embargo, mi vida quedó profundamente marcada por algo muy personal que la familia Bush hizo por mí.

Doy un paso adelante y confieso: vuestro primo Kevin fue el director de fotografía de *Roger & Me.* *

Cuando hice la película, no sabía que tu madre y la de Kevin eran hermanas. Sólo pensé que Kevin, a quien conocí cuando filmaba la quema de una cruz por parte del Ku Klux Klan en Michigan, era uno de esos artistas bohemios que viven en Greenwich Village. Ya había realizado una película espléndida, *Atomic Café*, y casi en broma le pedí que viniese hasta Flint, Michigan, para enseñarme a filmar. Para mi sorpresa, aceptó y, durante una semana del año 1987, Kevin Rafferty y Anne Bohlen anduvieron por todo Flint adiestrándome en el manejo del equipo y dándome consejos preciosos para dirigir un documental. Sin la generosi-

---

* Documental de Michael Moore en el que narra la decadencia económica de su ciudad natal, Flint, Michigan, tras el desmantelamiento de la fábrica de General Motors. *(N. del T.)*

dad de tu primo, *Roger & Me* nunca se habría hecho realidad.

Recuerdo el día en que tu papá fue investido presidente. Yo estaba montando la película en una sala infecta de Washington y decidí encaminarme hacia el Capitolio para presenciar el juramento de su cargo ¡Aluciné en colores al ver a tu primo Kevin, mi mentor, sentado junto a ti en el estrado! También recuerdo que los Beach Boys interpretaron *Wouldn't It Be Nice* en un concierto gratuito organizado en el Mall de Washington en honor del nuevo presidente. De nuevo en la sala de montaje, mi amigo Ben no cabía en sí de gozo por la ocurrencia de usar esa misma canción sobre escenas de la devastación causada en la ciudad de Flint por la deserción de General Motors.

Meses después, cuando se estrenó la película, tu papá, el presidente, mandó que le enviaran una copia a Camp David para poder verla en familia. Cómo me hubiese gustado poder espiaros en el salón mientras contemplabais los estragos y el desaliento que se habían adueñado de mi ciudad natal gracias, en buena medida, a las decisiones tomadas por el señor Reagan y por tu padre. En ese sentido, hay algo que siempre he deseado saber. Al final de la película, cuando el ayudante del sheriff echaba a la calle los regalos y el árbol de Navidad de los niños sin techo porque debían 150 dólares de alquiler, ¿se llegaron a derramar lágrimas en la sala? ¿Alguien se sintió responsable de aquello? ¿O se limitaron todos a pensar «¡Eres un cámara cojonudo, Kev!»?

Bueno, eso era a finales de los ochenta. Acababas de dejar la botella y, tras algunos años de sobriedad, tratabas de «encontrarte a ti mismo» con ayuda de papá: una empresa petrolera por aquí, un equipo de béisbol por allí... Yo tengo perfectamente claro que nunca tuviste la intención de ser presidente. En uno u otro momento, todos tenemos que desempeñar un trabajo que no nos gusta. ¿A quién no le ha pasado?

De todos modos, para ti debe de ser distinto. En definitiva, no se trata únicamente de que no quieras estar allí, sino de que te ves rodeado de la misma panda de carrozas que en otra época gobernó el mundo con papi. De todos esos hombres que se pasean por la Casa Blanca —Dick, Rummy, Colin—, no hay uno solo que sea amigo tuyo. Son los viejos chochos que papi solía invitar a casa para compartir un buen puro y una botella de vodka mientras soñaban con masacrar a bombazos a los panameños.

¡Tú eres uno de nosotros: un miembro de la generación de la posguerra, un estudiante mediocre, un juerguista! ¿Qué demonios haces con esa gente? Se te están comiendo vivo y te van a escupir como un hueso de aceituna.

Probablemente no te dijeron que el recorte de los impuestos pergeñado por ellos para que tú lo firmaras era un timo para estafar dinero a la clase media y entregárselo a los más ricos. Y eso que a ti no te hace falta más dinero, gracias al yayo Prescott Bush y a su mercadeo con los nazis antes y durante la Segunda Guerra Mundial.*

Sin embargo, todos esos tipos que te ofrecieron una cifra récord de 190 millones de dólares para tu campaña (dos terceras partes de los cuales procedían de sólo setecientos individuos), la quieren recuperar reduplicada. Te van a acosar como perros en celo para asegurarse de que cumplas con el dictado. Puede que tu predecesor tuviera la desfachatez de alquilar el dormitorio de Lincoln a Barbra Streisand, pero eso no es nada: antes de que te enteres, tu colega, el presidente en funciones Cheney, les entregará las llaves del ala Este de la Casa Blanca a los directivos de AT&T, Enron y Exxon-Mobil.

Tus críticos se ceban contigo por echar la siesta y acabar

---

* A finales de la década de los treinta y a lo largo de los cuarenta, Prescott Bush, padre de George I y abuelo de W., fue uno de los siete directores de la Union Banking Corporation, propiedad de industriales nazis. Tras filtrar el dinero por medio de un banco holandés, escondieron unos 3 millones de dólares en el banco de Bush. Dado su puesto preeminente, es sumamente improbable que Bush no estuviera al corriente de la conexión nazi. Finalmente, el gobierno expropió los activos y el banco se disolvió en 1951, después de lo cual Prescott Bush —y su padre, Sam Bush— recibieron 1,5 millones de dólares.

tu jornada laboral hacia las 4.30 de la tarde. Deberías decirles que no haces más que instaurar una nueva tradición americana: ¡siestas para todos, y todo el mundo en casa a las cinco! Créeme: si lo haces se te recordará como el mejor presidente de la historia.

¿Cómo se atreven algunos a insinuar que no pegas golpe? ¡Mentira! No he visto a un presidente más atareado que tú. Actúas como si tus días en el poder estuviesen contados. Con el Senado en manos demócratas y la Cámara de Representantes a punto de seguir el mismo camino en las elecciones legislativas del año 2002, debes tratar de ver la botella medio llena (es un decir): todavía te quedan dos años antes de que todos esos ganadores resentidos que votaron por Gore te echen a patadas.

Aunque apenas llevas unos meses en el poder, la lista de tus logros es abrumadora:

- Has reducido en 39 millones de dólares el gasto federal dedicado a bibliotecas.
- Has recortado 35 millones de dólares de fondos para la formación pediátrica avanzada de los médicos.
- Has recortado en un 50 % los fondos destinados a la investigación sobre fuentes de energía renovable.
- Has aplazado la aprobación de leyes para la reducción de los niveles «aceptables» de arsénico en el agua potable.
- Has recortado en un 28 % los fondos de investigación para el diseño de vehículos más limpios y seguros.
- Has abrogado normas que conferían un mayor poder al gobierno para negar contratos a empresas que violan leyes federales y medioambientales y no garantizan unos mínimos de seguridad laboral.
- Has permitido que la secretaria de Interior Gale Norton solicite la apertura de parques nacionales para que en ellos se puedan talar árboles, abrir minas de carbón y hacer perforaciones para extraer gas natural.
- Has roto tu promesa de campaña de invertir 100 millones de dólares al año en la conservación forestal.

- Has reducido en un 86 % el Community Access Program, que coordinaba la ayuda sanitaria a personas sin cobertura médica a través de hospitales públicos, clínicas y otros centros sanitarios.
- Has invalidado una propuesta para facilitar el acceso público a información acerca de las consecuencias potenciales de accidentes en plantas químicas.
- Has recortado en 60 millones de dólares los programas de vivienda social.
- Te has negado a ratificar el Protocolo de Kioto de 1997, firmado por 178 países para frenar el calentamiento global.
- Has rechazado un acuerdo internacional para reforzar el tratado de 1972 que prohíbe la guerra bacteriológica.
- Has recortado en 200 millones los programas de formación profesional para trabajadores desplazados.
- Has retirado 200 millones destinados al programa Childcare and Development que ofrece servicio de guardería a familias de bajos ingresos.
- Has negado a los funcionarios la cobertura médica de los anticonceptivos que precisan receta (aunque la Viagra sigue estando cubierta).
- Has recortado 700 millones de los fondos para reparaciones en viviendas sociales.
- Has reducido en 500.000 millones de dólares el presupuesto de la Agencia para la Protección del Medio Ambiente.
- Has anulado las reglas laborales «ergonómicas» diseñadas para proteger la salud y seguridad de los trabajadores.
- Has incumplido tu promesa de campaña de regular las emisiones de dióxido de carbono, factor determinante del calentamiento global.
- Has prohibido toda ayuda federal destinada a organizaciones internacionales de planificación familiar que ofrecen asesoramiento para abortar y otros servicios con sus propios fondos.
- Has nombrado al ex ejecutivo de la industria minera Dan Lauriski como subsecretario de Trabajo para la Salud y la Seguridad en las Minas.

- Has nombrado subsecretaria de Interior a Lynn Scarlett, escéptica acerca del calentamiento global y contraria a la implantación de normas más estrictas contra la contaminación del aire.
- Has aprobado el controvertido plan de la secretaria de Interior Gale Norton para subastar terrenos del litoral oriental de Florida a empresas relacionadas con la industria del gas y el petróleo. Has anunciado tus planes para permitir prospecciones petrolíferas en el parque nacional Lewis and Clark de Montana.
- Has amenazado con cerrar la oficina del sida de la Casa Blanca.
- Has decidido prescindir del asesoramiento de la Asociación de Abogados de Estados Unidos para los nombramientos judiciales federales.
- Has denegado ayuda económica a estudiantes declarados culpables de faltas menores relacionadas con las drogas (a pesar de que asesinos confesos pueden seguir optando a esa ayuda económica).
- Has destinado un mero 3 % de la cantidad solicitada por los letrados del Departamento de Justicia para los continuados litigios de la administración contra las tabacaleras.
- Has proseguido con tu recorte de los impuestos, un 43 % del cual beneficia al 1 % de los estadounidenses más ricos.
- Has firmado un proyecto de ley que dificultará a los americanos pobres y de clase media declararse en bancarrota, incluso cuando tengan que pagar facturas médicas elevadas.
- Has nombrado a la enemiga de la discriminación positiva Kay Cole James como directora de la Oficina de Gestión de Personal.
- Has reducido en 15,7 millones de dólares los programas destinados a la asistencia de niños maltratados.
- Has propuesto la eliminación del programa Reading is Fundamental («la lectura es imprescindible»), que distribuye libros gratuitos entre los niños de familias pobres.
- Has impulsado el desarrollo de armas nucleares menores,

diseñadas para atacar objetivos subterráneos, lo que supone una violación del tratado contra pruebas nucleares.

- Has tratado de revocar normas que protegen 25 millones de hectáreas de parques naturales de la explotación forestal y de la construcción de carreteras.
- Has nombrado a John Bolton, contrario a los tratados de no proliferación armamentística y a la ONU, subsecretario de Estado para el Control de las Armas y la Seguridad Internacional.
- Has convertido a la ejecutiva de Monsanto Linda Fisher en administradora adjunta de la Agencia para la Protección del Medio Ambiente.
- Has nombrado juez federal a Michael McConnell, destacado crítico de la separación entre Iglesia y Estado.
- Has nombrado juez federal a Terrence Boyle, que se ha opuesto a los derechos civiles.
- Has cancelado la fecha límite de 2004 para que las empresas automovilísticas desarrollen prototipos de bajo consumo.
- Has nombrado zar antidroga a John Walters, ferviente detractor de los programas de rehabilitación de presos drogadictos.
- Has designado subsecretario de Interior a J. Steven Giles, miembro de los grupos de presión con intereses petrolíferos y carboníferos.
- Has nombrado a Bennett Raley, que pretende revocar la Ley de Especies en Peligro de Extinción, subsecretario de Interior para el Agua y la Investigación Científica.
- Has pretendido que se desestime una querella presentada en Estados Unidos contra Japón por parte de mujeres asiáticas forzadas a trabajar como esclavas sexuales durante la Segunda Guerra Mundial.
- Has nombrado procurador general del Estado a Ted Olson, tu principal abogado en la debacle electoral de Florida.
- Has propuesto la simplificación del trámite de permisos para construir refinerías y presas nucleares e hidroeléctri-

cas, lo que implica la reducción de las normas de protección del medio ambiente.

- Has propuesto la venta de áreas protegidas en Alaska que cuentan con reservas de petróleo y gas.

¡Caray! Qué pedazo de lista, ¿no? ¿De dónde sacas tanta energía? (Son las siestas, ¿a que sí?)

Naturalmente, muchas de estas medidas han recibido el beneplácito de los demócratas, a quienes más adelante les dedico unas líneas.

Pero ahora mismo lo que me ocupa y preocupa eres tú. Trata de recordar: ¿cuál fue tu primera disposición como «presidente»? Antes de subir al coche para dar el tradicional paseo por la avenida Pennsylvania en tu desfile inaugural, insististe en que alguien desatornillase la matrícula de la limusina, pues en ella se podía leer el lema «Apoya a Washington D. C. como estado federal». ¿Qué te pasa? ¡Es el día más importante de tu vida y te picas por una matrícula! Relájate, fiera.

En todo caso, sospecho que me empecé a preocupar por ti mucho antes de aquel día. Durante tu campaña, salieron a la luz una serie de inquietantes revelaciones relativas a tu comportamiento. Finalmente, se diluyeron, pero yo sigo algo inseguro respecto a tu capacidad para ejecutar debidamente tu trabajo. No lo tomes como moralina —para eso ya está Cheney—; no se trata más que de una sincera muestra de interés por parte de un buen amigo de la familia.

Iré al grano: me temo que puedas representar una amenaza para nuestra seguridad nacional.

Quizá te parezca una aseveración temeraria, pero yo no digo estas cosas a la ligera. No tiene nada que ver con nuestras leves desavenencias acerca de la ejecución de gente inocente o de la conversión de Alaska en una plataforma petrolífera. No pongo en entredicho tu patriotismo (no se puede dejar de amar un país que se ha portado tan bien contigo).

Me refiero más bien a una scric de comportamientos que muchos de los que te apreciamos hemos presenciado a lo largo de los años. Algunos de estos hábitos no representan ninguna sorpresa, otros están fuera de tu control y otros, lamentablemente, son muy comunes entre nosotros, los estadounidenses.

Puesto que tienes al alcance de la mano El Botón que podría hacernos saltar a todos en pedazos, y visto que tus decisiones tienen consecuencias de gran calado para la estabilidad del mundo, me gustaría formularte tres espinosas preguntas, y desearía que respondieses con franqueza.

1. George, ¿eres capaz de leer y escribir como un adulto?

A mí y a muchos otros nos parece que el tuyo es, tristemente, un caso de analfabetismo funcional. No es nada de lo que debas avergonzarte, pues estás bien acompañado (no hay más que contar las erratas de este libro). Millones de americanos tienen un nivel de alfabetización de cuarto de primaria. No es de extrañar que dijeses aquello de «que ningún niño se quede atrás»; ya sabías de qué iba.

Pero déjame preguntarte esto: si te cuesta entender los complejos informes que recibes en calidad de líder del Mundo Cuasi-Libre, ¿cómo podemos llegar a confiarte nuestros secretos militares?

Todos los indicios de analfabetismo son evidentes, y nadie te ha desautorizado por ello. Nos ofreciste la primera prueba cuando se te preguntó por tu libro de la infancia preferido. *La oruga hambrienta*, respondiste.

Desgraciadamente, ese libro no se publicó hasta un año después de que te licenciaras.

Luego está la cuestión de tus expedientes universitarios, si es que son realmente los tuyos. ¿Cómo conseguiste entrar en Yale cuando otros aspirantes de 1964 tenían una media mucho mejor que la tuya?

Durante la campaña, cuando te pidieron que nombraras los libros que estabas leyendo en aquel momento, respondiste valerosamente, pero ante las preguntas sobre sus contenidos no supiste qué decir. No me sorprende que tus asesores te prohibieran participar en nuevas ruedas de prensa a dos meses del final de campaña. Tenían miedo de las preguntas... pero les acojonaban tus respuestas.

Una cosa está clara: tu sintaxis es abstrusa hasta el punto de hacer inaprensible el discurso. Al principio, el modo en que mutilabas palabras y frases resultaba simpático, casi encantador. Sin embargo, ha cobrado tintes alarmantes con el tiempo. Así, un buen día, en una entrevista te cargaste décadas de política exterior americana en Taiwan al decir que estábamos dispuestos a hacer «lo que fuera» para defender la isla y sugerir incluso que quizá mandaríamos unas tropas. Por Dios, George, el mundo enteró se puso en alerta roja.

Si vas a ser el comandante en jefe, tienes que ser capaz de comunicar tus órdenes ¿Qué sucedería si se repitieran estas meteduras de pata? ¿Sabes lo fácil que sería convertir un paso en falso en una pesadilla para la seguridad nacional? No es de extrañar que quieras incrementar el presupuesto del Pentágono, pues vamos a necesitar todo el arsenal posible cuando des la orden de «limpiar» a los rusos de la faz de la Tierra después de haberte manchado la corbata de ensaladilla rusa.

Tus asistentes han declarado que no lees sus informes y que les pides que lo hagan por ti. Como primera dama, tu madre colaboró activamente con los programas de alfabetización. ¿Cabe pensar que conocía bien la dificultad de educar a un niño que no sabía leer?

No lo tomes como algo personal. Quizá se trate de una discapacidad. No hay que avergonzarse por ello. Además, yo también creo que un disléxico puede ser presidente de Estados Unidos. Albert Einstein era disléxico, y también lo es Jay Leno* (caray, Leno y Einstein en una misma oración: ¿ves cómo el lenguaje puede resultar divertido?).

En cualquier caso, si te niegas a recibir ayuda, me temo

---

* Conocido humorista y presentador de un programa nocturno de entrevistas de la cadena CBS. *(N. del T.)*

que puedas llegar a representar un riesgo intolerable para el país. Necesitas ayuda. ¡Necesitas el graduado escolar!

Dinos la verdad y cada noche vendré a leerte algo antes de acostarte.

2. ¿Eres un alcohólico? En caso afirmativo, ¿cómo afecta esa condición a tus funciones como comandante en jefe?

Tampoco aquí pretendo señalar con el dedo, avergonzar ni faltar al respeto a nadie. El alcoholismo es un problema grave; afecta a millones de ciudadanos americanos, gente a la que conocemos y queremos. Muchas de esas personas logran superar su enfermedad y llevar vidas normales. Los alcohólicos pueden ser —y han sido— presidentes de Estados Unidos. Admiro sinceramente a cualquiera que consiga vencer una adicción de este género. Tú has reconocido que no puedes controlar el alcohol y que no has probado una gota desde que cumpliste cuarenta años. Felicidades.

También nos has dicho que solías «beber demasiado» y que, finalmente, te diste cuenta de que «el alcohol empezaba a mermar mis energías y podía llegar a enturbiar mi afecto por otras personas». He aquí la definición de un alcohólico. Esto no te descalifica para ser presidente, pero requiere que respondas a algunas preguntas, especialmente después de pasar años ocultando el hecho de que en 1976 te detuvieron por conducir bebido.

¿Por qué no empleas la palabra *alcohólico*? Después de todo, ése es el primer paso hacia la rehabilitación. ¿Qué medidas preventivas has tomado para no descarriarte? Ser presidente de Estados Unidos es uno de los trabajos más estresantes del mundo ¿Qué has hecho para garantizar que podrás resistir la presión y la ansiedad que conlleva ser el hombre más poderoso del mundo?

¿Cómo podemos saber que no echarás mano de la botella cuando tengas que enfrentarte a una crisis seria? Nunca has desempeñado un trabajo así. De hecho, durante veinte años, que yo sepa, no has desempeñado trabajo alguno. Cuando dejaste de holgazanear, tu papá te enchufó en la industria petrolera hasta que hundiste algunas empresas y, entonces, te aupó a la presidencia de un equipo de béisbol, trabajo que te obligaba a sentarte en una caseta para presenciar un montón de lentos y cansinos partidos.

Como gobernador de Texas, dudo que tuvieras mucho estrés, pues tampoco hay mucho que hacer. Se trata de una ocupación prácticamente ceremonial. ¿Cómo afrontarás una nueva amenaza para la seguridad mundial? ¿Tienes un patrocinador al que llamar? ¿Hay alguna reunión a la que debas asistir? No hace falta que contestes a las preguntas, sólo quiero que me asegures que tú mismo te las has formulado alguna vez.

Ya sé que todo esto es muy personal, pero el pueblo tiene derecho a saber. A quienes alegan que todo eso pasó hace ya veinte años y forma parte de su vida privada, les diré algo: a mí me atropelló un conductor borracho hace veintiocho años y hasta la fecha sigo sin poder extender completamente mi brazo derecho. Lo siento, George, pero cuando te pones al volante borracho, el tema deja de ser tu vida privada para pasar a ser la mía y la de mi familia.

Los responsables de tu campaña —de tu acceso al poder— trataron de cubrirte las espaldas, mintiendo a la prensa acerca de la naturaleza de tu detención por conducir bajo los efectos del alcohol. Aseguraron que el policía que te arrestó te instó a detenerte porque «conducías demasiado lento»; aunque el agente en persona declaró que fue porque ibas dando bandazos hacia la cuneta. Tú mismo te apuntaste a negar los hechos cuando te interrogaron acerca de la noche que pasaste en la cárcel.

«No he estado en la cárcel», insististe. El agente le contó al periodista interesado que te esposaron, te llevaron a comisaría y allí te encerraron durante al menos una hora y media ¿Cómo es posible que no te acuerdes?

No se trata de una simple multa de tráfico. No puedo creer que tus asesores diesen a entender que la acusación por conducir borracho no era tan grave como las transgresiones de Clinton. Quizás esté mal mentir acerca de un encuentro sexual que tuviste con otro adulto estando casado, pero no es lo mismo que sentarse al volante de un coche en estado de ebriedad y poner en peligro las vidas de los demás (incluida, George, la vida de tu hermana, que iba contigo en el coche).

Y, a pesar de lo que dijeron tus defensores antes de las elecciones, lo que hiciste no es comparable con la falta que confesó Al Gore, que fue la de haber fumado hierba cuando era joven. A menos que éste condujera totalmente colocado, no estaba poniendo en peligro la vida de otros. Además, nunca intentó encubrirlo.

Has tratado de restar importancia al incidente diciendo «son locuras de juventud». Pero tenías más de treinta años.

El día en que tu detención se hizo pública, poco antes de las elecciones, daba pena verte fanfarronear risueño mientras tratabas de achacar tu acción irresponsable al «error juvenil» de haber estado tomando unas cervezas con los amigotes. Me entristecí al pensar en las familias del medio millón de personas que han muerto bajo las ruedas de borrachos como tú desde que viviste aquella «aventurilla». Gracias a Dios que sólo seguiste bebiendo durante algunos años más después de «haber aprendido la lección». También pienso en lo mucho que habrás hecho sufrir a tu esposa, Laura. Bien sabe ella lo peligroso que puede ser ponerse al volante. A los diecisiete años mató a una amiga del instituto al pasarse un stop y atropellarla. Confío en que buscarás su orientación tan pronto como te sientas abrumado por el trabajo (hagas lo que hagas, no le pidas consejo a Dick Cheney: ha sido arrestado en dos ocasiones por conducir borracho).

Por último, tengo que confesarte lo mal que me sentí cuando, en aquella frenética semana antes de las elecciones, te escudaste en tus hijas para eludir el tema. Dijiste que te preocupaba que tu historial de embriaguez sentara un mal precedente para ellas. Sin duda este secretismo ha dado sus frutos, como demuestran las diferentes ocasiones en que las mellizas han sido detenidas este año por posesión de alcohol. En cierto modo, admiro su rebeldía. Te lo pidieron, te lo rogaron, te advirtieron: «Papá, por favor, no te presentes a la presidencia. No arruines nuestras vidas.» Pero lo hiciste. Sucedió. Ahora, como en todos los cuentos de quinceañeras, diente por diente.

El locutor del noticiario de *Saturday Night Live** lo expresó mejor que nadie: «George Bush ha dicho que no confesó su condena por conducir borracho por temor a lo que sus hijas pudieran pensar de él. Prefería que lo considerasen un fracasado en los negocios que, por el momento, se dedicaba a ejecutar gente.»

Pues nada. Apúntate a Alcohólicos Anónimos, y lleva a tus hijas contigo. Os recibirán con los brazos abiertos.

3. ¿Eres un delincuente?

En 1999, cuando se te interrogó acerca de tu presunto consumo de cocaína, alegaste que no habías cometido «ningún delito en los últimos veinticinco años». Con todo lo que hemos aprendido acerca de respuestas esquivas en los últimos ocho años, una contestación así llevaría a un observador lúcido a presuponer que los años anteriores fueron otra cosa.

¿Qué delitos cometiste antes de 1974, George?

Insisto: no lo pregunto para que se te castigue. Me preocupa que tal vez guardes algún secreto sórdido y oscuro, pues en ese caso estarías suministrando munición a quienquiera que lo desvele. Si alguien se enterase de tus secretillos, podría servirse de ellos para hacerte chantaje. Y eso te convierte en una amenaza para la seguridad nacional.

Hazme caso: alguien descubrirá lo que escondes y, cuando lo haga, será un peligro para todos. Tienes el deber de revelar la naturaleza del delito que cometiste, sea cual sea.

---

* Mítico programa satírico que emite la cadena NBC cada noche de sábado. *(N. del T.)*

En otro orden de cosas, recientemente impusiste como requisito que cualquier aspirante a una beca universitaria respondiese a una pregunta en la solicitud que dice: «¿Has cometido alguna vez un delito relacionado con las drogas?» Si la respuesta es afirmativa, se le deniega la posibilidad de acceder a la ayuda económica. Eso quiere decir que muchos de ellos verán bloqueado su acceso a la enseñanza superior por haberse fumando un canuto. Según tus nuevas directrices, Jack el Destripador todavía puede optar a la beca, pero un cándido fumeta no.

¿No te parece un gesto algo hipócrita? No puede ser que les niegues una educación superior a miles de chicos cuyo único delito fue hacer lo que tú mismo das a entender que hiciste a su edad. Vaya jeta. Visto que te vamos a pagar 400.000 dólares anuales hasta el 2004 —del mismo fondo federal que sirve para pagar las becas universitarias—, me parece justo plantearte esta pregunta: ¿se te ha acusado alguna vez de vender drogas (sin contar el alcohol o el tabaco) o de estar en posesión de ellas?

George, sabemos que te han arrestado tres veces y yo no conozco a nadie, aparte de algunos amigotes pacifistas, que haya estado en comisaría en tres ocasiones.

Además de por conducir bajo los efectos del alcohol, te han detenido por robar una guirnalda navideña con otros compañeros de tu hermandad universitaria para gastar una broma. ¿De qué va todo eso?

Tu tercer arresto se debió a conducta inadecuada durante un partido de fútbol americano. Esto es lo que, de verdad, no entiendo ¡No hay nadie que no se comporte de manera inapropiada en un partido de fútbol americano! He asistido a muchos y me han derramado encima más de una cerveza, pero hasta hoy no he visto que detengan nadie. Para hacerse notar entre una turba de hinchas mamados, hay que aplicarse al máximo.

George, tengo una teoría sobre cómo y por qué te está sucediendo todo esto.

En lugar de ganarte la presidencia, te la regalaron. Así es como has conseguido todo en la vida. Dinero y apellido te han abierto todas las puertas. Sin esfuerzo, trabajo, inteligencia ni ingenio, se te ha legado una existencia privilegiada.

En seguida aprendiste que todo lo que tiene que hacer alguien como tú en Estados Unidos es presentarse. Te admitieron en un exclusivo internado de Nueva Inglaterra por el simple hecho de apellidarte Bush. No tenías que ganarte el puesto: te lo compraron.

Cuando ingresaste en Yale, aprendiste que podías pasarles la mano por la cara a estudiantes con mayores méritos que habían hincado los codos durante diez años para que los aceptasen en esa universidad. No lo olvides: eres un Bush.

Entraste en la Facultad de Empresariales de Harvard del mismo modo. Después de cuatro años erráticos en Yale, ocupaste la plaza que le pertenecía a otro.

Entonces, nos quisiste hacer creer que habías hecho el servicio militar en la Guardia Nacional Aérea de Texas. Lo que no dijiste fue que un día te escabulliste y ya no te reincorporaste a tu unidad: un año y medio de ausencia, según el *Boston Globe*. No cumpliste con tus obligaciones militares porque tu nombre es Bush.

Tras varios «años perdidos» que no aparecen en tu biografía oficial, tu padre y otros miembros de la familia te regalaron un trabajo tras otro. Por más empresas que arruinabas, siempre había otra esperándote.

Por fin, acabaste como socio propietario de un gran equipo de béisbol —otro obsequio— a pesar de que sólo aportaste una centésima parte del dinero. A continuación estafaste a los contribuyentes de Arlington, Texas, para que te ofrecieran otro donativo: un estadio nuevo de miles de millones de dólares que no tuviste que pagar.

No me extraña que te creyeras merecedor del cargo presidencial. Como no te lo ganaste, te pertenecía por derecho. No te culpo por ello, es la única vida que conoces.

La noche de las elecciones, mientras la balanza electoral se inclinaba a uno y otro lado, declaraste a la prensa que tu hermano te había asegurado que Florida era tuya. Si un miembro de la familia Bush lo decía, debía ser cierto.

Pero no lo era. Y cuando alguien te iluminó con la noción de que únicamente el voto del pueblo puede legitimar la presidencia, te saliste de tus casillas. Mandaste a tu sicario James Baker («que se jodan los judíos, nunca nos votan», fue el consejo que impartió a papá en el 92) para que empezara a soltar mentiras y atizara los temores de la nación. Al ver que eso no funcionaba, acudiste al Tribunal Federal y presentaste una demanda para que se detuviera el escrutinio de votos, porque sabías cómo iba a acabar. Si hubieras confiado en el respaldo de la gente, no te habría importado que se prosiguiera con el recuento.

Lo que de verdad me asombra es que te hayas encomendado a la mala gente del gobierno federal para que te ayudara. Tu lema a lo largo de la campaña había sido: «Mi oponente confía en el gobierno federal. Yo confío en vosotros, ¡el pueblo!»

Pues bien, pronto descubrimos la verdad. Tú no confiabas en el pueblo para nada. Te fuiste directo al Tribunal Federal a reclamar lo que era «tuyo». Al principio, los jueces de Florida no picaron y alguien te dijo «no», quizá por primera vez en tu vida.

Pero como ya hemos visto, los amigos de papá en el Tribunal Supremo estaban allí para arreglarlo todo.

En resumen: has sido un borracho, un ladrón, posiblemente un delincuente, un desertor impune y un llorica. El veredicto quizá te parezca cruel, pero es que el amor puede ser despiadado.

Y por amor de todo lo que es sagrado y decente, chico, te animo a que presentes tu dimisión inmediatamente y restituyas el buen nombre de tu familia todopoderosa. Haz que todos aquellos que aún creemos que existe una pizca de decencia en el clan nos sintamos orgullosos al comprobar que un Bush con sentido común es mejor que un Bush común y consentido.

Atentamente,

Michael Moore

3
LO QUE LA BOLSA SE EMBOLSA

Estoy sentado en un aeropuerto de Michigan, esperando mi vuelo de American Airlines a Chicago, y un hombre uniformado sentado junto a mí me da palique.

Me cuenta que es piloto de American Airlines o, para ser exactos, de American Eagle, su filial regional que, como todas las aerolíneas de su clase, está incrementando su flota de aviones para vuelos de duración inferior a dos horas. Supongo que eso le ahorra mucho dinero a la empresa matriz.

El piloto con el que hablo está a la espera de conseguir plaza en el vuelo a la otra orilla del lago Michigan.

—¿Tiene que pagar el importe si se trata de un viaje personal? —le pregunto.

—No —responde—. Es prácticamente el único incentivo que recibimos.

Es entonces cuando me revela que la paga inicial de un piloto de American Eagle es de 16.800 dólares al año.

—¿Qué? —pregunto, convencido no haber oído bien—. ¿Dieciséis mil al año?

—Eso es —responde el capitán—. Y es un buen salario. La filial de Delta paga quince mil dólares, y Continental Express, unos trece mil.

—¿Trece mil? ¿Para el comandante de una línea aérea comercial? ¿Me toma el pelo?

—Para nada. Y aún es peor. El primer año como piloto, tienes que pagarte tu propia formación de vuelo y tus uniformes. Después de todas esas deducciones, acabas con nueve mil dólares.

Hizo una pausa para dejarme asimilar esta información. Entonces añadió:

—Brutos.

—No puedo creer lo que oigo —exclamo en un tono que atrae la atención de algunas personas que se hallaban cerca.

—Créalo —insiste—. El mes pasado, uno de nuestros pilotos recurrió a la asistencia social para solicitar bonos de comida.* No es coña. Con cuatro criaturas y su paga, podía optar al subsidio. Pero la empresa se enteró y nos hizo llegar una nota en la que nos amenazaba con despedir a cualquier piloto de American que solicitase bonos o asistencia social, aunque tuviera derecho a ella.

»Así que mi colega acude ahora al Banco de Alimentos. Allí no te piden nada con lo que American te pueda seguir la pista.

Pensaba que ya había oído de todo, pero esta historia iba más allá de lo alarmante. No quería subirme al avión. Algo en la naturaleza humana y en nuestros instintos primarios de supervivencia, que se remonta quizás a los tiempos de las cavernas, nos dice: «Jamás te embarques en un avión pilotado por alguien que gana menos que un lavaplatos salvadoreño.»

Acabé por subir al avión, pero sólo después de convencerme de que el tipo me la estaba dando con queso. ¿De qué otro modo podía justificar el hecho de arriesgar mi vida? Una semana después, no obstante, hice algunas llamadas e investigué un poco. Horrorizado, descubrí que las cifras del piloto eran correctas. Mientras que los comandantes que ya llevaban unos cuantos años en estas aerolíneas sacaban una pasta (¡40.000 al año!), los novatos vivían en muchos casos bajo el umbral de la pobreza.

No sé ustedes, pero yo prefiero que aquellos que me llevan a desafiar la fuerza más poderosa de la naturaleza —la gravedad— estén felices, satisfechos y bien pagados. Incluso en los vuelos internacionales de las grandes compañías, los asistentes de vuelo —otro colectivo de cuya formación puede depender nuestra vida— empiezan con una paga que va de los 15.000 a los 17.000

---

* Subsidio de alimentación del que se benefician las familias con bajos ingresos. (N. del T.)

dólares anuales. La verdad es que cuando estoy a 30.000 pies de altura no quiero que los pilotos ni sus asistentes se angustien pensando en cómo van a pagar los recibos atrasados de la luz o el gas una vez que lleguen casa, o qué hamburguesería tendrán que atracar para costear el alquiler. ¿Moraleja? Pórtese bien con los pobres: puede que uno de ellos esté a los mandos de su vuelo a Chicago.

Durante la primera mitad de 2001, los pilotos de Delta Connection convocaron una huelga. Los muy codiciosos pretendían recibir una paga inicial de 20.000 dólares. Delta se negó, y el paro prosiguió durante meses. Uno diría que, visto el buen funcionamiento de la economía —especialmente para la clase acomodada, que viaja a menudo—, no habría problema en conceder a los pilotos un salario que les permitiera subsistir a base de algo más que comida de perro. (Antes, al embarcar en un avión, solía olisquear en la cabina para comprobar si los pilotos habían estado bebiendo; ahora me limito a buscar en el suelo galletas sueltas de Dog Chow.) Después de negociar sus migajas, los pilotos de Delta consiguieron los 20.000 dólares.

A estos pilotos, como al resto de nosotros, se les está diciendo que la economía no va tan bien, que hay recesión, que los beneficios menguan y que el mercado de valores no acaba de recuperarse. No importa cuánto haya bajado Greenspan los tipos de interés: no hay nada para nosotros.

Desde luego, cuentan con cifras para respaldar sus afirmaciones. Cada semana, 403.000 estadounidenses rellenan solicitudes de desempleo. Cientos de compañías anuncian despidos masivos. Miles de empresas de la nueva economía han ido a la quiebra. Bajan las ventas de coches. Los comerciantes tuvieron una campaña de Navidad desastrosa y todo el mundo se aprieta el cinturón.

Y nosotros nos lo creemos.

No hay recesión, amigos. Ni deterioro de la economía. No corren tiempos difíciles. Los ricos están chapoteando en el botín que han ido acumulando durante las dos últimas décadas, y ahora quieren asegurarse de que nadie pida un trozo del pastel.

Hacen todo lo posible para que renuncies a lo que es tuyo,

¡porque no hay para todos! Cada noche, los medios de comunicación de su propiedad nos cuentan una historia dramática tras otra acerca de la última empresa de Internet que se ha hundido, el último fondo de inversión que lo ha perdido todo o el último inversor de Wall Street que se ha quedado en bragas. El Dow Jones ha bajado hoy 300 puntos. Lucent Technologies ha anunciado otros 15.000 despidos. La fusión de United y U. S. Airways se cancela, General Motors se deshace de Oldsmobile y llegan noticias de que peligra incluso tu plan de pensiones. ¿A que acojona?

Lo peor es que es cierto. Ellos no mienten, al menos sobre esos datos insignificantes que esgrimen para manipular nuestros temores.

Pero ¿qué pasa con las mentiras importantes? Nos aseguran que a escala global la economía anda por los suelos. Bien, en parte parece ser cierto. Si es usted de la clase media o baja, no le faltan motivos para asustarse. ¿Por qué? Pues porque los que están arriba aún tienen más miedo de que se le ocurra apuntarse al banquete. Temen que les vaya a decir: «Vale, ya tienen sus yates y sus mansiones en la Provenza, ¿qué pasa conmigo? ¿Me pueden dar algo para cambiar la puerta del garaje?» Lo único que supera su temor es el asombro ante el hecho de que nadie les haya pedido un aumento, unas vacaciones o una visita pagada al dentista. Una fracción minúscula de la inmensa riqueza amasada durante los últimos diez años. ¿Será posible que la gente se contente con preguntarse ante la tele «quién quiere ser millonario» y nunca responda «¡yo!»? Los peces gordos de las multinacionales han estado esperando atemorizados a que usted dé ese paso.

Los que mandan saben que es inevitable: un día, les vamos a pedir nuestra parte. Y para impedir que eso ocurra, desenvainan las espadas en un ataque preventivo con la esperanza de que jamás lleguemos a echarle el ojo a su montón de dinero contante.

Ése es el motivo por el que le despiden o por el que aducen falta de medios. Y por eso mismo ya no hay café en su puesto de trabajo: no es porque no se lo puedan permitir, es que necesitan desquiciarlo y someterlo a un estado de estrés, sospecha y temor constantes. Olvídese del café: usted puede ser el siguiente en la lista de artículos prescindibles. Mientras tanto los jefes siguen repantigados meándose de la risa.

Se preguntará cómo es que yo sé todo esto. Pues porque vivo entre ellos. Vivo en Manhattan, un islote de cinco kilómetros de ancho, hogar y suite real de la elite de la América Empresarial. Buena parte del sufrimiento que usted experimenta como estadounidense emana de esta franja aurífera que se extiende entre dos ríos contaminados. Los que dirigen sus vidas son mis vecinos. Cada día, paseo entre ellos. Observo a las inmigrantes haitianas que crían a sus hijos y los veo pasar sin decir palabra junto a los hombres invisibles que le sacan brillo a sus pisos de mármol, siempre apresurados por llegar a donde sea que vayan (probablemente, a reducir las prestaciones de sus empleados y a recortar plantillas). Pulcros, listos y sedientos de sangre.

Les oigo hablar acerca de lo bien que va todo: su nuevo hogar en Berkshires, su último viaje a la isla de Pascua. No caben en sí de gozo.

Cuando me mudé aquí, en mi edificio vivían artistas, dramaturgos, la mitad del reparto de *Saturday Night Live*, algunos jugadores de hockey de los Rangers, un ex jugador de la Liga Nacional de Fútbol Americano, un cámara, algunos profesores universitarios y varios jubilados. Ahora, aparte de mí, sólo quedan un tipo de los Rangers y mi alocado amigo Barry, el camarógrafo. Los demás son personajes demasiado ricos para trabajar o están ocupados cosechando incontables beneficios de las numerosas propiedades que poseen en barrios pobres o viven de un fondo de inversión o trabajan en Wall Street o son extranjeros que supervisan las inversiones internacionales de su familia. Desayunan cada mañana con la lista de las 500 mayores empresas que publica *Forbes*. Se lo aseguro: están forrados y quieren más.

Si mi palabra no le basta, déjeme brindarle unas estadísticas neutrales y objetivas acerca de lo bien que les va a los de arriba:

- Desde 1979 hasta hoy, el 1 % más rico del país ha visto su salario incrementado en un 157 %; los que de entre ustedes están entre el 20 % menos acaudalado están ganando

100 dólares menos al año (ajustados por inflación) de lo que ganaban en los albores de la era Reagan.

- Las doscientas empresas más prósperas del mundo han incrementado sus beneficios en un 362,4 % desde 1983. Sus ventas conjuntas son más elevadas que el PIB de cualquier país del mundo, salvo los diez más ricos.
- Desde las recientes fusiones de las cuatro mayores compañías petrolíferas de EE. UU., sus beneficios han aumentado en un 146 %, mientras a usted le contaban que había «crisis energética».
- En los años más recientes sobre los que se tienen datos, cuarenta y cuatro de las principales ochenta y dos empresas del país no pagaron la tasa del 35 % en impuestos que se exige a todas las compañías. De hecho, diecisiete de ellas no pagaron impuesto alguno. Y siete, con General Motors a la cabeza, hicieron juegos malabares de un virtuosismo tal que el gobierno acabó por deberles dinero.
- Otras 1.279 corporaciones con activos por valor de 250 millones de dólares o más tampoco pagaron impuestos, aduciendo no haber tenido ingresos en 1995 (el año más reciente para el que existen estadísticas).

Se nos está estafando de tantas maneras que enumerarlas todas equivaldría a provocar un motín. Pero ¿a quién le importa? Mercedes Benz, que se ha negado categóricamente a cumplir las normas americanas sobre el consumo y la contaminación, fue multada por todos los años en que estuvo infringiendo la ley. Y urdió un ingenioso plan. Para los años 1988 y 1989, la compañía dedujo de sus impuestos 65 millones de dólares que había destinado a pagar la multa en concepto de «gastos ordinarios generados por [...] el desarrollo de sus actividades comerciales e industriales». Para que nos entendamos, eso significa que usted y yo íbamos a pagar 65 millones de dólares para que un puñado de magnates pudiera conducir sus cochazos sin dejar de tiznarnos los pulmones. Afortunadamente, Hacienda no tragó y desestimó su reclamación.

La empresa petrolera Halliburton abrió una filial en las islas

Caimán a principios de los años noventa. El problema es que en las islas Caimán no hay petróleo, ni tampoco refinerías o centros de distribución. ¿Qué hacía allí una filial de Halliburton? Naturalmente, esto despertó suspicacias en el gobierno. De 1996 a 1998, se presentaron catorce demandas fiscales contra entidades dependientes de Halliburton. En uno de los casos, el gobierno sostuvo que Halliburton se había servido de las filiales para ahorrarse 38 millones en impuestos. La mayor parte de estas causas ya han sido archivadas.

Cabe decir que no son los únicos interesados en defraudar al gobierno federal. Media docena de grandes aseguradoras estadounidenses (como Chubb, Hartford, Kemper y Liberty Mutual) tienen en las Bermudas su oficina central. Accenture, anteriormente conocida como Andersen Consulting, también se trasladó hace poco a las Bermudas para evadir al fisco. Evidentemente, no se trata más que de operaciones sobre el papel, pues todos siguen teniendo sus oficinas en el país. Es sólo la «central» la que se ha trasladado. Por cierto, ¿no le encantaría despertarse mañana y declarar que se ha ido a las islas Fidji cuando el paisaje que sigue viendo por la ventana es el de Omaha, Nebraska?

La revista *Forbes* estima que los paraísos fiscales nos cuestan a todos los estadounidenses 10.000 millones de dólares al año (y somos nosotros quienes tenemos que abonar la diferencia, ya sea pagando más impuestos o quedándonos sin servicios públicos). La próxima vez que no se pueda permitir arreglar el horno o cambiar de ordenador, puede agradecérselo a todos esos tiburones que corean la letanía de «ahora mismo, la economía no anda muy bien».

Y en lugar de intentar recaudar el dinero que nos están robando, ¿a qué se dedica Hacienda? Pues ha decidido ir a por usted. Ha izado la bandera blanca, renunciando a que los ricos paguen sus impuestos. Su política actual se basa en exprimir a los que ganan menos. Según la Oficina General Contable, aquellos que ganan menos de 25.000 dólares al año están pagando el doble de lo que solían, en tanto que la contribución de los que ganan más de 100.000 dólares se ha reducido en un 25 %.

¿Cómo se traduce todo esto en el balance? Supone una caída

del 26 % en la cantidad total de impuestos pagados por las multinacionales, en tanto que el americano medio ha visto subir sus impuestos en un 13 %. En la década de los cincuenta, los impuestos de las grandes empresas constituían el 27 % del total de ingresos del gobierno federal; hoy día la cifra es sólo del 10 %. ¿Cómo lo compensan? Aprovechándose de usted y del segundo trabajo que ha tenido que buscarse para subsistir.

Parte del motivo por el que no dejamos de oír lo mal que anda la economía actualmente es que muchos de los que reciben aviso de despido son amigos o parientes de los que dan las malas noticias. Al contrario que los despidos masivos de los años ochenta, completamente ignorados por todos los que habían acudido a buenas universidades y ganaban suculentos salarios, la masacre actual de puestos de trabajo afecta al sector de cuello blanco y a los profesionales. Tú despide a unos cientos de miles de éstos y. ya verás cómo se oye hablar de ello en todas partes. ¿Por qué? Porque es... es... ¡es superinjusto! O sea, estos expertos en alta tecnología cumplían con su trabajo y pagaban sus impuestos. Seguían las reglas, se habían entregado en cuerpo y alma a la empresa y habían sacrificado su primer matrimonio por ella. Asistían a todas las convenciones de empresa, nunca faltaban a las sesiones de programación de última hora y no se perdían uno solo de los actos benéficos organizados por el director y sus amiguetes. Entonces, un buen día, les soltaron: «Mira, Bob, éste es un asesor laboral que hemos contratado para que te ayude en tu transición, que queremos que sea lo más llevadera posible. Por favor, dame tus llaves. Este caballero con placa y pistola te acompañará a tu cubículo para que recojas tus efectos personales y abandones el edificio en 12 minutos.»

No hay una recesión económica. ¿Están ganando las empresas menos que el pasado año? Claro. ¿Cómo podía ser de otro modo? En los años noventa nos vendieron esa bonanza surrealista de beneficios pingües que nada tenía que ver con la realidad. Compare las cifras de cualquier otro año con los de esa década y será como comparar la velocidad con el tocino. El otro día leí un titular en que se decía que los beneficios de General Motors habían bajado un 73 % en el último año. Suena mal, pero la verdad es que aun así se trataba de auténticas fortunas: en la primera mitad del 2001, el gigante automovilístico se embolsó 800 millones de dólares.

¿Las empresas de Internet están cayendo como moscas? Naturalmente. ¿Y qué? Eso es lo que siempre sucede con los inventos revolucionarios: un montón de emprendedores se suben al carro para hacer su agosto y, al final, sólo los más mediocres pero despiadados se tienen en pie. La cosa se llama CAPITALISMO. En 1919, veinte años después de la invención del automóvil, había 108 fabricantes de coches en Estados Unidos. Diez años después, el número se había reducido a 44. A finales de los cincuenta eran 8 y, hoy día, quedan dos y medio. Así es como funciona el sistema. Si no te gusta, pues, ya puedes irte a... bien, ¿adónde se puede ir uno en estos días? Ah, sí: a las Bermudas.

4
A MATAR BLANCOS

No sé por qué será, pero cada vez que veo a un hombre blanco caminando hacia mí me pongo tenso. Se me acelera el corazón y enseguida busco algún lugar por donde escapar o algún medio para defenderme. Siempre acabo recriminándome el hecho de hallarme en esa parte de la ciudad a aquella hora. ¿Es que no había advertido las amenazadoras pandillas de blancos que acechaban en las esquinas, bebiendo su café de Starbuck's ataviados con prendas turquesa y malva adquiridas en Gap o J. Crew?* ¡Qué idiota! El blanco sigue aproximándose y... ufff, se aleja sin hacerme daño.

Los blancos me dan un miedo terrible. Puede que resulte difícil de entender visto que soy blanco, pero justamente por eso sé lo que me digo. Por ejemplo, muchas veces yo mismo me doy miedo. Debe creer en mi palabra: si se ve repentinamente rodeado de blancos, mucho ojo. Podría ocurrir cualquier cosa.

Como blancos se nos ha arrullado con la cantilena de que estar entre nuestros semejantes es lo más seguro. Desde la cuna se nos ha enseñado que la gente a quien hay que temer es de otro color. Que ellos te harán pupa.

Sin embargo, volviendo la vista atrás, descubro una pauta inconfundible. Todos aquellos que me han perjudicado en la vida eran blancos: el jefe que me despidió, el maestro que me suspendió, el director que me castigó, el chico que me apedreó la cabeza, el otro chico que me disparó con una pistola de aire compri-

---

* Gap y J. Crew son marcas norteamericanas de ropa pija. *(N. del T.)*

mido, el ejecutivo que no renovó *TV Nation,** un tipo que me estuvo acosando durante tres años, el contable que dobló mi contribución a Hacienda, el borracho que me atropelló, el ladrón que me robó el radiocasete, el contratista que me cobró de más, la novia que me abandonó, la siguiente novia, que me abandonó aún más deprisa, el piloto del avión que embistió un camión en la pista de aterrizaje (quizás hacía días que no comía), el otro piloto que decidió volar a través de un tornado, el compañero que me afanó unos cheques y se los hizo pagaderos por valor de 16.000 dólares... Todas estas personas eran blancas ¿Coincidencias? Qué va.

Nunca he sido atacado ni desahuciado por un negro, jamás un casero negro me ha estafado el depósito de alquiler (de hecho, nunca he tenido un casero negro), nunca he asistido a una reunión en Hollywood donde el ejecutivo al cargo fuera negro, nunca vi un agente negro en la agencia que me representaba, jamás un negro le ha negado a mi hijo el acceso a la universidad de su elección, tampoco fue un negro quien me vomitó encima en un concierto de Mötley Crüe, nunca me ha detenido un policía negro, jamás me ha intentado engañar un vendedor de coches negro (ni he visto jamás un vendedor de coches negro), ningún negro me ha negado un crédito, ni ha tratado de hundir mi película, ni jamás he oído a un negro decir: «Vamos a cargarnos diez mil puestos de trabajo. ¡Que tenga un buen día!»

No creo ser el único blanco que puede hacer tales afirmaciones. Cada palabra venenosa, cada acto de crueldad, todo el dolor y el sufrimiento que he experimentado en la vida tenía facciones caucásicas.

¿Por qué motivo debería temer a los negros?

Echo una ojeada al mundo en que vivimos y, chicos, detesto ser chismoso, pero no son los afroamericanos los que han convertido este planeta en el lugar lastimoso y fétido que hoy habitamos. Hace poco, un titular de la primera página de la sección científica del *New York Times* preguntaba: «¿Quién construyó

* Serie televisiva satírica realizada por el propio Michael Moore, que se emitió entre 1994 y 1998. *(N. del T.)*

la bomba H?» El artículo profundizaba en el debate acerca de la autoría del artefacto, que se disputaban dos hombres. Con franqueza, me daba exactamente igual, porque ya conocía la respuesta que me interesaba: FUE UN BLANCO. Ningún negro construyó jamás ni utilizó una bomba diseñada para liquidar a miles de personas, sea en Oklahoma City o en Hiroshima.

Sí, amigos. Siempre hay un blanco detrás. Echemos cuentas:

- ¿Quiénes propagaron la peste negra? Los blancos.
- ¿Quiénes inventaron el BPC, el PVC, el BPB y el resto de sustancias químicas que nos matan día a día? Fueron blancos.
- ¿Quiénes han empezado todas las guerras en que se ha involucrado Estados Unidos? Hombres blancos.
- ¿Quiénes son los responsables de la programación de la Fox? Blancos.
- ¿Quién inventó la papeleta mariposa? Una mujer blanca.
- ¿De quién fue la idea de contaminar el mundo con el motor de combustión? De un blanco.
- ¿El Holocausto? Aquel individuo nos dio auténtica mala fama. Por eso preferimos llamarlo nazi y, a sus ayudantes, alemanes.
- ¿El genocidio de los indios americanos? Fueron los blancos.
- ¿La esclavitud? Los mismos.
- En el año 2001, las empresas estadounidenses han despedido a más de 700.000 personas ¿Quiénes dieron la orden? Ejecutivos blancos.
- ¿Quién sigue haciéndome saltar la conexión de Internet? Algún coñazo de blanco. Si un día descubro quién es, será un fiambre blanco.

Usted nómbreme un problema, una enfermedad, plaga o miseria padecida por millones, y le apuesto diez pavos a que el responsable es blanco.

Aun así, cuando pongo el noticiario de la noche, ¿qué es lo que veo un día tras otro? Hombres negros que presuntamente han matado, violado, asaltado, apuñalado, disparado, saqueado, alborotado, vendido drogas, chuleado, procreado en exceso, arrojado a sus niños por la ventana; negros sin padre, sin madre, sin dinero, sin Dios: «El sospechoso es un varón negro... el sospechoso es un varón negro... EL SOSPECHOSO ES UN VARÓN NEGRO...» No importa en qué ciudad me encuentre, las noticias son siempre las mismas y el sospechoso siempre es el mismo varón negro. Esta noche estoy en Atlanta y les juro que el retrato robot del negro sospechoso que aparece en la pantalla del televisor es igualito al sospechoso que vi anoche en Denver y al que vi la noche anterior en Los Ángeles. En cada uno de esos bocetos aparece frunciendo el ceño, amenazador, siempre con la misma gorra. ¿Puede ser que todos los crímenes del país los cometa el mismo negro?

Supongo que nos hemos acostumbrado tanto a esta imagen del negro como depredador que se nos ha atrofiado el cerebro. En mi primera película, *Roger & Me*, una mujer blanca mata un conejito a golpes para poder venderlo como carne. Ojalá me hubiesen dado un centavo por cada vez que alguien me ha abordado en los diez últimos años para contarme lo «horrorizado» e «impresionado» que se quedó al ver al conejito con el cráneo aplastado. Suelen decir que la escena les provocó náuseas; algunos tuvieron que dejar de mirar y otros abandonaron la sala. Muchos me preguntan por qué se me ocurrió incluir esa escena. La Asociación de Distribuidores Cinematográficos de Estados Unidos clasificó el documental como no apto para menores en respuesta al alboroto levantado por la masacre conejil (lo que motivó al programa documental *60 Minutes* a emitir un reportaje sobre la estupidez del sistema de clasificación de películas). Y muchos profesores me escriben que se ven obligados a suprimir esas imágenes para no tener problemas a la hora de mostrarlo a sus alumnos.

El caso es que menos de dos minutos después de la escena del conejo, aparece otra en la que la policía de Flint abre fuego contra un hombre negro ataviado con una capa de Superman y armado con una pistola de plástico. Jamás, ni una sola vez, se me ha acercado alguien para decirme: «No me puedo creer la escena del tipo negro. ¡Qué bestia! Me ha dejado hecho polvo.» Al fin y al cabo, sólo era un negro, no una monada de conejito. La visión de un hombre negro ejecutado no escandaliza a nadie (y menos aún al consejo de la asociación de distribuidores, que no advirtió nada turbador en dicha escena).

¿Por qué? Porque pegarle un tiro a un hombre negro está muy lejos de resultar chocante. Es algo normal, natural. Nos hemos habituado tanto a ver negros muertos en la pequeña pantalla que ya lo aceptamos como rutina. Otro negro muerto. Eso es todo lo que hace esa gente: matar y morir. Anda, pásame la mantequilla.

Resulta curioso que, a pesar de que son blancos quienes cometen la mayor parte de los delitos, nuestra idea del «crimen» se encarna casi siempre en un rostro negro. Pregunte a un blanco quién teme que pueda allanar su casa o atracarlo, y si es sincero, admitirá que la persona en la que piensa no se parece a él. El criminal imaginario se asemeja a Mookie o Hakim o Kareem, y jamás al pecoso Jimmy.

¿Por qué la mente procesa así los temores, cuando todo apunta a que son falsos? ¿Están los cerebros de los blancos preprogramados para ver algo y creer lo contrario por motivos de raza? Si es así, la población blanca padece sin duda cierta discapacidad mental. Si cada vez que sale el sol, en un día claro y límpido, nuestro cerebro nos dice que hay que quedarse en casa porque se cierne una tormenta, quizá sea el momento de solicitar ayuda profesional. ¿Los blancos que ven negros homicidas a cada paso son un caso distinto del descrito arriba?

Da igual cuántas veces se diga que es el hombre blanco a quien hay que temer: es un dato que la gente no acaba de asimilar. Cada vez que enciendo la tele y aparece otra ensalada de tiros en una escuela, el responsable de la matanza es siempre un chico blanco. Cada vez que atrapan a un asesino en serie, se trata de un blanco. Cada vez que un terrorista vuela un edificio federal o un chalado envenena el agua de un vecindario o un cantante de los Beach Boys formula un hechizo que induce a media docena de quinceañeras a asesinar a «todos los cerdos» de Hollywood, ya se sabe que se trata de otro blanco haciendo de las suyas.

¿Por qué no corremos como alma que lleva el diablo cuando vemos a un blanco? ¿Por qué no solemos decirles a los solicitantes de empleo caucásicos: «Vaya, lo siento, ya no hay puestos disponibles»? ¿Por qué no nos cagamos encima cuando nuestras hijas nos presentan a sus novios blancos?

¿Por qué el Congreso no se dedica a prohibir las terribles letras de Johnny Cash («Le disparé a un hombre en Reno / sólo para verlo morir») o de Bruce Springsteen («Lo maté todo a mi paso / no puedo decir que lamento lo que hice»). ¿Por qué sólo se fijan en las letras de los cantantes de rap? No entiendo por qué los medios no reproducen letras de raperos como éstas:

Vendí botellas de dolor, luego escogí poemas y novelas.

WU TANG CLAN

Pueblo, utiliza el cerebro para ganar.

ICE CUBE

Una pobre madre soltera en el paro... dime cómo te las arreglaste.

TUPAC SHAKUR

Trato de cambiar mi vida, no quiero morir pecador.

MASTER P

Los afroamericanos han estado en el peldaño más bajo de la escala económica desde el día en que los encadenaron y los arrastraron hasta aquí, y nunca se han movido realmente de ese peldaño. Todos los demás grupos de inmigrantes han sido capaces de ascender desde el fondo hasta el nivel medio y alto de nuestra sociedad. Incluso los indios americanos, que están entre los más pobres, no cuentan con tantos miembros por debajo del nivel de pobreza.

Probablemente usted crea que los negros lo tienen mejor que antes. Después de todo, tras los avances de las últimas décadas en la erradicación del racismo, uno diría que el nivel de vida de los ciudadanos negros ha tenido que subir por fuerza. Un estudio publicado por el *Washington Post* en julio de 2001 mostraba que del 40 al 60 % de la población blanca pensaba que al ciudadano negro medio le iba tan bien o mejor que a los blancos.

Pues bien, según un estudio llevado a cabo por los economistas Richard Vedder, Lowell Gallaway y David C. Clingaman, los ingresos medios de un negro americano están un 61 % por debajo de los de un blanco. Se trata de la misma diferencia que en 1880. En 120 años no ha cambiado absolutamente nada.

¿Más pruebas?

- Cerca del 20 % de los jóvenes negros comprendidos entre las edades de 16 y 24 años no estudia ni trabaja, mientras que sólo el 9 % de los blancos se encuentra en las mismas condiciones. A pesar del *boom* económico de los noventa, este porcentaje se ha mantenido a lo largo de los diez últimos años.
- En 1993, las familias blancas habían invertido casi tres veces más en acciones o fondos de inversión que las familias negras. Desde entonces, el valor del mercado bursátil ha aumentado en más del doble.
- Los convalecientes negros de infarto tienen muchas menos posibilidades que los blancos de ser sometidos a una cateterización cardiaca, procedimiento común que puede salvarles la vida, sea cual sea la raza de sus médicos. Los médicos, tanto blancos como negros, mandaron aplicar este tratamiento a un 40 % más de pacientes blancos que negros.
- Los blancos tienen 5 veces más posibilidades que los negros de recibir tratamiento de urgencia por derrame cerebral.
- Las mujeres negras tienen cuatro veces más posibilidades de morir durante el parto que las blancas.
- Desde 1954, la tasa de desempleo entre los negros ha sido aproximadamente el doble que entre los blancos.

¿Se ha indignado alguien aparte de mí y del reverendo Farrakhan?* ¿A qué deben los negros este trato, cuando son tan

---

* Líder de la agrupación religiosa negra Nación del Islam, que en su día encabezó Malcolm X. (*N. del T.*)

poco culpables de los males de nuestra sociedad? ¿Por qué son ellos los castigados? Que me aspen si conozco la respuesta.

¿Y cómo han podido los blancos salirse con la suya sin acabar todos como Reginald Denny?*

¡Ingenio caucásico! Lo que pasa es que antes éramos unos atontados. Como idiotas, lucíamos nuestro racismo como una medalla. Hacíamos cosas demasiado obvias, como colgar letreros en las puertas de los baños que decían SÓLO PARA BLANCOS, u otros encima de algunas fuentes en los que se leía GENTE DE COLOR. Obligábamos a los negros a sentarse en la parte trasera de los autobuses. Les impedíamos asistir a nuestras escuelas o vivir en nuestros barrios. Desempeñaban los trabajos más cutres (los de SÓLO PARA NEGROS) y les dejábamos suficientemente claro que, por no ser blancos, su salario sería el más bajo.

Así pues, toda esta segregación descarada nos trajo un montón de problemas. Un puñado de abogados engreídos acudió a los tribunales citando —¡vaya cara!— nuestra propia Constitución. Señalaron que la Decimocuarta Enmienda no permite la discriminación por motivos de raza. Finalmente, después de una larga serie de derrotas judiciales, manifestaciones y alborotos, captamos el mensaje: si no despabilábamos, tendríamos que empezar a compartir la tarta. Y comprendimos una lección importante: si vas a ser un racista como Dios manda, aprende a sonreír.

De modo que los blancos se pusieron las pilas, dejaron de linchar a los negros que se detenían en la acera para charlar con nuestras mujeres, aprobaron un montón de leyes a favor de los derechos civiles y dejaron de decir palabras como «negrata» en público. Llegamos incluso a la magnanimidad de anunciar: «Claro que podéis venir a vivir a nuestro barrio, y vuestros niños pueden ir a la escuela con los nuestros. ¿Y por qué no? Si nosotros ya nos íbamos.» Lucimos la mejor de nuestras sonrisas, le dimos una palmada en la espalda a la América negra y acto seguido nos exiliamos a los suburbios residenciales, donde las cosas están como solían estar en las ciudades. Cuando nos encami-

* El camionero blanco que fue arrastrado fuera de su cabina y apaleado casi hasta la muerte durante los alborotos de Los Ángeles en 1992.

namos a buscar el periódico por la mañana, miramos calle abajo y —hala— todos blancos; miramos en dirección opuesta y —alegría— no hay más que blancos.

En el terreno laboral, seguimos haciéndonos con los mejores empleos, la paga doble y el asiento delantero en el autobús de la felicidad y el éxito. Mira pasillo abajo y volverás a ver a los negros sentados donde siempre han estado: recogiendo nuestras sobras, sirviéndonos y atendiendo desde detrás del mostrador.

Con el fin de disimular esta discriminación persistente, convocamos «seminarios sobre diversidad» en nuestro lugar de trabajo y designamos expertos en «relaciones urbanas» para que nos ayuden a «conectar con la comunidad». Cuando anunciamos una oferta de trabajo incluimos regocijados las palabras «Contratación en igualdad de oportunidades». Sienta tan bien para echar unas risas, pues sabemos que un negro no va a conseguir el curro ni de coña. Sólo el 4 % de la población afroamericana cuenta con una carrera universitaria (frente al 9 % de blancos y el 15 % de asiáticos americanos). Hemos amañado el sistema para que los negros estén predestinados desde la cuna, garantizando que asistan a las peores escuelas públicas, evitando que ingresen en las mejores universidades y alla-

---

FICHAS COLECCIONABLES

FRAGMENTO DE LA 14.ª ENMIENDA

Artículo primero: Todas las personas nacidas o naturalizadas en Estados Unidos y sujetas a su jurisdicción, son ciudadanos de Estados Unidos y del estado en el que residen. Ningún estado puede hacer o imponer leyes que recorten los privilegios o inmunidades de los ciudadanos de Estados Unidos, ni privar a nadie de vida, libertad o propiedad sin el debido proceso judicial, así como tampoco negar a ninguna persona bajo su jurisdicción la protección igualitaria de la ley.

nando su camino para una existencia plena dedicada a hacernos café, arreglar nuestros BMW y recoger nuestra basura. Sin duda, hay algunos que logran colarse; pero también pagan peaje por el privilegio: al médico negro que conduce un BMW lo para continuamente la policía; la musa negra de Broadway no puede conseguir taxi después de una calurosa ovación; el ejecutivo negro es el primero en ser despedido por «antigüedad».

La verdad es que los blancos merecemos un premio a la genialidad por todo ello. Repetimos la cantilena de la inclusión, celebramos el cumpleaños del doctor King, ya no reímos con los chistes racistas; gracias al cabrón de Mark Fuhrman,* hasta hemos acuñado un nuevo término, «la palabra que empieza con N», para sustituir la voz «negrata». Nunca más nos volverán a pillar pronunciando esa palabra. No, señor. Sólo resulta aceptable cuando tarareamos una canción de rap, y últimamente —anda— nos encanta el rap.

Es curioso que siempre dejamos caer la frase: «Mi amigo, que es negro...» Donamos dinero a fundaciones negras, celebramos el Mes de la Historia Negra** y nos aseguramos de emplazar a nuestro único trabajador negro en el mostrador de recepción para poder decir: «Ya ven, aquí no se discrimina. Contratamos a negros.»

Sí, somos una raza astuta y taimada ¡Y lo bien que nos ha ido!

También somos muy buenos en lo de beber de la cultura negra o fusilarla directamente. La asimilamos, la pasamos por un programa de lavado y la hacemos nuestra. Benny Goodman lo hizo, Elvis lo hizo, Lenny Bruce lo hizo. La Motown creó un sonido enteramente nuevo, que acabó trasladándose a Los Ángeles, donde se retiró para ceder el paso a las grandes estrellas blancas del pop. Eminem reconoce que le debe mucho a Dr. Dre, Tupac y Public Enemy. Los Backstreet Boys y 'N Sync se lo deben todo a Smokey Robinson y a los Miracles, los Temptations y los Jackson Five.

---

   * Testigo policial en el caso de O. J. Simpson, que se hizo famoso por su léxico racista. *(N. del T.)*
   ** Es el mes de febrero. *(N. del T.)*

Los negros lo inventan, nosotros nos lo apropiamos. En la comedia, la danza, la moda, el lenguaje... nos encanta el modo en que se expresan los negros, ya sea por la manera de echar un piropo, de juntarse con su peña o de tratar empecinadamente de «ser como Mike». Naturalmente, la palabra clave es «cómo», porque, por más millones que gane Mike, se ve obligado a parar el coche una vez tras otra a instancias de la policía.

En las tres últimas décadas, el deporte profesional (salvo el hockey) ha sido acaparado por afroamericanos. Hemos demostrado una gran generosidad al dejarles todo ese penoso esfuerzo a los jóvenes negros, y, la verdad sea dicha, mola más repantigarse en el sofá a mojar las patatas fritas en salsa mientras los miramos correr tras la pelota. Si necesitamos ejercicio, siempre podemos extender el brazo para llamar a los programas radiofónicos de deportes y quejarnos de las cifras astronómicas que ganan esos atletas. Ver a negros amasando tanto dinero nos hace sentir... mal.

¿Dónde están hoy día los negros que no juegan al baloncesto ni nos sirven el café? Raramente los veo en el mundo del cine y la televisión. Cuando voy de Nueva York a Los Ángeles para reunirme con gente del negocio del espectáculo, puedo pasar días sin toparme con un afroamericano a quien no tenga que darle propina. Y eso es desde que embarco en el avión hasta que me registro en el hotel, me dirijo a la agencia artística, me reúno con los ejecutivos, asisto a un bar de copas con un productor de Santa Mónica y ceno con unos amigos en West Hollywood. ¿Cómo puede ser? Para matar el rato, ahora juego a ver cuánto tiempo pasa antes de divisar a un negro que no lleve uniforme ni esté sentado ante un mostrador de recepción (en Los Ángeles también tienen el truco del negro recepcionista). Durante mis últimos tres viajes a la ciudad, el reloj no se detuvo: la cuenta quedó en cero. Que yo pueda pasar unos días en la segunda ciudad de Estados Unidos y encontrar sólo blancos, asiáticos e hispanos, es una auténtico logro, un testimonio de nuestro férreo compromiso con una sociedad segregada. Piensen en la energía que hay que gastar para no vernos importunados por ningún negro. ¿Cómo lograron los blancos mantener fuera de mi vista al millón de ciudadanos negros de Los Ángeles? Puro ingenio.

Ya sé que es fácil tomarla con Los Ángeles. Pero la experiencia de no ver a un solo negro puede vivirse en casi cualquier parte de Estados Unidos, no sólo en el mundo del cine y la televisión. Me sorprendería que alguna mano negra hubiera llegado a tocar el manuscrito de este libro desde que salió de mi estudio (aparte de las del mensajero que lo llevó a la editorial).

Por una vez, estaría bien ver a un negro en un partido de los Knicks a no menos de veinte hileras de mi asiento (sin contar a Spike Lee y a los propios jugadores). Por una vez, quisiera entrar en un avión y verlo repleto de negros, en lugar de los acostumbrados blancos quejicas que se sienten con derecho a aparcar el culo en mi regazo.

No se confundan. No soy un anticaucásico militante. No es la piel blanca lo que me pone los pelos de punta. Lo que me da rabia es que mis conciudadanos blancos hayan logrado con malas artes convertir a los negros en blancos. Cuando oí hablar al magistrado Clarence Thomas* por vez primera, me dije: «Para alborotar de ese modo, ¿no tienen los blancos a suficiente gente de su lado?» Actualmente, la radio y la televisión están saturadas de negros que se desviven por impulsar el ideal blanco. Me encantaría saber de dónde sacan las cadenas a tales individuos. Hablan en contra de la discriminación positiva, a pesar de que muchos de ellos pudieron asistir a la universidad gracias a ella. La emprenden contra las madres acogidas a programas de la asistencia social, a pesar de que sus propias madres vivían en esas condiciones y lucharon desde la pobreza para que su hijo creciera y acabara degradándolas de ese modo. Condenan a los homosexuales, a pesar de que el sida se ha ensañado con la comunidad gay afroamericana más que con cualquier otro grupo social. Desprecian a Jesse Jackson, a pesar de que se jugó su libertad y su vida para que ellos pudieran sentarse en cualquier restaurante y charlar de lo que se les antojara. No pretendo que la América negra se pliegue a una única tendencia política; simplemente, me repugna la mala baba que destilan estos «conservadores».

* Magistrado negro de la Corte Suprema conocido por su tendencia política marcadamente reaccionaria. (*N. del T.*)

Contemplar esta pornografía al más puro estilo Tío Tom es de lo más triste. ¿Cuánto se les paga a estos necios? Me pregunto si, al acabar sus programas, los presentadores Bill O'Reilly, Chris Matthews o Tucker Carlson les dicen a estos renegados: «Oye, hay una casa en venta junto a la mía, ¿por qué no te trasladas?», o bien: «Oye, mi hermana está soltera como tú, ¿por qué no quedas con ella?» No sé, quizá lo hagan. Quizás O'Reilly me invite para el Día de Acción de Gracias del año próximo.

Sigo preguntándome por cuánto tiempo vamos a tener que cargar con el legado de la esclavitud. Pues sí, ya he sacado el tema: LA ESCLAVITUD. Uno casi puede oír como chirría la América blanca cuando alguien menciona que seguimos padeciendo el impacto de un sistema esclavista sancionado en su momento por el gobierno.

Sintiéndolo mucho, debo decir que la raíz de la mayor parte de nuestros males sociales se remonta a este siniestro capítulo de nuestra historia. Los afroamericanos jamás tuvieron de entrada las mismas oportunidades que la mayoría de nosotros. Sus familias fueron destruidas deliberadamente. Se les despojó de su lengua, su cultura y su religión. Se institucionalizó su pobreza para que recogieran nuestro algodón, combatiesen en nuestras guerras y para que nuestros comercios pudieran estar abiertos toda la noche. La América que conocemos nunca habría existido si no hubiera sido por los millones de esclavos que la construyeron y que desarrollaron su boyante economía, así como tampoco existiría sin los millones de descendientes suyos que hacen los mismos sucios trabajos para los blancos hoy día.

«Mike, ¿por qué sacas el tema de la esclavitud? Ningún negro que aún viva fue jamás un esclavo. Yo no esclavicé a nadie. ¿Por qué no dejamos de echarle las culpas de todo a una injusticia pasada y aceptamos que todos deben responsabilizarse de sus propios actos?»

Parece como si estuviéramos hablando de la antigua Roma, y la verdad es que mi abuelo nació sólo tres años después de la guerra de Secesión.

Sí, señor, mi abuelo. Mi tío abuelo nació antes de esa guerra. Y yo tengo menos de cincuenta años. Es cierto que por algún motivo la gente de mi familia se casa y tiene hijos más tarde de lo habitual, pero la verdad sigue siendo que sólo estoy a dos generaciones de los tiempos de la esclavitud. Y eso no es «hace mucho tiempo». Desde el punto de vista de la historia milenaria del hombre, fue prácticamente ayer. Hasta que nos demos cuenta de ello y aceptemos que tenemos la responsabilidad de subsanar un acto inmoral que sigue teniendo repercusiones hoy día, nunca llegaremos a limpiar el alma de nuestro país de su mancha más grasienta.

En 1992, el día siguiente al estallido de los disturbios de Los Ángeles, cuando el caos se había extendido hacia los barrios cercanos a Beverly Hills y a Hollywood, los blancos activaron la alarma y abandonaron la ciudad en tropel, mientras muchos otros se parapetaban en sus propiedades armados hasta los dientes. Era como si la hecatombe racial que muchos habían temido hubiera sobrevenido efectivamente.

Yo me encontraba trabajando en un despacho de la Warner Bros., en el Rockefeller Center de Nueva York, cuando se nos comunicó por megafonía que había que evacuar el edificio antes de las 13.00. Se temía que los negros de Nueva York se contagiasen de la «fiebre destructiva» generalizada en California y se desquiciaran. A la una en punto salí a la calle y espero no volver a contemplar jamás aquel espectáculo: decenas de miles de blancos corrían por las aceras para alcanzar el próximo tren o autobús que los pusiera a salvo. Parecía una escena de la película *Como plaga de langosta*: un hervidero de seres humanos presas del pánico bullía como un solo organismo, temiendo por su vida.

Media hora después, las calles estaban desiertas. Vacías. Resultaba sobrecogedor. Eso era Nueva York, en mitad del día y de la semana, y parecía que fueran las seis de la madrugada de un domingo.

Me encaminé hacia mi barrio, sin otra preocupación que la de haberme quedado sin tinta. Pasé por la papelería de enfrente de casa, que era uno de los pocos comercios que seguían abiertos. Compré un par de bolígrafos, algo de papel y fui a pagar. En el mostrador, delante del anciano propietario, había un bate de béisbol. Le pregunté para qué lo quería.

—Por si acaso —respondió, desviando la mirada hacia la calle.

—¿Por si acaso qué? —inquirí.

—Ya sabe, por si deciden amotinarse por aquí también.

No estaba refiriéndose a que los alborotadores de Los Ángeles fuesen a saltar desde aviones para arrojar cócteles molotov por toda la Gran Manzana. Lo que tenía en mente —como todos los que salían despavoridos para alcanzar el último tren hacia los barrios residenciales blancos— es que nuestro problema racial nunca ha acabado de solventarse y que la América negra sigue abrigando mucha rabia contenida por la tremenda disparidad existente entre su estilo de vida y el de los blancos en el país. El bate sobre el mostrador expresaba perfectamente un temor elemental que todos los blancos callan: el de que, antes o después, los negros se alcen y vayan a por nosotros. Sabemos que estamos sentados sobre un polvorín y que conviene estar listos para cuando las víctimas de nuestra codicia llamen a la puerta.

¿Y por qué esperar a que suceda? ¿No sería mejor arreglar el problema en lugar de tener que huir mientras arden nuestras casas?

Pensando en todo ello, he elaborado una lista de consejos fáciles de seguir que le pueden ayudar a poner su culo a salvo. Tarde o temprano —como bien sabemos— nos rodearán millones de Rodney Kings, y esta vez no van a ser ellos los que reciban la paliza.

Si no estamos dispuestos a tomar medidas serias para corregir nuestros problemas raciales, es bien posible que acabemos viviendo en un barrio cercado con alambre, armados con fusiles automáticos y protegidos por fuerzas de seguridad privadas. ¿Les gusta el panorama?

CONSEJOS DE SUPERVIVENCIA PARA LA AMÉRICA BLANCA

1. Contrate sólo a negros.

A partir de hoy no contrataré a ningún blanco más. No tengo nada contra ellos, claro está. Son gente fiable y trabajadora. Los que colaboraron conmigo en mis películas o programas de televisión son personas fantásticas.

Pero son blancos.

¿Cómo puedo sostener lo que he escrito aquí si no hago nada o casi nada para corregir el problema en mi propia parcela? Claro que podría ofrecerles mil excusas acerca de los motivos por los que es tan difícil encontrar afroamericanos en este negocio..., y serían todas ciertas. ¿Y qué? Vale, es difícil, ¿me absuelve eso de mi responsabilidad? Debería encabezar un piquete contra mí mismo.

Al ofrecer trabajo a blancos —para muchos de ellos, el primero en este medio— les he dado la oportunidad de progresar y labrarse carreras exitosas en programas de prestigio como *Politically Incorrect*, *Dharma and Greg*, *David Letterman's Show*, *The Daily Show with Jon Stewart* y otros. Hay una docena de ex miembros de mi equipo que han logrado hacer sus propias películas. Uno llegó a ser directivo de Comedy Central y otros dos crearon sus propios programas para esa cadena. Algunos de nuestros montadores han trabajado en HBO, y uno de ellos ha montado muchas de las películas de Ang Lee (*Tigre y Dragón*).

Me alegro por todos ellos, pero una duda me reconcome por dentro: ¿y si hubiera hecho lo mismo por cientos de escritores, montadores, productores y cineastas negros en mis proyectos de todos estos años? ¿Dónde se encontrarían hoy? No me cabe duda de que estarían aportando su talento a cientos de programas o películas y haciendo oír sus voces. Por el bien de todos.

Cuanto más pienso en ello, más me convenzo de que los empleados blancos pueden ser un engorro. Ahora mismo, el blanco que tengo en el despacho contiguo al mío está escuchando un CD de los Eagles. Hay que echarlo. Y también pueden ser un hatajo de vagos, especialmente los que crecieron con mucho dinero y fueron a las mejores universidades. Son los que derraman porquerías por la moqueta y dejan el mobiliario rayado. Su sentimiento de privilegio, impreso en su código genético, les dice que siempre hay alguien (¿un negro?) que recogerá todo. Otro empleado acaba de entrar porque quiere pedirme que le dé el viernes libre «para ir a Hamptons». Claro, y ya que estás en ello, ¿por qué no te tomas el resto de tu vida libre?

Así que fuera todos. De ahora en adelante, no más blancos.

Supongo que algún departamento gubernamental deseará hacerme una visita al respecto, ya que me está prohibido negar empleo a una raza entera. No me importa. ¡Adelante! Y mejor que no mandéis un blanco porque lo pondré a repartir hamburguesas y a limpiar letrinas.

Así que si eres afroamericano y quieres trabajar en este mundillo —o ya estás en él pero no has podido salir del mostrador de recepción—, te aliento a que me mandes tu currículum y una nota de presentación.

Nuestro solitario recepcionista blanco estará encantado de responder a cualquier pregunta.

**2. Si tienes un negocio, paga un salario digno,
facilita un servicio de guardería y asegúrate
de que tus empleados tengan seguro médico.**

Este consejo de supervivencia es para quienes se consideran conservadores y son entusiastas confesos del sistema capitalista. Si el conservadurismo consiste en la pretensión de ser el número uno, tengo una idea simple, pero radical, que le garantizará mayores beneficios, una fuerza de trabajo más productiva y ningún problema laboral.

Los ciudadanos negros de este país son, con diferencia, los más pobres. No obstante, si ellos no hicieran todo el trabajo duro, la sociedad blanca quedaría paralizada. ¿Quiere que trabajen más y que le ayuden a ganar más dinero?

Esto es lo que debe hacer:

Asegúrese de pagarles lo suficiente para que puedan costearse su propia casa, medio de transporte, vacaciones y educación para sus hijos.

¿Cómo puede ser que pagando más a los empleados, éstos me resulten más rentables?

Funciona así: cuanto más paga a sus trabajadores, más gastan ellos. Recuerde que no sólo son sus trabajadores, sino también sus consumidores. Cuanto más dinero gasten en sus productos, más beneficios obtendrá usted. Además, cuando los empleados disponen de suficiente dinero como para no preocuparse constantemente por caer en la miseria, suelen concentrarse más en su trabajo y ser más productivos. Al tener menos problemas y menos estrés, pierden menos tiempo durante la jornada laboral y, por tanto, le resultan más rentables. Págueles suficiente como para que se puedan permitir un coche decente, y no llegarán tarde al trabajo. Si saben que serán capaces de procurar una mejor vida a sus hijos no sólo tendrán una actitud más positiva, sino también esperanza y un incentivo para dar lo mejor de sí en el trabajo, visto que cuanto mejor vaya la empresa, mejor estarán ellos.

Naturalmente, si la suya es como la mayor parte de las compañías actuales, que anuncian un número récord de despidos después de haber presentado una cifra récord de beneficios, entonces ya habrá minado la confianza de los empleados que le quedan, y éstos se enfrentarán a sus obligaciones en estado de constante paranoia. La productividad caerá, arrastrando las ventas consigo, y usted acabará sufriendo. Pregunte en Firestone: la Ford ha alegado que la empresa de neumáticos despidió a sus trabajadores sindicados de toda la vida para reemplazarlos por esquiroles sin formación que acabaron produciendo miles de neumáticos defectuosos. Doscientos tres clientes muertos después, Firestone está en la cuerda floja.

Abra una guardería para empleados que tengan niños de entre dos y cinco años.

Ya imagino su reacción inmediata: «De ningún modo voy a permitir la invasión de una manada de mocosos: esto es un centro de trabajo.» Ya lo entiendo. Los críos pueden distraer mucho, especialmente cuando está usted tratando de cerrar un acuerdo con un banco alemán y aparece la pequeña LaToya arrastrando a Kasheem del pelo como si fuera un animal de peluche.

Pero hay otra distracción más grande que tener en cuenta: si sus empleados pasan la jornada laboral preocupados por sus niños, no rendirán al máximo de sus posibilidades. Por lo general, a los padres les importan más sus niños que su trabajo. Es la naturaleza humana. ¿Y los padres o madres solteros? Están solos en este mundo. Cuando alguien se ve obligado a abandonar el trabajo para recoger a su niño enfermo de casa de la canguro o necesita largarse en cuanto dan las cinco porque la guardería penaliza a los padres que llegan tarde, esta gente no tiene más remedio que dejar lo que está haciendo a medias.

Imagine que sus trabajadores no tuvieran que preocuparse de sus hijos, y se concentraran al cien por cien en hacerle ganar dinero; que no tuvieran que faltar al trabajo sólo porque la canguro falló a última hora y que pudieran dedicarse en cuerpo y alma a su negocio.

Una guardería en el lugar de trabajo no resulta muy costosa, y, en su mayoría, los padres estarían dispuestos a compartir los gastos si ello supusiese para ellos una mayor tranquilidad respecto del bienestar de su progenie. Piense en lo relajados que estarían sabiendo que sus hijos están allí mismo, sanos y salvos. Trabajarían como posesos.

Y todo esto se traduciría en una sola cosa: más pasta para usted.

Proporcione un seguro médico a todos y dé a los empleados los días de baja por enfermedad que les correspondan.

¿Hay necesidad de explicarlo? ¿Cuánta eficacia se sacrifica cada año a causa de los empleados que van a trabajar enfermos porque no pueden permitirse ir al médico o evitan hacerlo hasta que están al borde del colapso? Al sentirse sin otra salida, acuden con sus virus al trabajo e infectan a todos a su paso. Resulta mucho más rentable pagar el seguro médico de sus trabajadores, de modo que puedan recuperarse antes y ponerse a currar a todo tren en beneficio de usted. Una fuerza de trabajo sana es una fuerza de trabajo productiva. Con un seguro médico, el empleado se toma una tarde para ver al médico, conocer el diagnóstico y conseguir una receta, más un par de días de convalecencia en cama y... ¡listo! Vuelve al trabajo de inmediato, en lugar de tener que arrastrarse durante una o dos semanas hecho un guiñapo.

La buena noticia respecto de lo dicho es que todo ello redunda en su propio beneficio: no se trata de convertirse en un izquierdoso de gran corazón. Preserve celosamente su condición de codicioso reaccionario, no me importa. Si eso significa que va a mejorar sensiblemente la vida de millones de afroamericanos que trabajan duramente por una paga indigna, sin prestaciones ni seguridad social, bastará para que estemos todos más contentos.

3. No compre un arma de fuego.

¿Qué sentido tiene guardar un arma en casa? Si es para ir de caza, basta con mantener el rifle o escopeta descargado y guardado en el desván hasta que empiece la temporada.

En caso de que piense comprar un arma para su protección, déjeme proporcionarle algunos datos estadísticos. Las probabilidades de que un miembro de su familia muera por una herida de bala se multiplican por 22 si tiene un arma de fuego en casa.

La idea de que contar con un arma es el único modo de asegurarse protección es un mito. Menos de 1 de cada 4 crímenes violentos se cometen cuando la víctima está en casa. Sólo el 2 % de los disparos que se efectúan durante un robo mientras el propietario del arma está en casa alcanzan al intruso. En el 98 % de los casos restantes, los residentes hieren accidentalmente a un familiar o a sí mismos, o bien los ladrones les arrebatan el arma y la dirigen contra ellos.

A pesar de todo, hay unos 250 millones de armas en nuestros hogares.

Los blancos adquieren —y por tanto introducen en la sociedad— la mayor parte de las armas de fuego que se venden en Estados Unidos. Cada año se efectúan unos 500.000 robos de armas de fuego, casi todos en casa de los mismos blancos residentes en los suburbios residenciales. Y la gran mayoría de esas armas acaba en barrios conflictivos, vendidas a bajo precio o intercambiadas por bienes o servicios ilegales.

Estas armas han causado una gran cantidad de muertes y sufrimiento entre los afroamericanos. Las heridas por arma de fuego son la primera causa de muerte entre los jóvenes negros. Los negros de entre 15 y 24 años de edad tienen seis veces más probabilidades de morir acribillados que los blancos de la misma edad.

Ninguna empresa de armas es propiedad de afroamericanos. Atraviese la zona de su ciudad donde viven los afroamericanos: no verá armerías. La mayoría de los afroamericanos no puede permitirse pagar los cientos e incluso miles de dólares que vale un arma de marca Glock, Beretta, Luger, Colt o Smith & Wesson. Ningún negro posee aviones que aterricen en el país cargados con armas de contrabando.

Todo esto lo hacen los blancos. Pero antes o después, miles de estas armas adquiridas legalmente van a parar a manos de gente desesperada que vive en la pobreza. Introducir armas en este entorno tan frágil —que no hemos hecho nada por mejorar— es un paso mortal.

De modo que si usted es blanco y le gustaría reducir la causa principal de muerte entre los jóvenes negros, ésta es la solución: no compre un arma. No guarde pistolas en casa ni en el coche. De este modo habrá menos posibilidades de que se las roben y las vendan en barrios negros pobres. Viva usted donde viva, estoy seguro de que el índice de criminalidad está más bajo que nunca. Relájese, reclínese en su asiento y goce de la vida que un sistema injusto le ha regalado. Si está realmente preocupado por su seguridad, compre un perro. A los chicos malos no les gusta lidiar con bestias enloquecidas de afilados colmillos.

No necesita un arma.

4. Olvide toda «preocupación» izquierdosa por los negros.

De verdad. Los negros saben de qué va: saben que decimos y hacemos cosas para aparentar que se ha progresado. Ven nuestros esfuerzos por demostrar que no tenemos prejuicios. Olvídelo. No ha habido un progreso real. Seguimos siendo unos intolerantes y ellos lo saben.

Corte el rollo acerca de sus «amigos negros». Usted no tiene amigos negros. Un amigo es alguien que viene a cenar con regularidad, alguien con quien uno va de vacaciones, alguien a quien se invita a una fiesta de boda, alguien con quien se va a la iglesia los domingos, alguien con quien se habla a menudo para compartir los secretos más íntimos. Hablo de ese tipo de amigo.

Sus «amigos» negros saben que cuando usted sale de viaje es tan probable que deje a su hijo a su cuidado en su barrio como que les invite a viajar con usted.

He tenido la desgracia de escuchar a progres pazguatos quejarse por tonterías como que «en la serie *Friends* no salen negros». Me gusta que no haya amigos negros en esa serie, porque en la vida real los chicos como ésos no tienen amigos negros. Se trata de una serie creíble y honesta.

Así que vamos a olvidarnos del sonsonete de que negros y blancos no son más que un parche más del tapiz multicultural que llamamos Estados Unidos. Nosotros vivimos en nuestro universo y ellos en el suyo. Y, nos guste o no, éste es el mundo al que nos hemos acomodado. Dicha realidad no sería tan grave si su mundo existiera en un plano social y financiero paralelo al nuestro. Si así fuera, podríamos mezclarnos como nos apeteciera, de igual a igual, tal como hacemos con otros blancos. Por ejemplo, yo no ardo en deseos de salir de fiesta con republicanos. Y no pasa nada, pues van a estar estupendamente sin mí, y mi decisión de no juntarme con ellos no afecta a su calidad de vida (de hecho, probablemente, la mejora).

¿No es mejor renunciar a la ilusión de que estamos juntos en el mismo barco? ¿No sería mejor desenmascarar las falsas esperanzas que damos a los afroamericanos y dejar de engañarnos a nosotros mismos? La próxima vez que hable con uno de sus «amigos negros», en lugar de contarle cómo flipó con el último disco de Jay-Z, ¿por qué no le pasa el brazo por el hombro y le dice: «Te quiero, hermano, ya lo sabes, así que te voy a contar un secretito que tenemos los blancos: tu gente no llegará jamás a estar tan bien como nosotros. Y si te crees que trabajando duro y esforzándote por encajar en mi mundo vas a conseguir una plaza en el consejo de administración, vas listo. El puesto reservado para los negros ya está ocupado. ¿Quieres progreso e igualdad? Vete a Suecia.»

Cuanto antes empecemos a hablar de este modo, más sincera será la sociedad en que vivimos.

5. Mírese en el espejo.

Si usted es blanco y realmente quiere ayudar a cambiar las cosas, ¿por qué no empieza por usted mismo? Pase algún rato con sus amigos blancos hablando acerca de lo que pueden hacer para que el mundo sea un poco mejor tanto para los blancos como para los negros. La próxima vez que oiga a alguien hacer un comentario racista, póngalo a caldo. Deje de quejarse de la discriminación positiva. Ningún negro va a arruinar su vida por acceder al empleo que usted «merecía». La puerta siempre estará abierta para usted. Su único deber es dejarla abierta para aquellos que no cuentan con ese privilegio por el simple hecho de no ser blancos.

6. No se case con una persona blanca.

Si usted es blanco y no le gusta ninguna de las ideas mencionadas o considera que son poco prácticas, entonces existe un método infalible para ayudar a crear un mundo sin distinciones cromáticas: cásese con alguien de raza negra y tenga hijos. El hecho de que negros y blancos hagan el amor juntos —en lugar de la clásica jodienda de blancos contra negros— dará como resultado un país de un solo color (los hispanos y asiáticos también pueden jugar). ¿Quién es el padre? ¡Todos ellos!

Y cuando seamos todos del mismo color, no tendremos por qué odiarnos ni por qué discutir... salvo para decidir a quién le toca pringar en el mostrador de recepción.

CONSEJOS DE SUPERVIVENCIA
PARA NEGROS

1. **Negro al volante.**

   - Si desea evitar convertirse en una diana fácil para las identificaciones raciales de la policía, coloque una muñeca blanca hinchable de tamaño natural en el asiento de atrás. Los polis pensarán que es usted un chófer y le dejaran en paz.
   - Trate de no llamar la atención. Mantenga las manos sobre el volante en la clásica posición de «las diez y diez». Abróchese el cinturón; mejor aún, abroche todos los cinturones, aunque vaya de vacío. Arranque cualquier adhesivo que diga «Orgullo negro» o algo parecido y cámbielo por otro con la frase «I ❤ Hockey».
   - Evite alquilar coches con matrícula de New Hampshire, Utah o Maine, pues estos estados apenas cuentan con población negra, por lo que la pasma presupondrá que está conduciendo un coche robado, que trafica con drogas o que lleva armas. Aunque, la verdad sea dicha, los polis hacen las mismas presunciones acerca de conductores negros en estados con una población afroamericana considerable. Mejor viaje en autobús.

2. **Negro de compras.**

   - Si quiere evitar que lo sigan los guardas de seguridad que dan por sentado que usted está allí con el fin de robar o apuntarles con una pistola al tiempo que vacía la caja, la solución es muy simple: ¡catálogos y compra por Internet!
   Gracias a estos métodos, no tendrá que abandonar el confort de su casa ni esperar eternamente para aparcar.
   - Si tiene que entrar en una tienda, deje su abrigo fuera. De lo contrario, le volverán todos esos bolsillos del revés en

busca de mercancía robada: está pidiendo a gritos que le arresten. Aún mejor, vaya de compras desnudo. Es verdad que se expone a que le registren alguna cavidad corporal, pero se trata de un precio razonable a cambio de ejercer su divino derecho como negro americano a consumir y contribuir de algún modo a los 572 billones de dólares que se embolsa al año la economía blanca.

3. El voto de un negro.

• En vista de que los blancos han amañado las elecciones asegurándose de que las máquinas de recuento más viejas y escacharradas fueran destinadas a los distritos negros de la ciudad, no abandone el colegio electoral a menos que haya visto su papeleta marcada del modo en que deseaba y depositada en la urna correspondiente. Si utiliza una máquina de votar, pida a uno de los encargados que le eche un vistazo para asegurarse de que su voto sea debidamente computado.

Lleve usted consigo todos los útiles que le parezcan necesarios para cerciorarse de que su voto quede registrado: un lápiz del n.º 2, rotulador negro, aguja de punto (para marcar debidamente la papeleta), lubricante, unos alicates, el resto de su caja de herramientas, una lupa, un ejemplar del código electoral local, una copia de su tarjeta del censo, otra de su partida de nacimiento, otra de su título de graduado escolar y cualquier otra prueba que certifique que está vivo.

Lleve también una cámara para grabar cualquier episodio sospechoso, un reportero local para mostrarle in situ que no bromeaba cuando decía que su cabina electoral estaba importada de Bolivia, cinta aislante, cuerdas, parafina, un mechero Bunsen, líquido corrector, quitamanchas, un abogado, un sacerdote y un magistrado del Tribunal Supremo. Consiga todo eso y puede que su voto sea tenido en cuenta.

- En las próximas elecciones al Congreso vote por el candidato demócrata o verde. Basta con que cinco escaños pasen a manos de los demócratas para que éstos controlen la Cámara de Representantes y diecinueve negros y mujeres congresistas presidan su comité o subcomité de la Cámara, en virtud de su antigüedad. ¡Diecinueve! (Allí donde los candidatos verdes tienen la posibilidad de ganar o en aquellos distritos donde los demócratas se comportan como republicanos, una congresista de los verdes puede unirse a los demócratas para lograr la mayoría.) No vaya a contar el secreto: la idea de una «Casa Blanca negra» puede espantar a muchos.

4. **El negro echa unas risas.**

- Recupere aquellos letreros de «Sólo para blancos» de los años cincuenta. Cuando nadie mire, cuélguelos en las puertas de los negocios que no contratan a negros.
- Como quien no quiere la cosa, coloque uno en un asiento de primera clase la próxima vez que suba a un avión.
- Cuelgue otro en la sede de uno de los grandes equipos de béisbol o en cualquiera de los mejores asientos de un partido de la NBA.

FICHAS COLECCIONABLES

**FRAGMENTO DE LA LEY FEDERAL
DEL DERECHO AL VOTO DE 1965**
(PARA PLASTIFICAR Y LLEVAR EN LA CARTERA)

Artículo segundo: No debe imponerse requisito alguno para votar, ni establecerse regla, norma o procedimiento, en estado o subdivisión administrativa alguno, para denegar o limitar el derecho de un ciudadano de Estados Unidos a votar por motivos de raza o color.

- Plante uno frente al Tribunal Supremo de Estados Unidos y, cuando Clarence Thomas pase por allí, levante los brazos y exclame: «¿Qué hace usted aquí?»

5. Respirar siendo negro.

Puede que haya llegado al extremo de no aguantar más el acoso, la discriminación, el resentimiento, la sensación de no pertenecer a un país donde reina una intolerancia tan arraigada. Quizá le parezca que ha llegado la hora de largarse y trasladarse a algún lugar donde los negros no sean minoría. Algún lugar donde uno se sienta como en casa.

¿África? Piénselo dos veces.

Esto es lo que dice Amnistía Internacional: «Los conflictos armados, el desplazamiento masivo de la población, las torturas, los malos tratos y la impunidad endémica siguen siendo moneda corriente en el continente africano.» El 52 % de los africanos subsaharianos viven con un dólar al día o menos. En 1998, la media del gasto mensual fue de 14 dólares per cápita. La verdad: eso es peor que vivir en Detroit.

La esperanza de vida en la zona es de 57 años si reside en Ghana. En Mozambique, uno ya es moribundo a los 37.

Si a esto sumamos las sequías y hambrunas crónicas, amén de un abrumador porcentaje del número de casos de sida en el mundo, de pronto se nos antoja mucho más fácil exhumar algunas viejas fotos del senador Trent Lott desnudo en un guateque sólo para hombres y forzar su dimisión (servirían también fotos del senador Orrin Hatch, Tom DeLay, líder de la mayoría en el Congreso, y otros reaccionarios célebres).

Amy McCampbell, que se cuenta entre los numerosos afroamericanos que he contratado desde que empecé a escribir este capítulo (no estoy de coña: cinco de mis últimos cinco fichajes son negros), sugiere que para los que desean regresar a las «raíces negras» sólo existe un camino: el Caribe. Barbados es un paraíso tropical, los lugareños son gente pacífica y no hay criminalidad. La esperanza de vida se sitúa en la setentena. El 80 % de la población es de origen africano, ¡e incluso hablan inglés! Por si fuera poco, ¡el jefe de estado es la reina Isabel!

¿A que suena bien?

En cualquier caso, sería mejor si pudiéramos conseguir que Amy se sintiese como en casa en el país donde nació. Se aceptan sugerencias...

5
PAÍS DE BURROS

¿Tiene la impresión de vivir en un país de burros?

Cuando pensaba en el estado de estupidez de este país solía consolarme repitiendo para mí que, incluso si hubiera 200 millones de burros redomados, quedarían al menos 80 millones de personas capaces de llegar a entender lo que digo (y eso es más que la población conjunta del Reino Unido e Islandia).

Entonces llegó el día en que me vi compartiendo oficina con el concurso de la cadena ESPN *Two-Minute Drill*. Es uno de esos programas que ponen a prueba sus conocimientos acerca de cosas como en qué posición jugó fulano en tal equipo, cuántas carreras anotó mengano en aquel partido entre Boston y Nueva York en 1925, quién fue el mejor novato del campeonato en 1965 y qué desayunó Jake Wood la mañana del 12 de mayo de 1967.

Desconozco la respuesta a todas estas preguntas pero, por algún motivo, recuerdo el número de camiseta de Jake Wood: el 2. ¿Y por qué retengo un dato tan inútil?

No lo sé, pero después de ver a un montón de tíos haciendo cola para presentarse a la prueba de selección de ese concurso, creo que ya he sacado algo en claro acerca de la inteligencia y la mente norteamericanas. Hordas de musculitos y atontados departen en el pasillo esperando la llegada de su gran momento, repasando cientos de hechos y datos estadísticos y desafiándose el uno al otro con preguntas que sólo Dios Todopoderoso sería capaz de responder. Al mirar a estos gorilas rebosantes de testosterona, uno pensaría que se trata de un hatajo de analfabetos que apenas saben leer la etiqueta de una cerveza.

Por el contrario, son unos genios. Pueden responder a 30 preguntas peregrinas en menos de 2 minutos. Eso se traduce en 4 segundos por pregunta contando el tiempo de cansina lectura que necesitan los deportistas invitados para enunciar la cuestión.

Una vez oí decir al lingüista y politólogo Noam Chomsky que para comprobar que el pueblo americano no es idiota basta con sintonizar cualquier programa de deportes en la radio y escuchar la retahíla increíble de hechos que sus participantes son capaces de recordar. Resulta portentoso y prueba, sin duda alguna, que la mente estadounidense está viva y pletórica de salud. Lo que sucede es que no recibe estímulos suficientemente interesantes o sugestivos. Nuestro reto, dijo Chomsky, consiste en encontrar la manera de convertir la política en algo tan apasionante y atractivo como los deportes. Cuando lleguemos a ese extremo, veremos a los americanos discutir acaloradamente acerca de quién le hizo qué a quién en la cumbre de la OMC.

Claro que para eso primero tienen que ser capaces de deletrear las siglas OMC.

Hay cuarenta millones de estadounidenses con un nivel de lectura de tercero de primaria: se trata de analfabetos funcionales.

¿Cómo conozco el dato? Lo leí. Y ahora lo ha leído usted. Del mismo modo, también sabemos que un adulto norteamericano pasa 99 horas al año leyendo libros, frente a las 1.460 horas que dedica a mirar la tele.

También he leído que sólo el 11 % de los americanos se molesta en leer el periódico, más allá de las tiras humorísticas o de la sección de coches de segunda mano.

Vivir en un país donde hay cuarenta y cuatro millones de personas que no saben leer, y otros doscientos millones que saben pero normalmente no lo hacen, resulta aterrador. Un país que no sólo produce estudiantes analfabetos en masa sino que parece apegarse cariñosamente a su condición de necio e ignorante no debería estar gobernando el mundo..., al menos hasta que una mayoría de sus ciudadanos sepa localizar Kosovo (o cualquier otro país que haya bombardeado) sobre el mapa.

Por eso los extranjeros no se sorprendieron de que los americanos, que suelen regodearse en su estupidez, «eligieran» a un presidente que raramente lee nada —ni siquiera los informes que se le entregan— y piensa que África es un país en lugar de un continente. El líder idiota de un país idiota. En nuestra gloriosa tierra de la abundancia, menos es más cuando se trata de poner a prueba cualquier lóbulo cerebral con una asimilación de hechos y números, pensamiento crítico o comprensión de algo que no sea... el deporte.

Nuestro idiota en jefe no hace nada para disimular su ignorancia; incluso alardea de ella. Durante su discurso de entrega de diplomas a la promoción de Yale del año 2001, George W. Bush se refirió orgullosamente a su mediocre pasado estudiantil en esa misma universidad: «Y a los estudiantes con media de suficiente, yo les digo: vosotros también podéis ser presidentes de Estados Unidos.» Parece que la mención de un padre ex presidente, de un hermano gobernador de un estado con papeletas desaparecidas y de un Tribunal Supremo repleto de amiguetes de papá resultaba más bien baladí en un discurso necesariamente escueto.

Como estadounidenses, contamos con una recia tradición de representantes iletrados. En 1956, el embajador en Ceilán (Sri Lanka), designado por el presidente Dwight D. Eisenhower, fue incapaz de nombrar al primer ministro del país ni su capital durante su discurso de aceptación en el Senado. A pesar de todo, Maxwell Gluck fue ratificado en el cargo. En 1981, el vicesecretario de Estado nombrado por el presidente Ronald Reagan, William Clark, admitió en su discurso de aceptación un desolador desconocimiento de la política exterior. Clark no tenía ni idea de qué pensaban nuestros aliados de Europa occidental acerca de los misiles nucleares americanos presentes en sus bases ni sabía los nombres de los primeros ministros de Suráfrica o Zimbabwe. Naturalmente, se le confirmó en el cargo. Todo esto allanó el camino para la llegada del pequeño Bush, que tampoco tenía claros los nombres de los jefes de Estado de India ni Pakistán, dos de los siete países que poseen la bomba atómica.

Y eso que Bush fue alumno de Yale y Harvard.

Recientemente, un grupo de estudiantes de último curso de 55 prestigiosas universidades americanas (como Yale, Harvard y Stanford) se sometió a un test de elección múltiple sobre temas propios de la enseñanza secundaria. Había 54 preguntas, y los estudiantes de tan magnas instituciones sólo respondieron correctamente al 53 % de las mismas. Un solo estudiante llegó a acertarlas todas.

Un escandaloso 40 % de dichas lumbreras no sabía cuándo se había librado la guerra de Secesión, pese a que contaban con este amplio abanico de opciones: A. De 1750 a 1800; B. De 1800 a 1850; C. De 1850 a 1900; D. De 1900 a 1950; E. Después de 1950. (Chicos, la respuesta es C.) Las dos preguntas en que mejor puntuaron estos universitarios fueron 1) ¿Quién es Snoop Doggy Dog? (el 98 % la acertó), y 2) ¿Quiénes son Beavis and Butt-head? (el 99 % lo sabía). No niego, en cualquier caso, que Beavis and Butt-head representan lo mejor de la sátira americana de los noventa ni que Snoop y otros raperos han cantado varias verdades acerca de los males sociales del país. De modo que no voy a meterme con la cadena musical MTV.

De hecho, me preocupa más que políticos como el senador Joe Lieberman de Connecticut y Herbert Kohl de Wisconsin se metan con la MTV cuando ellos son los responsables del fracaso devastador de la educación estadounidense. Pásese por cualquier escuela pública del país y, con toda probabilidad, encontrará aulas masificadas, techos goteantes y profesores hundidos. En una de cada cuatro escuelas encontrará estudiantes que «aprenden» de libros de texto publicados en 1980 o antes.

¿Por qué? Porque los líderes políticos —y la gente que les vota— han decidido que construir otro bombardero tiene prioridad sobre la educación de nuestros hijos. Prefieren entretenerse pronunciando conferencias acerca de la depravación de espectáculos televisivos como *Jackass* que ocuparse de la auténtica depravación que supone el estado de penosa negligencia en que se encuentran nuestras escuelas y nuestros escolares, que a este paso defenderán dignamente nuestro título de País más Burro de la Tierra.

Odio decir todo esto. Me encanta este pedazo de país y amo

LISTA DE LOS PRINCIPALES PAÍSES

(ORDENADOS SEGÚN EL NÚMERO DE HABITANTES)

1. CHINA
Presidente Hu Jintao

2. INDIA
Presidente Abdul Kalam
Narayanan

3. ESTADOS UNIDOS
Presidente George W. Bush

4. INDONESIA
Presidente Megawati
Sukarnoputri

5. BRASIL
Presidente Luis Inácio
da Silva

6. RUSIA
Presidente Vladimir Putin

7. PAKISTÁN
General Pervez Musharraf

8. BANGLADESH
Presidente Shahabuddin Ahmed

9. JAPÓN
Primer Ministro Junichiro
Koizumi

10. NIGERIA
Presidente Olusegun Obasanjo

11. MÉXICO
Presidente Vicente Fox Quesada

12. ALEMANIA
Canciller Gerhard Schröder

13. FILIPINAS
Presidenta Gloria Macapagal-
Arroyo

14. VIETNAM
Presidente Tran Duc Luong

15. EGIPTO
Presidente Mohammed Hosni
Mubarak

16. TURQUÍA
Presidente Ahmet Necdet Sezer

17. IRÁN
Atatollah Alí Hoseini-Jamenei,
Presidente Mohammad Jatami

18. ETIOPÍA
Presidente Negasso Gidada

19. TAILANDIA
Primer Ministro Thaksin
Chinnawat

20. GRAN BRETAÑA
Primer Ministro Anthony
C. L. Blair

21. FRANCIA
Presidente Jacques Chirac

22. ITALIA
Primer Ministro Silvio
Berlusconi

23. CONGO (KINSHASA)
Presidente Joseph Kabila

24. UCRANIA
Presidente Leonid D. Kuchma

25. COREA DEL SUR
Presidente Roh Moo Hyun

(Continúa)

LISTA DE LOS PRINCIPALES PAÍSES
(ORDENADOS SEGÚN EL NÚMERO DE HABITANTES)

26. SURÁFRICA
Presidente Thabo Mbeki

27. BURMA
Primer Ministro Than Shwe

28. ESPAÑA
Presidente José María Aznar

29. COLOMBIA
Presidente Andrés Pastrana

30. POLONIA
Presidente Aleksander
Kwasniewski

31. ARGENTINA
Presidente Néstor Kirchner

32. TANZANIA
Presidente Benjamin William
Mkapa

33. SUDÁN
Presidente Omar el-Bashir

34. CANADÁ
Primer Ministro Jean Chretien

35. ARGELIA
Presidente Abdelaziz Bouteflika

36. KENIA
Presidente Mwai Kibari

37. MARRUECOS
Rey Mohamed VI
Primer Ministro Abderrahmane
Youssoufi

38. PERÚ
Presidente Alejandro Toledo

39. AFGANISTÁN
Presidente Hamid Karzai

40. UZBEKISTÁN
Presidente Islam Karimov

41. NEPAL
Rey Gyanendra.
Primer Ministro Lokendra
Bahadur Chand

42. VENEZUELA
Presidente Hugo Chávez
Frías

43. UGANDA
Presidente Yoweri Museveni

44. IRAQ
—

45. RUMANÍA
Presidente Ion Iliescu

46. TAIWAN
Presidente Chen Shui-bian

47. ARABIA SAUDÍ
Rey Fahd bin Abb al-Aziz
Al Saud

48. MALAISIA
Primer Ministro Mahathir bin
Mohamad

49. COREA DEL NORTE
Presidente Kim Jong Il

50. GHANA
Presidente John Agyekum
Kufuor

a los chalados que lo habitan. Pero cuando viajo a algún remoto poblado de América Central, como hice en los años ochenta, y oigo a un puñado de chavales de doce años contarme sus preocupaciones acerca del Banco Mundial, tengo la impresión de que algo anda mal en Estados Unidos de América.

Nuestro problema no es sólo que nuestros niños no saben nada, sino que los adultos que pagan su matrícula están a su mismo nivel. Me pregunto qué sucedería si examináramos al Congreso de Estados Unidos para ver lo que saben nuestros representantes. ¿Y si les pusiésemos un simple test de conocimientos generales a los comentaristas que acaparan las emisoras de radio y televisión con su ininterrumpida cháchara? ¿Cuántas respuestas acertarían?

Tiempo atrás, decidí averiguarlo. Era una de esas mañanas dominicales en que si querías ver la tele tenías que elegir entre el programa de inversión inmobiliaria *Parade of Homes* o la tertulia política de *The McLaughlin Group*. Si gustan del aullido de las hienas bajo el efecto de las anfetas, se decantarán naturalmente por McLaughlin. Aquel domingo en particular, quizá como castigo por no haber ido a misa, me vi forzado a escuchar al columnista Fred Barnes (director del semanario derechista *Weekly Standard* y presentador del programa de Fox News *The Beltway Boys*) quejarse una y otra vez del lamentable estado de la educación en el país, a la vez que culpaba a los profesores y su maligno sindicato de los pobres resultados académicos de los estudiantes.

«¡Estos chicos ni siquiera saben lo que son la *Ilíada* y la *Odisea*!», aullaba, mientras otros invitados asentían admirados ante el noble lamento de Fred. A la mañana siguiente llamé a Fred Barnes a su despacho de Washington.

—Fred —dije—, explícame qué son la *Ilíada* y la *Odisea*.

—Bueno... —empezó a farfullar—, son... eh... ya sabes... Eh, vale, me has pillado. No sé lo que son. ¿Contento?

Pues la verdad es que no. Eres una de las máximas figuras televisivas del país. Compartes gustoso tu «sabiduría» con cientos de miles de ciudadanos confiados, mientras desdeñas alegremente la ignorancia de otros.

Yale y Harvard. Princeton y Dartmouth. Stanford y Berkeley. Consigue una licenciatura en alguna de estas universidades y ya no tendrás que preocuparte por nada en la vida. ¿Qué importancia tiene que el 70 % de los graduados de dichas instituciones jamás hayan oído hablar de la Ley del Derecho al Voto o del programa para una Gran Sociedad del presidente Lyndon Johnson? «¿A quién le importa?», te preguntas sentado en tu villa toscana observando la puesta de sol y paladeando la buena marcha de tus negocios.

¿Y qué más da si ninguna de estas universidades punteras a las que acuden estos ignorantes requiere un solo curso de historia americana para licenciarse? ¿De qué sirve la historia si uno va a ser el futuro amo del mundo?

¿A quién le importa si el 70 % de los universitarios estadounidenses se licencia sin haber aprendido una lengua extranjera? ¿Acaso no habla inglés todo el mundo? Y si no es así, ¿no deberían aplicarse de una vez esos putos extranjeros?

¿Y a quién le importa un carajo que, de los setenta departamentos de literatura inglesa de las grandes universidades americanas, solo veintitrés exijan a sus alumnos de lengua inglesa que aprueben un curso sobre Shakespeare? ¿Puede alguien explicarme qué tiene que ver Shakespeare con el inglés? ¿Y de qué sirven cuatro mohosas obras de teatro en el mundo de los negocios?

Quizá sólo estoy celoso porque no completé la carrera. Lo confieso: yo, Michael Moore, abandoné mis estudios universitarios. Un día de mi segundo año, estuve conduciendo sin parar por los aparcamientos del campus en Flint, buscando sitio como loco. No lo encontré, y después de circular durante una hora con mi Chevy Impala del 69, grité por la ventana: «¡Estoy harto! ¡Dejo la universidad!» Me fui a casa y les comuniqué mi decisión a mis padres.

—¿Por qué? —preguntaron.

—No pude aparcar —repliqué, agarrando un refresco y preparándome para seguir adelante con mi vida. No me he sentado en un pupitre desde entonces.

Mi desagrado por la escuela empezó más o menos hacia segundo de primaria. Mis padres —Dios los bendiga por ello— ya

Fechas importantes en la historia de Estados Unidos

19 de junio de 1865: A pesar de que la Proclamación de la Emancipación había declarado libres a los esclavos de la Confederación dos años antes, en el Sur no todos se habían dado por enterados. Ese día, en Galveston, Texas, un general de la Unión llegó e informó oficialmente a los esclavos de su libertad.

29 de diciembre de 1890: La Masacre de Wounded Knee. Como último esfuerzo para sofocar la rebelión india, tropas estadounidenses se dispusieron a apresar a Pie Grande, el jefe de la tribu sioux. Los miembros de la tribu fueron capturados, forzados a entregar sus armas y confinados en un campo rodeado por soldados americanos. La mañana del 29 de diciembre, éstos abrieron fuego sobre el campo indio y mataron a 300 sioux desarmados, entre ellos Pie Grande. Fue la última batalla de la campaña de cuatro siglos de genocidio contra los nativos americanos.

18 de mayo de 1896: Plessy contra Ferguson. El Tribunal Supremo de Estados Unidos decidió que obligar a los negros a viajar en un vagón separado y en peor estado no constituía una violación de la cláusula de protección igualitaria de la Decimocuarta Enmienda. La decisión allanó el camino para la política de «separados pero iguales» que dio lugar a las leyes segregacionistas.

14 de abril de 1914: La Masacre de Ludlow. Los mineros del carbón de Colorado, que habían tratado de sindicarse durante años, convocaron una huelga. Cuando los expulsaron de sus casas, que pertenecían a la compañía, los huelguistas y sus familias montaron un campamento en terrenos

(Continúa)

de propiedad pública. La mañana del 14 de abril, milicianos del estado y otros esquiroles dispararon contra el campo y quemaron las tiendas, matando a veinte personas, en su mayoría mujeres y niños.

22 de marzo de 1947: El presidente Truman emitió la orden ejecutiva 9.835 para identificar la «infiltración de personas desleales» en el gobierno. Esto inauguró una era de temor y paranoia acerca de presuntos comunistas que llevó a investigar a más de seis millones de personas y al despido de unas quinientas por «lealtad dudosa».

1 de diciembre de 1955: Rosa Parks, costurera y activista de los derechos civiles en Montgomery, Alabama, se negó a ceder su asiento en el autobús a un pasajero blanco. Este simple acto puso en marcha el boicot contra los autobuses de Montgomery, que duró 381 días y consolidó a Martin Luther King Jr. como líder del movimiento. El boicot terminó después de que el Tribunal Supremo sentenciara que las leyes segregacionistas en el transporte público eran ilegales.

30 de abril de 1975: La caída de Saigón. Aunque la infantería estadounidense ya había salido oficialmente de Vietnam dos años antes, este día representa el final de la guerra. Varias semanas de caos ante la inminente toma del poder por parte de los comunistas culminaron en un episodio de desesperación: el último de los helicópteros de rescate americanos despegó del tejado de la embajada con los pocos refugiados que podía llevar.

me habían enseñado a leer y escribir a la edad de cuatro años. Así que cuando entré en la escuela primaria Saint John, tuve que sentarme y fingir interés mientras el resto de los críos recitaban robotizados «A,B,C,D,E,F,G...» con un sonsonete que me atormentaba aún más que la letanía abecedaria.

Me aburría a muerte. En honor de las monjas debo decir que se dieron cuenta de ello, y un día la hermana John Catherine me llevó aparte y me dijo que me pasarían a segundo. No cabía en mí de gozo. Llegué a casa y anuncié atropelladamente que en un solo mes ya había aprobado un curso entero. Mis padres no se mostraron demasiado entusiasmados ante esta nueva prueba de la genialidad de su vástago. En cambio, soltaron un «PERO QUÉ DIANTRE...», se fueron a la cocina y cerraron la puerta. Alcancé a oír que mi madre le advertía por teléfono a la madre superiora que de ningún modo su pequeño Michael iba a asistir a clase con niños mayores; «así que, por favor, hermana, déjelo en primero».

Estaba hundido. Mi madre me explicó que si me saltaba el primer grado siempre sería el menor y más enclenque de los alumnos en clase (la inercia y la comida rápida acabaron por contradecirla). Tampoco podía apelar a mi padre, que dejaba la mayoría de las decisiones escolares en manos de mi madre (había sido la mejor de su clase en el instituto). Traté de explicarle que si me devolvían a primero daría la impresión de haber suspendido segundo curso en un solo día, lo que me expondría a las represalias de los primerizos, a quienes había dejado atrás al grito de «¡Nos vemos, pringados!». Pero mamá Moore no cedió, y entonces descubrí que su autoridad pasaba por encima de la de la madre superiora.

Al día siguiente, decidí ignorar las instrucciones de mis padres para reincorporarme a primero. Por la mañana, antes de que sonara el timbre, todos los estudiantes tenían que alinearse fuera de la escuela con sus compañeros y entrar en fila en el recinto. Silenciosa pero decididamente, me puse en la fila de segundo, rogando a Dios que cegara a las monjas para que no me vieran. El timbre sonó y pasé inadvertido. La fila de segundo se puso en marcha y yo avancé con ella. «¡Toma! —pensé—. Si sale bien, me meto en la clase de segundo, me siento y ya nadie podrá echarme.» En el momento en que me disponía a cruzar la puerta de la escuela, sentí que una mano me sujetaba por el cuello del abrigo. Era la hermana John Catherine.

—Creo que te has equivocado de fila, Michael —dijo con firmeza—. Vuelves a estar en primero.

Empecé a protestar. Mis padres se habían equivocado, le aseguré. De hecho, no eran mis verdaderos padres...

Durante los siguientes doce años me senté en clase e hice mi trabajo, constantemente preocupado por hallar el modo de escapar. En cuarto, fundé un periódico clandestino. Lo cerraron. Lo volví a intentar en sexto. Lo cerraron de nuevo. En octavo no sólo empecé otra vez, sino que convencí a las hermanas de que me dejaran escribir una obra teatral para la clase con el fin de representarla en Navidad. La obra trataba de una convención de ratas de todo el país que se celebraría en la parroquia de Saint John. El sacerdote puso fin a la tentativa y volvió a cerrar el periódico. Decidió que, en lugar de montar mi obra, mis amigos y yo tendríamos que salir a escena, cantar tres villancicos y dejar el estrado sin decir ni mu. Decidí organizar a media clase para que se quedase callada en medio del escenario. Así pues, salimos y nos negamos a cantar los villancicos como protesta silenciosa contra la censura sufrida. Hacia la segunda canción, intimidados por las severas miradas que los padres nos lanzaban desde la platea, la mayoría cedió y empezó a cantar, y ya hacia la tercera también yo capitulé y me sumé al coro de *Noche de paz*, prometiéndome seguir con la lucha otro día.

Como todos sabemos, el instituto es una suerte de castigo sádico y cruel impuesto a los adolescentes por adultos que buscan vengarse por no poder llevar una vida despreocupada de disfrute irresponsable. ¿Qué otra explicación puede haber para esos cuatro años de comentarios degradantes, abuso físico y la convicción de que eres el único que no folla?

Tan pronto como entré en el instituto —y en la enseñanza pública— me olvidé de todas mis quejas acerca de la represión por parte de las hermanas del Saint John; de pronto, todas me parecían unas santas. Ahora me enfrentaba a los riesgos de un corral atestado con más dos mil adolescentes. En tanto que las monjas habían dedicado sus vidas a enseñar abnegadamente sin esperar recompensa terrenal alguna, los mandamases del instituto tenían una simple misión: «Ata a esos capullos como perros, enciérralos hasta doblegar su voluntad y que vayan a pudrirse como peones a una fábrica de plásticos.» Haz esto, no hagas eso,

Como estudiante estadounidense probablemente no sepas demasiado acerca de la Constitución o de tus derechos civiles, de modo que aquí tienes una guía práctica basada en información procedente de la Unión Americana para las Libertades Civiles (ACLU). Si deseas conocer más detalles sobre los derechos de los estudiantes en lo tocante a normas de vestir, expedientes escolares y discriminación basada en orientación sexual, contacta con tu sección estatal de la ACLU o infórmate en su página web: *www.aclu.org/students/slfree.html*.

- La primera enmienda de la Constitución garantiza el derecho a la libertad de expresión y a la asociación libre. Según el Tribunal Supremo de Estados Unidos, estos derechos también te benefician a ti, el estudiante.
- En 1969, el Tribunal Supremo sentenció que la Primera Enmienda es aplicable también a los estudiantes de las escuelas públicas. Los colegios privados tienen mayor libertad de acción para establecer su propio código.
- Los estudiantes de las escuelas públicas pueden expresar sus opiniones oralmente y por escrito (en folletos, chapas, camisetas) en la medida en que no perjudiquen «material y sustancialmente» las clases u otras actividades escolares.
- La dirección puede prohibir a los estudiantes el uso de «lenguaje vulgar o indecente», pero en caso de controversia no puede censurar a una sola de las partes.
- Si tú y otros estudiantes editáis vuestro propio periódico y deseáis repartirlo en la escuela, la dirección no puede censuraros ni prohibir su distribución (a menos que sea «indecente» o que su distribución afecte al buen desarrollo de las actividades escolares).
- La dirección puede censurar lo que se publica en el pe-

(Continúa)

riódico oficial de la escuela al estar financiado con dinero de la misma. En la decisión de 1998 sobre el caso del distrito escolar de Hazelwood contra Kuhlmeier, el Tribunal Supremo de Estados Unidos estimó que la dirección puede censurar publicaciones o actos oficiales de la escuela en que intervengan alumnos (obras de teatro, exposiciones, anuario o periódico) si las considera inapropiadas o dañinas, aunque no resulten vulgares ni perturben la actividad docente.

- En algunos estados —Colorado, California, Iowa, Kansas y Massachusetts— se han aprobado leyes que amplían el abanico de derechos del estudiante en lo que respecta a la libertad de expresión. Comprueba en tu sede local de la ACLU si tu estado cuenta también con dichas leyes.

ponte la camisa por dentro, borra esa sonrisa de tu cara, dónde está tu permiso, ESTE PERMISO NO ES VÁLIDO: CASTIGADO.

Un día llegué a casa del instituto y me puse a leer el periódico. Un titular rezaba: «Aprobada la 26.ª Enmienda. La edad de voto se rebaja hasta los 18.» Debajo de éste había otro: «Ante su inminente retiro, el presidente de la junta escolar llama a elecciones.»

Hmm. Telefoneé al secretario del condado.

—Oiga, dentro de unas semanas cumplo los 18. Si puedo votar, ¿quiere eso decir que también puedo presentarme al cargo?

—Déjame ver —dijo la dama al teléfono—. ¡Esta pregunta es nueva! —Hojeó unos papeles y regresó al auricular—. Sí —respondió—, puedes presentarte. Sólo necesitas recoger 20 firmas para que se registre tu nombre.

¿Veinte firmas? ¿Ya está? No tenía ni idea de que presentarse al cargo requiriese tan poco trabajo. Conseguí mis firmas, entregué mi solicitud y lancé mi campaña. ¿Mi lema? «Despidan al director y a su asistente.»

Alarmados ante la idea de que un alumno pudiera encontrar

los medios legales para echar a los mismos administradores que le amargaban la vida, cinco «adultos» decidieron presentarse a su vez.

Naturalmente, acabaron dividiendo el voto adulto por cinco y gané con el apoyo de todos los colgados de edades comprendidas entre 18 y 25 (que quizá no volvieran a votar jamás, pero estaban entusiasmados ante la posibilidad de mandar a galeras a sus guardianes).

El día siguiente a mi victoria, caminaba yo por el pasillo del instituto con el faldón de la camisa ostentosamente por fuera de los pantalones (me quedaba una semana como estudiante) cuando me crucé con el asistente del director.

—Buenos días, señor Moore —saludó lacónicamente, cuando hasta el día anterior mi nombre había sido «Eh, tú». Ahora, yo era el jefe.

A los nueve meses de mi elección, el director y su asistente habían entregado sus cartas de renuncia, un mecanismo destinado a salvar las apariencias en los casos en que a uno se le «pide» que dimita. Dos años después, el director sufrió un infarto y murió.

Le conocía de siempre. Cuando yo tenía ocho años, nos dejaba a mí y a mis amigos patinar y jugar al hockey en el pequeño estanque de detrás de su casa. Era cordial y generoso, y siempre dejaba la puerta de su casa abierta por si alguno de nosotros necesitaba cambiarse los patines o por si nos daba frío y queríamos resguardarnos. Años después, me pidieron que tocara el bajo en un grupo, pero como yo no tenía el instrumento, él me prestó el de su hijo.

Digo esto para recordarme a mí mismo que la gente es buena en el fondo y que alguien con quien llegué a mantener serias disputas también era una persona con una taza de chocolate caliente siempre disponible para los pequeños mocosos ateridos de su vecindario.

Los profesores son los cabezas de turco preferidos de los políticos. Al escuchar a gente como Chester Finn, vicesecretario de educación en la administración de Bush el Viejo, uno acaba por pensar que la sociedad se desmorona por la negligencia, holgazanería e incompetencia profesorales. «Si usted confecciona una lista de los diez más buscados por arruinar la educación americana, no estoy seguro de quién quedaría primero: si el sindicato de profesores o los claustros escolares», declaró Finn.

Sin duda, hay un montón de profesores que dan pena y que harían mejor dedicándose al telemarketing. Pero la amplia mayoría de ellos son educadores dedicados que han elegido una profesión que les proporciona menos dinero del que ganan algunos de sus alumnos trapicheando con éxtasis. Y por lo visto ese sacrificio merece un castigo. No sé qué piensan ustedes, pero yo deseo que los profesionales que tienen a mi hija bajo su tutela durante más horas al día que yo sean tratados con respeto y consideración. Son ellos quienes van a preparar a nuestros hijos para salir al mundo, así que ¿para qué querríamos cabrearlos?

Cabría esperar que la actitud de la sociedad fuese más o menos ésta:

> *Profesores, gracias por consagrar su vida a mi hija. ¿Hay algo que pueda hacer por ustedes? Cuenten conmigo. ¿Por qué? Porque ayudan a mi hija, la niña de mis ojos, a aprender y a crecer. No sólo serán responsables en gran medida de su capacidad para ganarse la vida, sino que su influencia afectará enormemente a su visión del mundo, sus conocimientos sobre otras personas y lo que siente por sí misma. Quiero que crea que puede ir a por todas, que no hay puertas cerradas ni sueños irrealizables. Estoy confiándoles a la persona más importante de mi vida durante siete horas al día, lo que les convierte a ustedes en las personas más importantes de mi vida. Gracias.*

En lugar de esto, los profesores suelen escuchar cosas como las siguientes:

- «No me cabe en la cabeza que los profesores que aducen que su máximo interés es el bien de los alumnos luego traten de exprimir el sistema exigiendo aumentos de sueldo.» (*New York Post*, 26/12/2000)

- «Las estimaciones del número de profesores ineptos van del 5 al 18 % del total de 2,6 millones.» (Michael Chapman, *Investor's Business Daily*, 21/9/1998)
- «La mayoría de los profesionales de la educación pertenece a una cerrada comunidad de devotos [...] que se guían por filosofías populares en lugar de investigar qué funciona mejor.» (Douglas Carminen, citado en *Montreal Gazette*, 6/1/2001)
- «Los sindicatos de profesores han llegado a dar la cara por auténticos delincuentes y por profesores que habían tenido relaciones sexuales con alumnos, así como por aquellos que sencillamente son incapaces de enseñar.» (Peter Schweizen, *National Review*, 17/8/1998).

¿Qué prioridad le concedemos a la educación en este país? Basta con echar un vistazo a la lista de presupuestos para ver que se le asigna más o menos tanto dinero como a los inspectores cárnicos. La persona que está al cuidado de nuestro hijo recibe una media de 41.351 dólares al año. Un congresista, cuya única preocupación es decidir con qué grupo de presión debe salir a cenar, recibe 145.100 dólares.

Visto el trato degradante que nuestra sociedad brinda cotidianamente a los profesores, no es de extrañar que tan pocas personas se inclinen por la profesión. Hay tal escasez de profesores a escala nacional que algunas ciudades se han visto obligadas a reclutarlos en el extranjero. Recientemente, Chicago contrató a varios profesores provenientes de 28 países, incluidos China, Francia y Hungría. Para cuando empiece el nuevo semestre en Nueva York, siete mil profesores se habrán retirado, y el 60 % de sus sustitutos no estarán habilitados para ejercer la docencia allí.

Lo más gordo es que 163 escuelas de Nueva York abrieron el curso escolar 2000-2001 sin contar con un director. Lo que oyen: escuelas sin una persona al cargo. Da la impresión de que el alcalde y la junta escolar están experimentando con la teoría del caos: vamos a meter a 500 chicos pobres en un edificio ruinoso y a ver qué pasa. En la ciudad desde la que se controla buena parte de la riqueza mundial, donde hay más millonarios por metro cuadrado que chicles por las aceras, parece que no podemos encontrar dinero para pagarle a un profesor novel más de 31.900 dólares al año. Luego nos sorprendemos de los malos resultados.

Y el problema no está sólo en los profesores: las escuelas del país literalmente se caen a pedazos. En 1999, una cuarta parte de las escuelas públicas americanas informaron de que al menos uno de sus edificios se hallaba en condiciones precarias. En 1997, todo el sistema escolar de Washington D. C. tuvo que retrasar el inicio de las clases en tres semanas porque casi una tercera parte de los centros escolares resultaban inseguros.

En casi el 10 % de las escuelas públicas el número de matriculaciones excede en más del 25 % la capacidad de sus dependencias. Se imparten clases en los pasillos, al aire libre, en el gimnasio o la cafetería; en una de las escuelas que visité, el cuarto de la limpieza se utilizaba como aula. No hay de qué admirarse, habida cuenta de que el cuarto de la limpieza tampoco parece cumplir su función: casi el 15 % de las 1.100 escuelas públicas no cuenta con personal de mantenimiento, lo que obliga a los docentes a fregar el suelo y a los estudiantes a apañarse sin papel higiénico. En algunos casos, los alumnos se han visto obligados a vender golosinas para que sus escuelas pudieran comprar instrumentos de música. Ya no sabemos qué inventar. ¿Lavado de coches para costear lápices?

Otra prueba de lo crudo que lo tiene nuestra descendencia es el número de bibliotecas públicas y escolares que han cerrado o a las que se les ha reducido el horario. ¡No sea que los niños pasen mucho rato leyendo cosas peligrosas!

El «presidente» Bush parece estar de acuerdo con todo ello, pues propuso recortar el presupuesto federal destinado a bibliotecas en 39 millones de dólares, lo que representa una reducción de un 19 %. Una semana antes, su esposa y ex bibliotecaria Laura Bush puso en marcha la campaña nacional en pro de las bibliotecas estadounidenses, llamándolas «baúles del tesoro de la comunidad, cargados de riqueza informativa a disposición de todos, sin diferencias». La madre del presidente, Barbara Bush, encabeza la Fundación para la Alfabetización Familiar. Supongo que no hay nada como contar con experiencia de primera mano en el ámbito del analfabetismo para motivar tales actos de caridad.

Para los niños que viven en casas donde hay libros, el cierre de una biblioteca es triste. Pero para aquellos que provienen de un medio en el que nadie lee, la pérdida de una biblioteca es una tragedia que puede negarles para siempre el acceso, no sólo al gozo de la lectura, sino a una información determinante para su trayectoria vital y profesional. Jonathan Kozol, veterano defensor de los niños desfavorecidos, ha observado que las bibliotecas escolares «constituyen la ventana más nítida a un mundo de satisfacciones y estímulos no consumistas que la mayoría de los niños de barrios marginales no conocerá jamás».

Los niños privados de buenas bibliotecas tampoco pueden desarrollar las dotes informativas necesarias en un mundo laboral cada vez más dependiente de datos que cambian rápidamente. La capacidad para realizar labores de documentación e investigación es «probablemente la facultad más esencial para los estudiantes de hoy —dice Julie Walker, directora ejecutiva de la Asociación Americana de Bibliotecas Escolares—. Los conocimientos que los alumnos adquieren en la escuela no les servirán a lo largo de toda su vida. Muchos de ellos tendrán cuatro o cinco carreras profesionales distintas, y lo importante será el modo en que se desenvuelvan para encontrar la información que necesitan».

¿De quién es la culpa del declive de las bibliotecas? En lo tocante a las bibliotecas escolares, podemos señalar con el dedo (el que se quiera) a Richard Nixon. Desde la década de los sesenta hasta 1974, las bibliotecas escolares recibían financiación específica del gobierno. Pero en 1974, Nixon cambió las normas, estipulando que los fondos destinados a la educación fueran distribuidos en paquetes de subvenciones que cada estado podría administrar como considerase oportuno. Pocos estados decidieron gastar ese dinero en bibliotecas, y ahí empezó la debacle. Éste es uno de los motivos por los que el material de muchas bibliotecas escolares data de los años sesenta y setenta, es decir, de antes de que la financiación se resquebrajara. («No, Sally, la Unión Soviética ya no es nuestro enemigo: hace diez años que está kaput.»)

Barbara Bush Foundation for Family Literacy
1112 16th Street NW
Suite 340
Washington, DC 20036
202-955-6183
www.barbarabushfoundation.com

Literacy Volunteers of America
635 James Street
Syracuse, NY 13203-2214
315-472-0001
www.literacyvolunteers.org

Even Start Family Literacy Program
U.S. Department of Education
400 Maryland Avenue SW
Washington, DC 20202
202-260-0991
www.ed.gov/offices/OESE/CEP/programs.html#prog3

America Reads Challenge
U.S. Department of Education
400 Maryland Avenue SW
Washington, DC 20202
202-401-0596
www.ed.gov/inits/americareads/

National Center for Family Literacy
Waterfront Plaza, Suite 200
325 W. Main Street
Louisville, KY 40202-4251
502-584-0172
www.famlit.org

Este informe aparecido en *Education Week* en 1999 acerca de una «biblioteca» de una escuela primaria en Filadelfia no describe en absoluto un caso aislado:

> Incluso los mejores libros de la escuela primaria T. M. Pierce están anticuados, hechos trizas o descoloridos. Los peores —muchos en estado de desintegración total— están sucios, huelen mal y dejan un residuo mohoso en manos y ropa. Las mesas y las sillas son viejas, no hacen juego y en algunos casos están rotas. No hay un solo ordenador a la vista. [...] Datos y teorías que han perdido ya toda su vigencia, así como estereotipos ofensivos, saltan de las páginas presuntamente respetables de enciclopedias y biografías, tomos de ensayo y de ficción. Entre los volúmenes de estos anaqueles, un estudiante se vería incapaz de encontrar información precisa sobre el sida u otras enfermedades actuales, sobre misiones a la Luna o a Marte, o sobre los últimos cinco presidentes de Estados Unidos.

Lo irónico de todo este estado de cosas es que los mismos políticos que rechazan financiar adecuadamente la educación en este país son los mismos que se suben por las paredes al ver que nuestros alumnos van por detrás de los alemanes, los japoneses y los de cualquier otro país en el que haya agua corriente y una economía que no se base en la venta de pipas. De pronto, piden responsabilidades. Quieren que se responsabilice a los profesores y comprobar sus aptitudes. Y también pretenden examinar una y otra vez a los chicos mediante repetidas pruebas de nivel.

No hay nada malo en la utilización de exámenes de nivel para determinar si los estudiantes están aprendiendo a leer y escribir y a sumar y restar. Pero hay demasiados políticos y burócratas de la enseñanza que han desatado todo un frenesí examinador, como si todo lo que va mal en nuestro sistema educativo pudiera arreglarse milagrosamente con sólo mejorar los resultados de dichos exámenes.

A quienes habría que examinar (aparte de los «expertos» que no dejan de gimotear) es a los llamados líderes políticos. La próxima vez que vea a su representante o congresista, pásele este cuestionario y recuérdele que cualquier aumento salarial futuro dependerá de sus resultados:

1. ¿Cuál es la paga anual de su votante medio?
2. ¿Qué porcentaje de beneficiados por el subsidio social son niños?
3. ¿Cuántas especies animales y botánicas están en peligro de extinción?
4. ¿De qué tamaño es el agujero en la capa de ozono?
5. ¿Qué países africanos tienen una tasa de mortalidad infantil inferior a la de Detroit?
6. ¿Cuántas ciudades estadounidenses siguen contando con dos periódicos rivales?
7. ¿Cuántas onzas hay en un galón?
8. ¿Qué es más probable, morir de un disparo en la escuela o alcanzado por un rayo?
9. ¿Cuál es la única capital de estado que no tiene un Mc-Donald's?
10. Describa la historia de la *Ilíada* o de la *Odisea*.

RESPUESTAS

1. 28.548 dólares.
2. El 67 %.
3. 11.046.
4. 27 millones de kilómetros cuadrados.
5. Libia, Mauricio y Seychelles.
6. 34.
7. 128 onzas.
8. Es dos veces más probable morir por el impacto de un rayo que por un disparo en la escuela.
9. Montpelier, Vermont.
10. La *Ilíada* es un poema épico de Homero acerca de la guerra de Troya. La *Odisea* es otro poema épico de Homero que narra los diez años de viaje de regreso de Ulises, rey de Ítaca, una vez acabada la guerra de Troya.

Es bien posible que los genios que le representan a usted en esta legislatura no acierten ni el 50 % de las respuestas. Como consuelo, piense que de aquí a un par de años podrá mandarlos a hacer gárgaras.

Sin embargo, hay un grupo en este país que no anda rascándose la barriga mientras se queja de la ineptitud de los profesores; un grupo profundamente preocupado por el tipo de escolares que vamos a proyectar al mundo adulto. No sería exagerado decir que tienen un gran interés en esta audiencia cautiva de millones de jóvenes... o en las fortunas que gastan cada año (más de 150.000 millones de dólares en el 2000). Sí, señor, se trata de la América Empresarial, cuya generosidad para con las escuelas de la nación no es más que otro ejemplo de sus continuados servicios patrióticos.

¿Hasta qué punto están comprometidas las grandes multinacionales con las escuelas de nuestros niños?

Según las cifras recogidas por el Centro para el Análisis del Comercialismo en la Educación, su caridad desinteresada se ha disparado de forma espectacular desde 1990. En los últimos diez años, el patrocinio empresarial de programas y actividades escolares se ha incrementado en un 248 %. A cambio de ello, las escuelas permiten a estas compañías asociar su nombre a determinados eventos escolares.

Por ejemplo, Eddie Bauer patrocina la final del concurso National Geography. Se distribuyen libros escolares con anuncios de Calvin Klein y Nike. Ésta y otras empresas de calzado, en un intento de captar a las estrellas del mañana, financian equipos de baloncesto de algunos institutos urbanos.

Pizza Hut estableció un programa para alentar a los niños a leer. Cuando los estudiantes alcanzan el objetivo de lectura mensual, se les recompensa con artículos de la marca. En el restaurante donde se premia al chaval, el encargado del mismo le felicita personalmente y le entrega un adhesivo y un certificado. Pizza Hut ha sugerido a los directores de las escuelas que cuelguen a la vista de todos una lista de honor Pizza Hut a mayor gloria de los alumnos lectores.

General Mills y Campbell's Soup ingeniaron un plan mejor. En lugar de ofrecer premios, tienen programas que gratifican a las escuelas por incitar a los padres a comprar sus productos. General Mills da a las escuelas diez centavos por cada tapa de sus productos que envíen, con lo que pueden ganar hasta 10.000 dólares al año. Eso representa la venta de 100.000 productos de General Mills. El programa de Campbell's, Etiquetas para la Educación, es igualmente tremendo: «Material escolar gratuito para los niños de América» es el eslogan de la compañía. Las escuelas pueden conseguir un ordenador Apple iMac «gratis» por sólo 94.950 etiquetas de sopa. Para ello, Campbell's sugiere que cada estudiante mande una etiqueta por día. Con el cálculo de cinco etiquetas por niño a la semana, todo lo que hace falta es una escuela con 528 niños para obtener el ordenador.

No es únicamente este tipo de patrocinio lo que vincula a las escuelas con las multinacionales. La década de los noventa vivió un incremento espectacular del 1.384 % en acuerdos entre escuelas y empresas de refrescos. Un total de 240 distritos escolares en 31 estados han vendido derechos de exclusividad a una de las tres grandes compañías del ramo (Coca-Cola, Pepsi, Dr. Pepper) para introducir sus productos en la escuela. ¿Alguien se extraña de que haya más niños con sobrepeso que nunca, o más mujeres con falta de calcio porque cada vez beben menos leche? Y a pesar de que las leyes federales prohíben la venta de refrescos en la escuela hasta la hora de comer, en algunos centros masificados el «almuerzo» empieza a media mañana. Agua carbonatada y azucarada con saborizantes: el desayuno de los campeones. (En marzo de 2001, Coca-Cola respondió a la presión pública anunciando que incluiría agua, zumos y otras bebidas sin azúcar ni cafeína en sus máquinas de venta de refrescos.)

Supongo que se pueden permitir concesiones como ésas gracias al trato que cerraron con el distrito escolar de Colorado Springs. El estado de Colorado ha sido pionero en lo tocante a la vinculación de las escuelas con las multinacionales del refresco. Así, el mentado distrito recibirá 8,4 millones de dólares a lo largo de diez años en virtud de su acuerdo con Coca-Cola (y más si supera el «requisito» de vender 70.000 cajas de productos de Coca-Cola al año). Para asegurar el logro de tales objetivos, funcionarios del distrito escolar sugirieron a los directores que otorgaran a los estudiantes acceso ilimitado a las máquinas expendedoras y que les permitieran beber Coca-Cola en clase.

Pero la Coca-Cola no está sola en la batalla. En el distrito escolar del condado de Jefferson, Colorado (al que pertenece el instituto Columbine), Pepsi contribuyó con 1,5 millones de dólares para la construcción de un nuevo estadio. Algunas escuelas del condado incorporaron un nuevo curso de ciencias, desarrollado en parte por la propia Pepsi y titulado La Empresa de Bebidas Carbonatadas. En él, los estudiantes cataban distintas colas, analizaban muestras, contemplaban vídeos de una planta embotelladora y, finalmente, visitaban una.

El distrito escolar de Wylie, Texas, firmó un acuerdo en 1996 que repartía entre Coca-Cola y Dr. Pepper los derechos de venta de refrescos a las escuelas. Cada compañía pagaba 31.000 dólares al año. En 1998, el condado cambió de parecer y firmó un trato con Coca-Cola por valor de 1,2 millones por quince años. Dr. Pepper demandó al condado por incumplimiento de contrato y el distrito escolar acabó por comprar la parte que correspondía a Dr. Pepper por valor de 160.000 dólares. Además, hubo de pagar otros 20.000 en concepto de costes legales.

No sólo las empresas corren el riesgo de perder presencia. Los estudiantes que están faltos del debido espíritu empresarial escolar se exponen a un riesgo notable. Cuando Mike Cameron se presentó con una camiseta de Pepsi en el Día de la Coca-Cola del instituto Greenbrier de Evans, Georgia, lo expulsaron por un día. El Día de la Coca-Cola formaba parte de la participación de la escuela en el concurso nacional Apúntate a Coca-Cola, que premia con 10.000 dólares al instituto que idee el mejor plan para distribuir bonos de descuento de Coca-Cola. Los responsables del instituto Greenbrier declararon que Cameron había sido expulsado «por su actitud negativa y por tratar de perjudicar la imagen de la escuela» al quitarse la camisa y mostrar la camiseta de Pepsi mientras los estudiantes posaban para una foto formando entre todos ellos la palabra «Coke». Cameron dijo que había llevado la camiseta a la vista durante todo el día y que no había tenido problemas hasta que se tomó la foto. Sin perder tiempo, el departamento de marketing de Pepsi decidió mandarle una caja llena de gorras y camisetas con su marca.

Por si no bastara con convertir a los estudiantes en auténticos anuncios ambulantes, las escuelas y las multinacionales hacen del centro escolar un enorme escaparate para la América Empresarial. Así, la cesión con fines publicitarios de espacios escolares como marcadores, tejados, paredes y libros de texto ha subido un 539 %.

Colorado Springs, no contenta con vender su alma a Coca-Cola, ha recubierto sus autobuses escolares con anuncios de Burger King, Wendy's y otras compañías. Los estudiantes también han recibido forros de libros y agendas escolares gratuitos con anuncios de Kellogg's y fotos de personalidades de la cadena Fox TV.

Después de que miembros del distrito escolar de Grapevine-Colleyville en Texas decidieran que no querían publicidad en sus aulas, permitieron que se pintaran los logotipos de Dr. Pepper y 7-Up en los tejados de dos de sus institutos. Ambos se hallan —qué coincidencia— bajo la ruta de vuelo del aeropuerto de Dallas.

Las escuelas no sólo buscan modos de hacer propaganda; también se ocupan de la percepción de sus productos por parte de los alumnos. Ése es el motivo por el que, en algunas escuelas, ciertas compañías llevan a cabo estudios de mercado en horas lectivas. La Agencia de Recursos del Mercado Educativo de Kansas sostiene que «los chicos responden abierta y fácilmente a preguntas y estímulos» en el aula (naturalmente, eso es lo que se supone que deben hacer, pero para aprender, no en beneficio de unos cuantos encuestadores que les piden que rellenen cuestionarios para estudios mercadotécnicos).

Las empresas también han descubierto que pueden llegar a este público mediante el «patrocinio» de material educativo. Esta práctica, como las otras, ha aumentado vertiginosamente hasta un 1.875 % de lo que representaba en 1990.

Los profesores pasan vídeos de Shell Oil que enseñan a los

estudiantes a gozar de la naturaleza conduciendo hasta allí, después de haber llenado convenientemente el depósito en una gasolinera Shell. ExxonMobil, por su parte, desarrolló un programa educativo sobre el reflorecimiento de la vida salvaje en el escenario del trágico desastre ecológico causado por la marea negra del *Exxon Valdez*. Un libro de matemáticas de tercero incluye ejercicios que consisten en contar caramelos Tootsie Rolls. Un programa patrocinado por la chocolatera Hershey's y utilizado en muchas escuelas se presenta como «la máquina del sueño chocolatero» e incluye lecciones de matemáticas, ciencias, geografía... y nutrición.

En algunos institutos, el curso de económicas corre a cargo de General Motors. GM escribe y aporta los libros de texto, así como el temario del curso. Mediante el ejemplo de GM, los estudiantes aprenden los beneficios del capitalismo y el modo de dirigir una empresa... como GM.

Y qué mejor manera de grabar un logotipo comercial en el cerebro de los niños que a través de la televisión e Internet en el aula. El marketing electrónico, mediante el cual las compañías proveen de *software* o equipamiento a las escuelas a cambio del derecho a anunciarse, se ha incrementado en un 139 %.

Por ejemplo, la empresa ZapMe! suministra a las escuelas una sala de ordenadores gratis y acceso a una selección predeterminada de páginas web. A su vez, la escuela debe comprometerse a mantener la sala abierta al menos durante cuatro horas al día. ¿Cuál es la trampa? El navegador ZapMe! no deja de emitir anuncios, y la compañía recolecta información sobre los hábitos de navegación de los estudiantes, información que pueden vender a otras empresas.

Quizás el más dañino de estos depredadores empresariales sea la emisora escolar Channel One. Unos 8 millones de estudiantes repartidos entre 12.000 aulas miran el programa de anuncios y noticias de Channel One, que se emite cada día. De este modo, los chicos pasan el equivalente de seis días enteros al año mirando Channel One en al menos el 40 % de escuelas secundarias e institutos. El tiempo de aprendizaje perdido en la mera contemplación de anuncios es de un día entero al año. Esto se traduce en un coste anual para los contribuyentes de 1.800 millones de dólares.

Es como si educadores y médicos estuvieran de acuerdo en que nuestros hijos no ven suficiente televisión. Es probable que haya lugar en el cole para algunos programas; yo tengo recuerdos fantásticos del día en que vi astronautas en la pantalla de televisión instalada en el auditorio de la escuela. Pero de las emisiones de doce minutos diarios que retransmite Channel One, sólo el 20 % del tiempo se dedica a temas políticos, económicos, sociales y culturales. Eso deja un abrumador 80 % destinado a publicidad, deportes, partes meteorológicos y promociones de la propia cadena.

Por si fuera poco, Channel One tiene una presencia desproporcionada en escuelas de comunidades con familias de bajos in-

¿ERES UN ASESINO ESCOLAR EN POTENCIA?

La siguiente es una lista de rasgos que el FBI ha identificado como «factores de riesgo» entre estudiantes que podrían cometer actos violentos. Así que aléjate de estudiantes que den muestras de:

- escasa adaptación
- tener acceso a armas
- depresión
- abuso de drogas o alcohol
- alienación
- narcisismo
- humor inapropiado
- uso inmoderado de la televisión y de Internet

Visto que todos vosotros participáis de tales rasgos, dejad la escuela de inmediato. La escolarización en casa tampoco es una solución viable, porque os conviene alejaros de vosotros mismos.

gresos, por lo general pertenecientes a minorías; las comunidades donde hay menos dinero disponible para la educación y donde se gasta menos en libros de texto y otros materiales académicos. Una vez que estos distritos escolares reciben donaciones empresariales, se tiende a olvidar la financiación insuficiente por parte del gobierno.

La mayoría de nosotros sólo entra en un colegio durante las elecciones de nuestro distrito. (Resulta irónico participar en el sacro ritual de la democracia mientras dos mil estudiantes en el mismo edificio viven bajo una suerte de totalitarismo.) Los pasillos están repletos de adolescentes hastiados que se arrastran de una clase a otra, aturdidos y apáticos, preguntándose qué han venido a hacer. Aprenden a regurgitar las respuestas que el Estado quiere que den, y cualquier tentativa individualista basta para convertirse en sospechoso de pertenecer a la mafia de los niños malos. Recientemente, visité una escuela y algunos estudiantes me preguntaron si me había dado cuenta de que todos llevaban ropa blanca o de un tono neutro. Nadie se atreve a vestirse de negro o con nada que resulte llamativo u osado, pues eso supondría una visita obligada al director, donde la psicóloga escolar intenta discernir si tu camiseta de Marilyn Manson significa que pretendes acribillar a balazos a la clase de geometría de la señorita Nelson.

Así, los chicos aprenden a reprimir cualquier forma de expresión individual. Aprenden que es mejor comportarse como es debido para ir tirando. Aprenden a no agitar las aguas para no verse tragados por las olas. No cuestiones la autoridad, haz lo que se te dice. No pienses.

Ah, y lleva una vida sana y productiva como activo y equilibrado miembro de nuestra democracia floreciente.

CÓMO SER UN ESTUDIANTE SUBVERSIVO EN LUGAR DE UN ESTUDIANTE SERVIL

Hay muchas manera de luchar contra el conservadurismo de tu instituto pasándotelo pipa al mismo tiempo. La clave está en conocer las reglas y los derechos que tienes según la ley y el estatuto del distrito escolar. Esto te ayudará a evitar los problemas más engorrosos. Y es posible que además te brinde algún beneficio adicional. David Schankula, un estudiante universitario que me ha ayudado con este libro, recuerda que cuando estaba en un instituto de Kentucky, él y sus colegas se enteraron de una ley estatal ignota según la cual cualquier estudiante que solicitase el día libre para ir a la feria del estado tenía derecho a que se le concediera. La legislación estatal probablemente aprobó la ley hace años para que los chicos granjeros pudieran llevar su mejor cerdo a la feria sin verse penalizados por ello. En cualquier caso, la ley seguía vigente, fuera cual fuese el motivo. Así que ya pueden imaginarse la cara del director cuando David y sus amigos entregaron su petición de día libre para acudir a la feria del estado. No le quedó otro remedio que aceptar.

Hay otras cosas que puedes hacer:

1. Búrlate de las elecciones.

Las elecciones al consejo escolar no son más que una pantalla de humo. Promueven la ilusión de que tú tienes algo que decir en la gestión de la escuela. En su mayoría, los estudiantes que se presentan a algún cargo o se toman la farsa demasiado en serio o piensan que les dará puntos para ingresar en la universidad.

Así que ¿por qué no te presentas tú? Hazlo para ridiculizar una práctica risible de por sí. Forma tu propia plataforma, con el nombre más idiota que se te ocurra. Y haz una campaña de promesas inverosímiles: «Si me elegís, cambiaré la mascota de la escuela por una ameba» o «Si salgo electo, el director deberá probar el almuerzo antes de que sea servido a los alumnos». Cuelga pancartas con lemas simpáticos: «Vota por mí: todo un perdedor.»

Si te eligen, puedes dedicar tu energía a exigir cosas que cabreen a la administración, pero que puedan servir de ayuda a tus compañeros (condones gratuitos, la evaluación de profesores por parte de alumnos, menos deberes para poder acostarse a medianoche, etcétera).

2. Funda un club escolar.

Tienes derecho a hacerlo. Encuentra algún profesor comprensivo que lo apadrine: el club por el derecho al aborto, el club por la libertad de expresión, el club por la integración. Nombra a cada miembro «presidente», de modo que puedan engordar su currículum para la universidad. Una alumna que conozco trató de fundar un club feminista, pero el director no lo permitió, alegando que de lo contrario se vería obligado a aceptar también un club machista. Éste es el tipo de razonamiento cretino con que te encontrarás, pero no desistas. (Qué diablos, si te encuentras en una situación parecida, contesta que te parece bien y sugiérele al director que apadrine el club machista.)

3. Edita tu propio periódico o página web.

La constitución establece tu derecho a hacerlo. Si procuras no caer en la obscenidad ni publicar calumnias o darles cualquier otro motivo para que cierren tu publicación, éste puede ser un medio excelente para decir cuatro verdades acerca de lo que sucede en la escuela. Utiliza el humor. A los estudiantes les encantará.

4. Implícate en la comunidad.

Asiste a las reuniones de la junta escolar e informa de lo que sucede en la escuela. Pide que cambien las cosas. Tratarán de ignorarte o de hacerte tragar una larga y aburrida sesión antes de dejarte hablar, pero al final tendrán que cederte la palabra. Escribe cartas al director de tu periódico local. Los adultos nunca saben nada de lo que ocurre en el instituto, así que deberás darles algunas pistas. Seguro que encuentras simpatizantes.

Con todo esto puedes armar algo de jaleo, pero existen otros recursos si los necesitas. Contacta con Unión Americana para las Libertades Civiles en caso de que la escuela tome represalias. Amenaza con interponer una demanda: los administradores escolares se echan a temblar con sólo oír esa palabra. Y recuerda: no hay mayor satisfacción que la de ver la cara de tu director cuando tú tienes las de ganar.

Y nunca olvides esto:
¡Ningún récord es para siempre!

6
Bonito planeta; ¿hay alguien ahí?

Me gustaría empezar este capítulo revelando la identidad de una de las mayores amenazas para el medio ambiente.

Soy yo: una pesadilla ecológica andante.

¡Soy la madre de todas las catástrofes medioambientales!

Empecemos por lo primero: yo no reciclo.

Considero que reciclar es como ir a la iglesia. Basta con pasarse por ahí una vez por semana para sentirse bien y poder refocilarse de nuevo en las delicias del pecado.

Déjenme preguntarles esto: ¿saben ustedes adónde van a parar todos esos periódicos después de dejarlos en el centro de reciclaje o adónde se llevan sus botellas de cerveza después de que las deposita en el contenedor azul? ¿A las plantas de reciclaje? ¿Quién lo dice? ¿Alguna vez ha seguido al camión que recoge los contenedores para ver adónde va? ¿Le importa? ¿Basta con separar el cristal del plástico, el papel del metal y cargar a otros con la responsabilidad de seguir la operación?

Nunca dejará de asombrarme la naturaleza aborregada del ser humano, nuestra obediencia ciega a la autoridad. Si el rótulo dice «recicle», así lo hacemos, dando por sentado que todo lo que depositemos allí será efectivamente reciclado. Si el contenedor es azul, nos figuramos que eso representa una garantía infalible de que los recipientes de cristal que arrojemos en él acabarán aplastados, fundidos y convertidos en nuevas botellas de Budweiser.

Ya.

Una noche que salí tarde del trabajo, fui testigo de cómo los basureros vertían el contenido del depósito azul en las entrañas del camión junto con el resto de la basura. Le pregunté al chico que trabaja en nuestro edificio si eso era lo habitual.

«Tienen mucha basura por recoger —respondió—. A veces no hay tiempo para separarlo todo.»

Me asaltó la duda de si aquello era una anomalía o, más bien, la norma. Y averigüé unas cuantas cosas.

A mediados de la década de los noventa, ecologistas de la India descubrieron que la Pepsi estaba causando un grave problema de acumulación de residuos en su país. El plástico de botellas de Pepsi recogidas en Estados Unidos se enviaba a la India para que lo reconvirtiesen en botellas nuevas o envases de otro tipo. Sin embargo, el director de la planta de las afueras de Madrás donde se vertía la mayor parte de los residuos admitió que buena parte de los mismos jamás se reciclaba. Para empeorar las cosas, por la época en que se desveló la verdad, la empresa anunció que iba a abrir una fábrica en la India que produciría envases no retornables para exportar a Estados Unidos y Europa, aunque los derivados tóxicos se abandonarían en el subcontinente indio. De modo que mientras la India carga con todo el lastre higiénico y medioambiental, los consumidores de los países industrializados siguen utilizando productos plásticos sin sufrir ninguno de sus inconvenientes. Entre tanto, todos nosotros separamos la basura feliz y plácidamente, convencidos de que ayudamos a mejorar el entorno mediante el «reciclaje».

Otro caso: una revista de San Francisco contrató los servicios de una planta recicladora para que ésta recogiese cada mes todo su papel blanco residual. Cuando un empleado decidió seguir la pista del material, se encontró con que el papel para reciclar se mezclaba con envoltorios de McDonald's y vasos de Starbuck's. Cuando se interrogó a los responsables de la planta recicladora, lo negaron todo.

En 1999, una investigación sobre lo que sucede con los desperdicios generados en el Congreso (aquí puede insertar su propio chiste) descubrió que el 71 % de las 2.670 toneladas de papel usado aquel año por la rama legislativa no se reciclaba porque se había mezclado con residuos alimenticios y otros materiales no procesables. Aquel mismo año, 5.000 toneladas de botellas de cristal, latas de aluminio, trozos de cartón y otros materiales reciclables procedente del Capitolio fueron arrojadas sin más a un vertedero. Si el Congreso hubiera reciclado debidamente toda esa cantidad de basura habría ahorrado 700.000 dólares a los contribuyentes.

El mismo caso se repite una y otra vez. Casi nunca se recicla: nos estafan.

Por eso dejé de reciclar. Llegué a la conclusión de que no hacía más que engañarme a mí mismo. En la medida en que cumpliera con mi deber de separar el papel del metal y del vidrio, ya no hacía falta que me preocupara de salvar el planeta Tierra. Una vez que mis botellas, latas y periódicos fueran depositados en sus contenedores debidamente coloreados, podía quedarme con la conciencia tranquila, confiado en que otros se encargaran del resto.

Y así iba yo, despreocupado y ajeno a todo, al volante de mi monovolumen, que traga gasolina como un poseso.

Sí, tengo un monovolumen. Consume un litro por cada 6 kilómetros, casi medio litro más de lo que debería. Me encanta mi vehículo. Es espacioso, se conduce bien, y supera en más de un palmo la altura de los coches normales, lo que me permite gozar de una vista privilegiada.

Ya sé que algunos dicen que los americanos estamos malcriados por el bajo precio de nuestra gasolina comparado con el del resto del mundo, que llega a pagar hasta el triple que nosotros. Pero bueno, esto no es Bélgica, que se puede cruzar entera en un cuarto de hora. Vivimos en un país inmenso. ¡Y nos movemos mucho! Tenemos sitios a donde ir, cosas que hacer. Y el resto del mundo debería comprender las bondades que comporta nuestra capacidad para ir del punto A al punto B. De otro modo, ¿cómo harían si no los atareados americanos para desplazarse de su trabajo matinal a su segundo trabajo nocturno, tan necesarios para el bien de la sacra economía global?

Miren, yo vengo de Flint, Michigan, la capital del vehículo, que no hay que confundir con Detroit, capital del motor. Estamos a una hora al norte de esta última, y antaño los Buick se fabricaban allí. Pero ya no.

Cuando creces inmerso en la cultura del coche, tu vehículo

- **Haga autostop**: Es gratis, puede uno conocer gente nueva y mantener interesantes conversaciones. Ventaja adicional: hay grandes posibilidades de que acabe apareciendo (en un papel secundario) en *Los criminales más buscados de Estados Unidos* o en un telefilme del tipo *Mujer en peligro*.

- **Viva en una ciudad con un buen sistema de transporte público**: Pero por favor no venga a Nueva York. Ya estamos completos. Múdese a alguna otra ciudad estadounidense con una buena red de transporte público como... bien... Vaya, olvídelo, venga a Nueva York. Me sobra una habitación: puede quedarse en casa.

- **Succione gasolina de los coches aparcados en los aeropuertos**: No van a ninguna parte. Es una vergüenza desperdiciar toda esa gasolina en estos tiempos de concienciación contra el despilfarro. Además, representa un auténtico peligro: imagine lo que sucedería si un avión se estrellara contra uno de estos aparcamientos con miles de coches rebosantes de combustible. Procure no tragar.

- **Conduzca detrás de grandes camiones para reducir la resistencia del viento**: Es posible que los expertos en seguridad viaria le desaconsejen esta práctica, pero funciona. Puede mantener el coche a una determinada velocidad de crucero y gozar del paisaje. Inconveniente: corre el riesgo de recibir una paliza en una remota parada de camiones a manos de un bruto con el lema «Búscame» tatuado en la frente.

- **Viva en su despacho o lugar de trabajo**: De este modo eliminará sus costosos viajes de ida y vuelta además del fastidioso alquiler mensual. Ventaja adicional: impresionará al jefe por ser siempre el primero en llegar y el último en marcharse.

acaba siendo una extensión de ti mismo. Tu automóvil es tu sala de música, tu comedor, tu dormitorio, tu despacho, tu sala de lectura y el primer lugar donde haces todo lo que tiene sentido en la vida.

Cuando alcancé la mayoría de edad, decidí que no quería un coche de General Motors porque se estropeaban muy a menudo. De modo que me decanté por modelos de Volkswagen y Honda, que conducía orgullosamente. Si alguien me preguntaba por qué no compraba coches americanos, yo les hacía abrir la capota de sus vehículos para que me mostraran la placa del motor donde se leía MADE IN BRAZIL, el MADE IN MEXICO de su cinturón de seguridad y el MADE IN SINGAPORE que aparecía en la radio. Aparte de la placa MADE IN U.S.A. del salpicadero, ¿qué más podían señalar del vehículo que procurara trabajo a un ciudadano de Flint?

Mi Honda Civic no se estropeaba nunca. Durante ocho años y 200.000 kilómetros no lo llevé al taller más que para revisiones de mantenimiento. El día en que murió yo estaba arruinado, desempleado y clavado en mitad de la avenida Pensilvania, a cuatro manzanas de la Casa Blanca. Salí, lo empujé hasta la acera, le quité las placas de la matrícula y me despedí.

No compré otro coche en nueve años. Como trabajaba casi siempre en Nueva York no lo necesitaba, gracias al óptimo sistema de transporte metropolitano y a un servicio de taxi fiable. Pero como también pasaba temporadas en Flint, me harté de alquilar coches en Avis y acabé comprando un monovolumen Chrysler. Ya nunca más me verán encajonado como una sardina en conserva.

El motor de combustión interna ha contribuido más al calentamiento global del planeta que cualquier otro factor. Casi la mitad de los elementos contaminantes de nuestro aire procede de lo que vomitan nuestros vehículos, y la contaminación del aire causa alrededor de 200.000 muertos al año. El calentamiento global hace aumentar la temperatura del planeta año tras año, lo que puede producir un incremento del riesgo de sequía en algunos países y tener efectos tremendamente perniciosos en la agricultura y la salud. Si no encontramos la manera de reducir el calor, estaremos al borde de una calamidad espantosa.

Pero tendrían que ver cómo tira el monovolumen. Y resulta tan silencioso... hasta que pongo a toda pastilla mi reproductor de CD con sonido envolvente emitido por ocho altavoces de la hostia. Puedo conducir durante 700 kilómetros con la música atronando, el aire acondicionado a tope y el teléfono móvil con manos libres listo para recibir la llamada del todopoderoso Rupert Murdoch para agradecerme el buen trabajo realizado en este libro y comunicarme que mi ejecución televisada se pasa al jueves para no interferir con el programa especial *Vídeos de los tiroteos escolares más disparatados de América.*

Detroit ha demostrado que cuenta con la tecnología necesaria para fabricar en masa coches que consumen un litro por cada 20 kilómetros y camiones y camionetas que hacen 15 kilómetros por litro. El año en que las compañías automovilísticas presentaron sus mejores niveles de consumo —1987, bajo el reinado de Ronald Reagan—, un coche medio consumía un litro por cada 11 kilómetros. Sin embargo, después de ocho años de un Bill Clinton presuntamente sensible a las cuestiones medioambientales —prometió que los coches llegarían a consumir un solo litro por cada 17 kilómetros hacia el final de su mandato—, la media de consumo subió hasta los 10 kilómetros por litro. Quizá no esté de más decir que, en 1993, con ocasión de la toma de posesión de Clinton, General Motors celebró una suntuosa fiesta en Washington: evidentemente, habría sido grosero de su parte agraviar al anfitrión de una fiesta ofrecida en su honor.

El mayor regalo de Clinton a las tres grandes empresas automovilísticas consistió en eximir a los deportivos utilitarios de los requisitos de consumo que se imponían a los coches normales. Gracias a esta exención, esas máquinas de tragar gasolina consumen 280.000 barriles más de combustible cada día. Además, esa demanda es uno de los motivos por los que la administración Bush está presionando para poder practicar prospecciones en la Reserva Natural Ártica de Alaska. Según Bush, dicha disposición aportaría 580.000 barriles más de petróleo al día, lo que bastaría para doblar el número de deportivos utilitarios que circulan por nuestras carreteras.

Si Clinton hubiera obligado a los fabricantes de esos vehículos a cumplir con los mismos requisitos de consumo que cumple mi monovolumen (una mejora que sólo implica unos pocos kilómetros más por litro), Bush no habría tenido justificación alguna para fantasear con tales prospecciones.

Con todos esos deportivos utilitarios en la carretera, ya no puedo ver por encima del vehículo que tengo ante mí. Son tan imponentes y rumbosos que parecen tráilers enanos dopados. ¿A qué responde exactamente la existencia de los deportivos utilitarios? En principio, fueron creados para llegar hasta parajes dejados de la mano de Dios donde las carreteras propiamente dichas no existen. Entiendo que eso tiene sentido en Montana, pero ¿qué demonios hacen todos esos yuppies embistiendo taxis en medio de Manhattan?

En junio de 2001, un consejo de científicos americanos punteros informó de que el calentamiento global era un problema real que empeoraba día a día. En su estudio, solicitado por la segunda administración Bush, el grupo de once máximos expertos en meteorología y climatología (incluidos algunos que hasta la fecha se habían mostrado algo escépticos respecto de la magnitud del problema) concluyó que la actividad humana es responsable en buena medida del recalentamiento de la atmósfera terrestre y que, a resultas de ello, la situación es grave.

La publicación del estudio puso a George el Dormilón en el ojo del huracán. Él y otros miembros de su administración habían evitado intencionadamente el uso de la expresión «calentamiento global» y habían expresado repetidamente sus dudas acerca de que la contaminación estuviera aumentando peligrosamente la temperatura de la atmósfera. En julio de 2001, Bush indignó a multitud de líderes internacionales al negarse a ratificar el Protocolo de Kyoto, un acuerdo negociado originalmente por más de 160 países (entre ellos Estados Unidos) y proyectado para reducir dicho calentamiento.

Ahora, los propios científicos de Bush anunciaban que la Tierra iba camino de una catástrofe sin precedentes.

Quién sabe, quizá George el Joven lo tenga bien estudiado. Después de todo, yo prefiero estar calentito. Habiendo crecido en Michigan, tierra de inviernos brutales y de veranos que si te he visto no me acuerdo, casi disfruto de este clima más templado. Pregunten a la gente si prefiere un cálido día en la playa o un invierno canadiense de los que te pegan la lengua a los dientes, y nueve de cada diez americanos ya tendrán listas las gafas de sol y la neverita portátil en el maletero. Y si uno necesita loción protectora solar de factor 125, pues para eso están las tiendas.

El verano pasado, sin embargo, sucedió algo levemente sobrecogedor. El *New York Times* informó de que, por primera vez en la historia, el Polo Norte se había... derretido. Un cargamento de científicos se plantó en la cima del mundo... ¡y ya no había hielo! Las noticias suscitaron una oleada de pánico tal que en pocos días el *Times* se vio obligado a rectificar para calmar los ánimos: no se había fundido realmente, sólo tenía la superficie un poco encharcada. Ya. Recuerdo la última vez que trataron de tranquilizarnos: fue en los años noventa, cuando dijeron que un gran asteroide se dirigía hacia la Tierra para impactar en algún momento de los siguientes veinte años. Tuvieron que tragarse sus palabras, pero deberían saber que no somos tan necios. El poder mediático nunca nos avisará cuando se acerque el fin, visto el riesgo de caos y la cancelación de suscripciones masiva que ello acarrearía.

La última glaciación fue el resultado de una variación global de la temperatura de sólo 4,5 grados. Ahora ya estamos a medio camino. Algunos expertos ya predicen un aumento de temperatura de 5 grados durante el siglo XXI. En Venezuela, cuatro de los seis glaciares del país se han derretido desde 1972. Las afamadas nieves del Kilimanjaro casi han desaparecido. En 1870, cuando se construyó el faro del cabo Hatteras, en Carolina del Norte, estaba a 500 metros de la orilla. Ahora la marea llega a casi 50 metros y el faro ha tenido que ser desplazado hacia el interior.

El derretimiento de los casquetes polares provocaría una subida del nivel del agua de unos diez metros, borrando del mapa todas las ciudades costeras y engullendo entero el estado de Florida (con colegios electorales incluidos). Soy consciente de que ciudades como Nueva York y Los Ángeles necesitan un buen fregado, pero tampoco tenía pensado recurrir a un maremoto.

- Identifique objetos de su vivienda que puedan servir como flotadores una vez que se derritan los casquetes polares. Preste especial atención a los objetos de material sintético: tienden a ser extremadamente resistentes al agua.
- No se olvide de mirar en su patio: las sillas a prueba de agua que llevan posavasos incorporados flotan igual de bien en el mar que en su piscina. ¿Quién dice que el derretimiento catastrófico de los polos tiene que ser aburrido?
- Examine mapas topográficos para determinar el punto más elevado del área en la que reside, y trace la ruta más rápida para llegar hasta allí. Haga simulacros de evacuación.
- Acuda a la piscina de barrio más próxima para aprender a nadar. Practique bien la flotación vertical.
- Vaya de vacaciones a Montana en vez de a Florida. Dígales a los niños que trasladen su programa de borracheras en las playas de Daytona a la bonita ciudad de Billings.

Hablando de Florida, ese estado puede considerarse responsable también de toda esta chapuza. ¿Por qué? Pregunten al señor Freón. Antes de la existencia del aire acondicionado, Florida y el resto de los estados del Sur estaban escasamente poblados. El calor y la humedad eran insoportables. Un día a 35 grados a la sombra en Texas lo deja a uno demasiado agotado hasta para abanicarse. En Nueva Orleans el aire es tan denso que apenas se puede respirar. No es de extrañar que la gente del Sur hable con esa voz cansina. El clima resulta demasiado abrasador para vocalizar debidamente. También creo que este calor brutal y paralizante es el motivo por el que los grandes inventos, ideas y contribuciones para el avance de la civilización no nacieron en el Sur (con unas pocas excepciones: Lillian Hellman, William Faulkner y R. J. Reynolds, por ejemplo). Cuando el calor aprieta, ¿quién puede pensar, por no hablar de leer?

LO BONITO DEL SUR

Para equilibrar mi retrato del Sur como tierra de paletos racistas y avanzadillas empresariales de última hora, se me ha pedido que enumere una lista de cosas que debemos agradecer al Sur. Aquí está:

- La cecina
- La limonada
- Los bailes de gala
- Los buenos modales
- La música country
- La siesta en hamaca
- Las reinas de la belleza
- Michael Jordan
- Wal-Mart
- La lucha con caimanes
- Walt Disney World

Entonces se inventó el aire acondicionado y, de pronto, el Sur pasó a ser un lugar habitable. Brotaron los rascacielos por toda la región y los norteños, hartos de su enconado invierno, empezaron a acudir a raudales. Uno podía conducir su coche con aire acondicionado, trabajar todo el día en un despacho con aire acondicionado y estudiar en una universidad debidamente acondicionada. Después, podía regresar a su casa igualmente fresca para planear la próxima quema de cruces en homenaje al Ku Klux Klan.

En un abrir y cerrar de ojos, el Sur prosperó y pasó a controlar el país. Hoy día, el pensamiento conservador nacido en el Sur confederado tiene al país en un puño. La obligatoriedad de colgar los Diez Mandamientos en espacios públicos, la enseñanza del creacionismo, la insistencia en instaurar la plegaria en la escuela, la prohibición de libros, la promoción del odio hacia el gobierno federal (del Norte), la reducción de los servicios sociales y gubernamentales, el belicismo, la resolución de los conflictos por medio de la violencia, todo ello constituye la seña de identidad de los legisladores del «Nuevo» Sur. Si uno piensa en ello, puede concluir que la Confederación ha acabado ganando la guerra de Secesión: una victoria largamente esperada, fruto de la afluencia masiva de yanquis incautos atraídos por el señuelo de aparatos acondicionadores de 5.000 frigorías y cubiteras incorporadas a las neveras.

Ahora el Sur es el amo indiscutible..., y si no lo cree, piense en los últimos cuatro presidentes. Si usted deseaba ganar, tenía que haber nacido allí o haber establecido su residencia en un estado sureño. De hecho, en las últimas diez elecciones presidenciales, el ganador (o el tipo designado por el Tribunal Supremo) era el más firmemente anclado al Sur o al Oeste. Ningún norteño parece elegible para gobernar el país.

Y todo por culpa del aire acondicionado. Ahora, tras abrirles la puerta a todos esos politicastros y aires sureños, parece que también exportaremos el clima meridional al resto del mundo abriendo un tremendo agujero en la capa de ozono. El agujero se halla ahora sobre la Antártida y su tamaño es dos veces el de Europa.

La capa de ozono nos protege de los rayos ultravioleta, que provocan cáncer y pueden ser letales. La brecha practicada en su tejido es consecuencia de los clorofluorocarbonos, sustancias químicas usadas comúnmente en aparatos de aire acondicionado y neveras, así como en algunos aerosoles. Cuando dichas sustancias son liberadas en la atmósfera y colisionan con ondas lumínicas de elevada energía como la luz ultravioleta, forman compuestos que destruyen el ozono. Pues bien, ¿cuáles son los mayores culpables de la reducción de la capa de ozono? Los

Actualmente, el gobierno añade flúor al suministro de agua, en tanto que muchas compañías decentes añaden cafeína, vitaminas, saborizantes y microbios dañinos al agua embotellada. ¿Es que no tienen más imaginación? ¿Por qué no ir más allá cuando el dentista dice que es bueno para usted? Además, ya tenemos flúor en la pasta de dientes. Por qué no comercializar agua con sabores tan populares como:

- Chuletón
- Tex-Mex
- Prozac
- Salsa picante
- Soja
- Barbacoa
- Ketchup

aparatos de aire acondicionado instalados en vehículos, uno de nuestros juguetes favoritos.

Y esto me recuerda otro accesorio literalmente indispensable para los americanos enrollados y dinámicos: el agua embotellada. ¿Por qué beber agua del grifo o de la fuente cuando uno puede pagar 1 dólar con 20 por lo mismo y una botella de plástico que luego simularemos reciclar?

En Nueva York, yo no solía beber agua embotellada. De hecho, me dejé llevar por la leyenda urbana de que la ciudad tiene una de las reservas de agua más limpias del planeta. Esa agua, según me enteré, está almacenada en 21 embalses construidos al aire libre en el área de Catskills, río Hudson arriba, y es conducida hasta la ciudad a través de un elaborado sistema de acueductos. Suena prístino.

Pero una noche, en la fiesta de un amigo, un conocido comentó que él y su familia se escapaban a su cabaña junto al embalse de Croton siempre que podían.

—¿Cómo es posible que tengas una cabaña a la orilla de nuestra agua potable? —pregunté yo.

—Oh, no está en la orilla, sino al otro lado de la carretera.

—¿Quieres decir que hay una carretera que rodea el agua que bebemos? ¿Qué pasa con todos los residuos que se producen, como vertidos de aceite o restos de neumáticos y demás?

SE ACABÓ LA CARNE: CÓMO CONVERTIRSE EN HINDÚ

Abrazar el hinduismo requiere poco más que la aceptación de unas reglas de vida acordes con las creencias hindúes. Según una de ellas, por ejemplo, hay que venerar a la vaca como una madre gracias al valor nutritivo de la leche que nos da.

La matanza de vacas es, pues, sacrílega.

Siga estos pasos para convertirse en hindú :

- Únase a una comunidad hindú (puede encontrar una cerca de usted en *www.hindu.org/temples-ashrams/*).
- Tome un curso en el que se compare el hinduismo con otras confesiones.
- Discuta sus nuevas creencias con representantes de su religión anterior y, en caso necesario, obtenga un acta de apostasía.
- Adopte un nombre hindú en una ceremonia de bautismo.
- Publique un anuncio en su periódico local para explicar que ha rescindido su vínculo con su antigua fe y ha adoptado un nuevo nombre.
- Obtenga un documento que certifique que un sacerdote hindú ha autorizado su conversión.

—Todo se esteriliza una vez que el agua llega a Nueva York —me aseguró.

—No se puede esterilizar todo una vez que llega aquí —protesté—. Para cuando llega a Nueva York ya debe de haber arrastrado consigo todos los germicidas conocidos por el hombre.

Entonces, se puso a desgranar las delicias de sus paseos en barca por el embalse.

—¿Barca? —exclamé—. ¿Te pones a remar en mi agua potable?

—Claro, y a pescar también. El Estado nos permite varar la barca en la orilla.

Fue entonces cuando empezaron a entrar en mi hogar cajas y más cajas de Evian.

Naturalmente, lo malo de beber agua embotellada (aparte del gasto) es que, al igual que los contenedores de reciclaje, me evitan pensar en el estado del agua en el país. Mientras pueda vender suficientes libros como para permitirme mi agua de manantial «francesa», paso de preocuparme por la cantidad de BPC que la General Electric ha vertido en el río Hudson. Después de todo, hace cientos de años, los indios echaban sus residuos al Hudson y los primeros colonos blancos lo explotaban como sumidero de alcantarilla. ¡Y mira qué gran metrópoli nos legaron!

Manhattan también es un lugar fantástico para un buen bistec. Hasta hace unos años, no creo que pasara un solo día de mi vida adulta sin comer carne de vacuno (y, a menudo, lo hacía dos veces al día). Entonces, por ninguna razón en especial, dejé de comerla. Pasé cuatro años sin probar un bocado de carne, y fueron los cuatro años más sanos que he vivido (para la gente como yo, eso significa que no la palmé).

Quizá fue el hecho de escuchar a Oprah Winfrey decir en 1996 que el descubrimiento de la enfermedad de las vacas locas «le había hecho dejar las hamburguesas de golpe». Por entonces, Oprah tuvo que lidiar con una amenaza igualmente peligrosa: los ganaderos de Texas, que presentaron una demanda contra ella (y contra el ex granjero y miembro de un grupo de presión que apareció en su programa para hablar del peligro del mal de las vacas locas) por 12 millones de dólares. Adujeron que Oprah y Howard Lyman habían violado los estatutos de Texas que prohíben el falso descrédito de productos alimenticios perecederos (por favor, noten que fue Oprah quien dijo que había dejado de comer hamburguesas... No quisiera entrar en batallas legales). Oprah ganó el caso en 1998; entonces, sólo por fastidiar, declaró: «Sigo sin comer hamburguesas.»

Yo, por mi parte, recaí en la mala vida y de vez en cuando le pego cuatro mordiscos a la vaca Paca. No parece que haya aprendido la lección de mediados de los setenta, época en que me zampaba sustancias ignífugas en lugar de carne.

Al igual que millones de nativos de Michigan, pasé años ingi-

riendo BPB, la sustancia quími-
ca utilizada en la fabricación de
pijamas infantiles..., sin siquiera
saberlo. Era uno de los ingredientes de un producto llamado
Firemaster, fabricado por una
compañía que también producía
pienso para el ganado vacuno.
Parece que acabaron por mezclar
accidentalmente los contenidos
de las bolsas y mandaron el com-
ponente ignífugo (etiquetado
como «comida») a una central de
distribución en Michigan que re
partió el supuesto alimento por
granjas de todo el estado. Así,
las vacas pasaron a comer BPB...
y nosotros, a nuestra vez, nos
comíamos las vacas y bebíamos
su leche, cargada de esa sustancia.

OTRAS SUSTANCIAS DE USO INDUSTRIAL QUE HE COMIDO

- Tartas para tostadora
- Refresco de cola bajo en calorías
- El pastel de carne de mamá
- Fiambre de carne de cerdo enlatado
- Pastelitos de la Pantera Rosa
- El relleno de algunos chicles
- Los embutidos que sirven en los aviones

Uno de los grandes problemas del BPB es que el cuerpo no
lo excreta ni elimina en modo alguno. La bestia permanece en tu
aparato digestivo. Cuando estalló el escándalo —y se supo que
el Estado había tratado de encubrirlo—, los residentes de Michigan fliparon. Cabizbajos, muchos políticos acabaron de patitas
en la calle. Además, se nos dijo que los científicos no tenían ni
idea del modo en que el BPB podía afectar a nuestra salud y que
probablemente tardarían otros veinticinco años en averiguarlo.

Pues bien, esos veinticinco años ya pasaron y tengo buenas
noticias: efectivamente, mi estómago no se ha incendiado. Pero
sigo atenazado por el ansia, soñando con que algún día aparece-
rá un granjero para ordeñarme. No puedo dejar de pensar en
Centralia, Pensilvania, la ciudad cuyos residentes hacían su vida mientras fuegos subterráneos ocasionaban estragos durante
años. La ciencia no tiene respuesta para todo. ¿Van a desarrollar
un tumor lanudo y estirar la pezuña millones de habitantes de

Michigan? ¿O simplemente perderemos todos la cabeza y nos encontraremos trabajando para un candidato incapaz de ganar pero que puede causar múltiples daños colaterales?

Ni yo ni nadie tiene la respuesta. Si conoce a algún nativo de Michigan (y le garantizo que tiene a uno muy cerca, gracias a la diáspora patrocinada por Reagan en los años ochenta), pregúntele acerca del BPB y fíjese en cómo palidece. Se trata de un sucio secreto que no queremos compartir.

Sin embargo, una amenaza bovina mucho mayor se cierne sobre nosotros: no conoce fronteras estatales ni regionales, y merece esa denominación digna de Poe que exhibe como un cencerro alrededor del cuello:

La vaca loca.

Se trata de la amenaza más espantosa a la que se ha enfrentado la raza humana. Peor que el sida, peor que la peste negra, peor que prescindir del hilo dental.

La vaca loca no tiene cura. No hay vacuna preventiva. Todos los que se ven afectados por el mal mueren sin excepción tras una agonía horrible y dolorosa.

Lo peor de todo es que se trata de una enfermedad creada por el hombre, nacida de la locura humana que llevó a convertir a vacas inocentes en seres caníbales. Así es como empezó todo:

Dos investigadores fueron a Papúa Nueva Guinea para estudiar los efectos del canibalismo y el modo en que hacía enloquecer a muchos de sus practicantes. Descubrieron que los afectados sufrían una encefalopatía espongiforme transmisible (o EET). Los nativos la llamaban *kuru*. Lo que sucede en un caso de EET es que unas proteínas defectuosas —los priones— se pegan a las neuronas y las deforman. En lugar de degradarse en una proteolisis como Dios manda, estas proteínas se quedan ahí y desbaratan el tejido nervioso, dejando el cerebro agujereado como una loncha de Gruyere.

Resulta que en Papúa Nueva Guinea, estos priones se propagaban gracias al canibalismo. Nadie parece saber de dónde proceden originalmente, pero cuando penetran en el sistema causan estragos. Algunos opinan que una simple partícula de carne infectada —del tamaño de un grano de pimienta— basta para infectar a una vaca. Una vez que la carne ingerida libera a los cabroncetes, éstos se despliegan como un ejército de comecocos, dirigiéndose directamente al cerebro y devorando todo lo que encuentran a su paso.

Y aquí viene lo gracioso: no se les puede matar... ¡porque no están vivos!

La enfermedad se incorporó a la cadena alimentaria en Gran Bretaña a través de las ovejas, luego pasó a las vacas por medio del pienso fabricado a partir de los restos de ovejas y de otras vacas. Por fin, la carne de vacuno enferma llegó al mercado británico. El mal puede permanecer latente durante treinta años antes de manifestarse y asolarlo todo, por lo que no fue hasta que diez jóvenes murieron en 1996 que el gobierno británico reconoció que algo olía mal en el suministro de carne..., algo que llevaban diez años sospechando.

La solución británica para erradicar la fuente de la enfermedad consiste en incinerar cualquier vaca sospechosa de padecer el *kuru*. Sin embargo, al quemarla, la amenaza no desaparece: como ya he dicho, no puedes matarla. El humo y las cenizas no hacen más que llevarse el mal a otro sitio para que vaya a parar al plato de nuevos comensales.

Los estadounidenses no son inmunes a esta enfermedad mortal. Algunos expertos estiman que unos 200.000 ciudadanos estadounidenses diagnosticados de Alzheimer pueden, de hecho, estar infectados con esta proteína, en cuyo caso su demencia sería la manifestación del mal de las vacas locas.

Gran Bretaña y muchos otros países han prohibido desde entonces la alimentación canibalística del ganado. En las granjas no pueden utilizarse sobras de alimentos destinado a los humanos. El Departamento de Salud y Alimentación de Estados Unidos ha seguido la misma senda y ha prohibido los piensos de origen animal. Aun así, los productos canibalísticos siguen entrando en el mercado. Ojo: muchas medicinas y vacunas, incluidas las de la polio, la difteria y el tétanos, pueden contener, en teoría, productos que causen el mal de las vacas locas.

Tanto Gran Bretaña como Estados Unidos han reaccionado con parsimonia ante la amenaza. Si tiene que comer una hamburguesa o un bistec, asegúrese de incinerarlo bien antes de engullirlo. Cuanta menos carne quede, mejor para usted.

¿Y yo? Voy a dejar de comer carne de vacuno a menos que alguien me demuestre que todo el BPB que acarrean mis entrañas puede vaporizar a los parásitos de vaca loca devoradores de cerebros humanos.

He pensado en trasladarme a California y hacerme vegetariano. Pero California es un infierno. Hay un desastre ecológico a cada paso y en cada esquina. Cuando no se trata de terremotos, se trata de incendios forestales. Y lo que se salva de las llamas acaba sepultado por corrimientos de tierras. Si el estado no se halla bajo los efectos de una sequía terrible, son el Niño, la Niña o el Loco los que se encargan de sembrar el caos. La costa Oeste no está hecha para los humanos, y seguro que la naturaleza jamás quiso que nuestra especie se asentara allí. No es un entorno adecuado para nuestra supervivencia. No importa la cantidad de desierto que se haya logrado ajardinar ni cuánta agua se bombee desde el río Colorado a 1.500 kilómetros de distancia: no hay modo de engañar a la Madre Naturaleza. Y está visto que cuando lo intentas, su mosqueo tiene consecuencias devastadoras.

Los indios ya lo descubrieron hace tiempo. Algunos científicos dicen que había más contaminación en la cuenca de Los Ángeles cuando decenas de miles de indios vivían allí en sus campamentos que hoy en día, con ocho millones de vehículos circulando por sus autopistas. Llegó un momento en que la población nativa ya no podía tolerar que el humo de sus hogueras quedara suspendido en el aire sin disiparse jamás, atrapado entre las montañas. Así que cuando la tierra tembló y se abrió, captaron el mensaje y pusieron pies en polvorosa.

Nosotros no haremos lo mismo. California es nuestro sueño.

Treinta y cuatro millones de personas —una octava parte de la población estadounidense— viven apretujadas a lo largo de esta franja de tierra que se extiende entre el océano y las montañas Rocosas. Es como el maná para las compañías energéticas: treinta y cuatro millones de pardillos a los que sacarles jugo.

Bienvenidos al país de los apagones.

En los buenos tiempos, la electricidad en California era suministrada por monopolios regionales cuyas tarifas se establecían según la legislación del Estado. Luego, a mediados de los años noventa, la desregulación se presentó como la panacea para que las compañías eludieran los elevados costes de la construcción de nuevas plantas nucleares... y como una oportunidad para ganar muchísimo más dinero. Uno de los grandes defensores de dicha desregulación fue Enron, máximo contribuyente del Partido Republicano y de George W. Bush.

Esta desregulación se consumó en 1996, gracias a una ley que fue aprobada en sólo tres semanas y que proporcionaba un balón de oxígeno de 20.000 millones de dólares a las empresas californianas de servicios públicos (la mayor parte del cual se empleó en subsanar sus malas decisiones inversoras del pasado). Durante cuatro años, los precios quedaron congelados —a un nivel por encima de la media—, al igual que la competencia, que presuntamente habría debido incrementarse en un mercado desregulado. Se bloqueó la construcción de nuevas plantas energéticas, de modo que los residentes de California se hicieron progresivamente más dependientes de proveedores de fuera del estado. Así, en los últimos tiempos han tenido que comprar la energía a precios escandalosamente inflados.

Hoy día, los consumidores no sólo pagan más, sino que se ven forzados a pasar parte del día sin electricidad. Y no es porque haya escasez energética. El Operador Independiente del Sistema, la agencia californiana que supervisa la transmisión de electricidad, tiene acceso a 45.000 megavatios: la cantidad necesaria para satisfacer la elevada demanda estival. Las compañías energéticas retienen 13.000 megavatios de la cantidad inicial mediante desconexión (y por motivos que no están obligadas a divulgar). En agosto de 2000, el *Wall Street Journal* informó de que se estaba reteniendo un 461 % más de capacidad energética que el año anterior. Y, naturalmente, un suministro más escaso trae consigo precios más elevados.

Pero esto no es así en ciudades abastecidas por empresas de servicios que son propiedad de la comunidad. La población de Los Ángeles y de otras áreas donde la energía sigue en manos de los ciudadanos no ha sufrido apagones. Otros estados del suroeste y del Pacífico tienen una producción suficiente para sacar a California del apuro, aportando el 25 % de su energía.

Mientras se desarrolla este drama hollywoodiense, Junior y tío Dick no han dejado escapar el momento para asustar al personal con vistas a conseguir más apoyos que les permitan construir nuevas plantas nucleares, incinerar más carbón y perforar terrenos vírgenes en busca de petróleo. En otras palabras, quieren empeorarlo todo. Entre tanto, Bush ha construido un nuevo hogar en su rancho tejano que es el sueño de cualquier ecologista: todo funciona con energía solar, y sus aguas residuales

EL RANCHO ECOLÓGICAMENTE CORRECTO DE GEORGE W. EN TEXAS

Quizás al presidente Bush le traiga sin cuidado el medio ambiente del resto del mundo, pero, cosa rara, su nuevo rancho en Crawford, Texas, es de lo más ecológicamente correcto. Posee, entre otras instalaciones:

- Sistemas de calefacción y enfriamiento geotérmicos que consumen un 75% menos de energía eléctrica que los dispositivos tradicionales.
- Un sistema de bombeo de agua a 20 grados de temperatura desde una profundidad de 90 metros, para enfriar toda la casa en verano y calentarla en invierno. El sistema se emplea asimismo para calentar el agua de la piscina.
- Un depósito de 100.000 litros en el que se recogen las aguas negras para reutilizarlas en el riego del jardín.
- Un sistema de purificación de agua propio, que emplea agua reciclada para regar las flores y hierbas silvestres autóctonas que crecen en terrenos de la finca.

se reciclan. La residencia del vicepresidente Cheney, a su vez, está equipada con lo último en dispositivos de ahorro energético, instalados en su día por el presidente en el exilio, Al Gore.

La energía limpia y renovable está muy bien para ellos, pero su política hacia el resto de nosotros está muy clara:

«¡Que conduzcan monovolúmenes y coman chuletones!»

7
El fin de los hombres

A principios de este año, mi esposa y yo asistimos al bautizo de nuestro nuevo sobrino, Anthony. Sus padres pidieron a nuestra hija adolescente que fuese su madrina, tarea que la llevará a ocuparse ocasionalmente de Anthony cuando éste necesite ayuda para eructar, para criarse como buen católico o para ambas cosas.

Descubrimos que la ceremonia bautismal de la Iglesia católica ha cambiado enormemente. Sin prisas por rociar al recién nacido con agua bendita antes de que pierda su alma a manos de Satán, pudimos celebrar una festiva ceremonia inscrita en la misa dominical.

Mediado el evento, el padre Andy pidió a la familia entera que se congregara alrededor de la pila bautismal mientras se sumergía al pequeño Anthony Proffer en agua bendita y se le envolvía luego en una sábana inmaculada. En aquel momento, el sacerdote levantó al pequeño sobre la concurrencia y toda la iglesia prorrumpió en una calurosa ovación.

Nadie lo hizo con mayor entusiasmo que yo.

Era la primera vez en trece años que nacía un niño en la familia.

Hemos tenido trece bebés en trece años, y el balance arroja un total de once niñas y dos niños.

Supongo que la mayoría de nosotros estaría de acuerdo en que una niña representa menos trabajo. Y no es que queramos menos a los niños; de hecho, no son más duros de educar que las niñas cuando se dispone de un buen seguro médico que cubra roturas de huesos y dientes, dedos pillados en la puerta del coche y demandas por daños y perjuicios de los vecinos que acusan a nuestra dulce criatura de haberle prendido fuego a su Toyota «para ver qué tal quemaba».

He vivido toda mi vida en hogares donde los hombres estaban en franca minoría. No tengo hermanos, sólo dos hermanas estupendas. Entre ellas y mi madre se aseguraron de que yo hiciera todo el «trabajo de mujeres» en la casa, mientras a mi padre se le concedía la baja dominical para que pudiese ver los torneos de golf. En cierto momento, traté de equilibrar las cosas, aduciendo que mi opinión debía tener más peso por el hecho de ser el mayor, pero eso no hizo más que movilizar a la mayoría feminista contra mis pretensiones. Hasta el día de hoy, como legado de su firme actitud, aquellos con quienes nos encontramos cuando estamos juntos siguen convencidos de que yo soy el más pequeño de los tres.

Ahora vivo con mi mujer y mi hija. De nuevo en minoría. Todos los vicios masculinos que mis hermanas y mi madre no pudieron desterrar han sido finiquitados despiadadamente por estas dos. Lo último que han hecho ha sido reprimir mi tendencia a escupir pasta de dientes sobre el espejo después de cepillármelos. Les ha costado diecinueve años, pero lo han conseguido. Ahora dicen que mi lista de asquerosidades se reduce a una sola página y que sólo quedan tres o cuatro comportamientos abominables por erradicar (como el de colocar mi bebida extragrande en precario equilibrio sobre el volante, dejar manchas de tinta indeleble sobre el brazo del sillón en el que me adormilo, roncar... Aunque me temo que éste hábito sólo podrán corregirlo asfixiándome con la almohada).

La verdad sea dicha, soy mejor persona por haber vivido rodeado de mujeres fuertes, inteligentes y cariñosas. Claro que, por una vez, me hubiera gustado jugar a indios y vaqueros.

Mis padres no tienen nietos varones. Mis hermanas y yo sólo tenemos hijas. Los padres de mi esposa tuvieron cuatro hijas y dos hijos. Éstos, a su vez, gestaron otras ocho niñas y sólo dos niños. Los dos hermanos de mi esposa y yo sólo tenemos niñas. En nuestra familia no se ha jugado un partido de fútbol desde los años del instituto. Y el sacrificio parece haber pasado inadvertido para todos los interesados.

He ofrecido esta aproximación a la composición sexual de mi familia para señalar un descubrimiento de gran calado. Intrigado acerca de este desajuste, empecé a hacer pesquisas para averiguar si otra gente tenía la misma percepción que yo de que nacen más niñas que niños. Para mi sorpresa, descubrí que no estaba solo.

Últimamente, cuando se me pide que dé una charla en una universidad o ante determinada comunidad, me lo monto para preguntar a la audiencia cuántos de sus miembros están viendo nacer más niñas que niños en sus familias. Y una mayoría de manos se levanta para confirmar mi sospecha.

Un sinnúmero de personas ha empezado a compartir el secreto conmigo: las filas masculinas menguan a marchas forzadas. En algunas familias, los varones son una raza extinta. Yo trato de reconfortarlos: no hay que avergonzarse por la incapacidad de engendrar progenie masculina.

En cualquier caso, aquí pasa algo.

La Oficina del Censo confirma que el número de bebés varones ha descendido en Estados Unidos desde 1990. Por otra parte, las mujeres cada vez viven más: 80 años, de media, frente a la esperanza de vida de los hombres, que es de 74 años. Cuando era un chaval, el país parecía bastante bien repartido entre un sexo y otro, si bien había ligeramente más mujeres que hombres. La proporción cambió después a 51 contra 49, y pronto estará en 52 contra 48.

De modo que he llegado a una desagradable pero irrefutable conclusión: la naturaleza está tratando de aniquilarnos.

¿Por qué nos trata de este modo? ¿No somos los portadores de la simiente de la vida? ¿Qué hemos hecho para merecer esto?

Por lo visto, cantidad de burradas.

En los albores de la civilización, cumplimos una función crucial para el desarrollo de la especie. Cazábamos y recolectábamos alimentos, protegíamos a mujeres y niños de los grandes animales que se los querían comer y ayudamos al *Homo sapiens* a multiplicarse rápidamente por medio de apareamientos indiscriminados. Desde entonces, todo ha ido a peor.

En los últimos siglos, las cosas parecen haber tomado un cariz fatal para nuestro sexo. Como de costumbre, nos pusimos a trabajar en una serie de proyectos que lo echaron a perder todo y convirtieron el mundo en un vertedero. ¿Las mujeres? Son inocentes. Ellas continuaron alumbrando vida, mientras nosotros seguíamos destruyéndola siempre que podíamos. ¿A cuántas mujeres se les ha ocurrido exterminar a una raza entera? A ninguna. ¿Cuántas mujeres han vertido petróleo en los océanos, agregado toxinas a nuestros alimentos o insistido en que los deportivos utilitarios sean cada vez más grandes? Veamos, deje que piense...

De las 816 especies vitales para el ecosistema que se han extinguido desde que Colón se extravió y apareció por aquí, ¿cuántas creen que fueron liquidadas por mujeres? Todos sabemos la respuesta.

Si usted fuera la naturaleza, ¿cómo respondería a un acoso tan brutal? ¿Qué haría si se diera cuenta de que los miembros de un sexo específico de humanos se empecina en destruirle? La madre naturaleza no se anda con chiquitas y se defiende con todos los medios a su alcance. Hará todo lo posible para salvarse, incluso si ello implica sacrificar a la mitad de su especie más lograda.

La naturaleza garantizó generosamente a nuestra especie la forma más elevada de inteligencia y nos confió su futuro, pero de pronto uno de los sexos decidió montar la madre de todos los fiestorros a sus expensas. Ahora, resacosa y malhumorada, la madre se ha mosqueado con quien le echó licor en la bebida.

El culpable empieza a perder pelo, luce barrigón y se tira pedos.

Chicos, nos han descubierto; la ira de la naturaleza no ofrece escapatoria posible. No podemos achacar nada de todo esto a las mujeres: no fue una mujer quien arrojó bombas de napalm ni quien inventó el plástico ni quien dijo: «¡Lo que necesitamos son latas con tapas que se puedan cerrar a presión!» Lamentablemente, todo acto de saqueo y pillaje, todo ataque al entorno, todo lo que ha traído horror y destrucción sobre el medio que antaño fue puro y hermoso es obra de manos que, cuando no están ocupadas en placeres solitarios, hacen horas extra para arrasar este maravilloso hogar que se nos legó gratuitamente.

Cómo engañar a la naturaleza
para que haga más hombres

- Una empresa de Virginia ha desarrollado un método que le permite elegir el sexo de su bebé. El Instituto Genético y de Fertilización In Vitro, de Virginia, utiliza un proceso que separa el cromosoma masculino del femenino, lo que hace posible que los padres determinen el sexo de su hijo antes de concebirlo. Sea extremadamente simpático con su mujer antes de acudir a esta clínica, porque la decisión definitiva de lo que va a llevar en su cuerpo es suya. ¡Y luche por destinar más fondos federales a esta gente de Virginia!
- Cuide su esperma. Deje de abusar de sí mismo diariamente. Esa práctica debilita la calidad y reduce su cantidad.
- Antes de tener relaciones sexuales, piense en cosas varoniles. Vuelva a repetir mentalmente aquella fantástica jugada. Piense que usted jamás habría fallado ese penalti en aquella memorable final y escuche a la multitud del estadio rugir de entusiasmo con su magnífico gol de la victoria.
- Conciba a sus hijos mientras sea aún muy joven. Un estudio reciente revela que los padres de mayor edad tienen más posibilidades de engendrar niñas que niños.

Así que la naturaleza ha decidido desembarazarse de nosotros.

Si los hombres tuviéramos dos dedos de frente, trataríamos de conseguir el perdón expiando nuestras malas obras. Serían bien vistas cosas tan sencillas como dejar de profanar la reserva natural ártica o de arrojar residuos por todas partes.

Probablemente la naturaleza soportaría muchos de nuestros abusos si todavía fuésemos de alguna utilidad. Durante siglos estuvimos dotados de dos cualidades de las que las mujeres carecen y que nos hacían necesarios: aportábamos el esperma que permitía la supervivencia de la especie y podíamos alcanzar el estante superior para tomar de allí lo que ellas nos pidieran.

Desgraciadamente para nosotros, algún traidor inventó la fertilización in vitro. Eso significa que las mujeres sólo necesitan el esperma de unos pocos de nosotros para tener críos. Es más, alguien (seguramente una mujer) ha anunciado que la ciencia ha encontrado un método de reproducción humana que ni siquiera precisa del esperma para la fertilización: basta con el ADN. Así, las mujeres ya no tienen que aguantar a un baboso encima si lo que desean es procrear. Sólo hace falta una probeta.

El otro invento que acabó con las esperanzas de la población masculina fue la escalerilla. La escalerilla ligera de aluminio. ¿Quién es el culpable de semejante invento? ¿Qué excusa nos queda para seguir aquí?

La naturaleza sabe cómo desembarazarse de los eslabones más frágiles, aquellos que ya no cumplen función alguna, el peso muerto. O sea, nosotros. La ciencia reproductora y tres míseros peldaños de aluminio nos han convertido en un vestigio del pasado, prescindible e inútil.

¡Que nos quiten lo bailado! Miles de años de dominio absoluto sobre el orden social... y seguimos ahí. No ha habido un solo día en que no fuéramos nosotros quienes mandábamos y decidíamos. Ni siquiera los Yankees de Nueva York en su mejor época disfrutaron de un reinado tan largo e indiscutido. Somos minoría y desde tiempos inmemoriales hemos sojuzgado a la mayoría femenina. En otros países, eso representaría una muestra de apartheid, pero

OTRAS COSAS QUE HAN QUEDADO OBSOLETAS

- Máquinas de escribir
- Los senadores de Washington
- El ir a pie
- El chándal
- Los cajeros de banco
- Las licenciaturas
- La señal de ocupado
- Las espaldas peludas
- Los caramelos para perder peso
- El Tribunal Supremo

aquí ha colado. Desde el nacimiento de esta nación, hace más de 225 años, nos hemos encargado de que ninguna mujer acceda a los cargos más importantes de nuestra administración. Y, de hecho, la mayor parte de ese tiempo nos hemos asegurado de que no accedan a cargo alguno. Además, durante los primeros 130 años de elecciones presidenciales, las mujeres no tenían derecho al voto.

Ya en 1920, para simular que jugamos limpio, les concedimos ese derecho. Pero seguimos acaparando el poder.

Figúrense. De pronto, la mayoría de los votos estaba en manos de ellas. Podrían habernos arrojado al basurero político. ¿Y qué hicieron? ¡Volvieron a votarnos! Cojonudo, ¿no? ¿Han oído hablar jamás de un colectivo oprimido al que se le haya dado la posibilidad de invertir la situación y que en cambio se haya decantado por mantener a sus opresores en el poder? Los negros de Suráfrica, una vez libres, no siguieron votando a los blancos. No conozco a judíos que voten por George Wallace, David Duke o Pat Buchanan.*

Lo normal es que la sociedad dé una patada a los que la putearon sin merced.

Aun así, más de ochenta años después de que las mujeres obtuviesen el derecho a voto —y a pesar del auge del movimiento feminista—, seguimos así:

- Ni una sola mujer ha sido nombrada candidata por ninguno de los dos grandes partidos a la presidencia o vicepresidencia en veinte de las veintiuna elecciones celebradas desde 1920.
- Actualmente, sólo cinco estados están gobernados por mujeres.
- Las mujeres ocupan únicamente el 13 % de los escaños en el Congreso.
- Unas 496 de las 500 principales empresas americanas están gestionadas por hombres.

* Figuras públicas de marcada tendencia conservadora, conocidas también por sus opiniones antisemitas. Buchanan se presentó a la presidencia en el año 2000 por el Partido Reformista. (*N. del T.*)

- Sólo cuatro de las veintiuna universidades más importantes del país están gestionadas por mujeres.
- El 40 % de las mujeres que se divorcian entre las edades de 25 y 34 años acaban en la miseria, mientras que sólo el 8 % de las mujeres casadas vive bajo el umbral de la pobreza.
- Las ganancias de las mujeres promedian 76 centavos por cada dólar que ganan los hombres. Eso se traduce en unas pérdidas de 650.133 dólares a lo largo de su vida.
- Para ganar el mismo salario que su homólogo masculino, una mujer tendría que trabajar todo el año más cuatro meses adicionales.

Antes o después, las mujeres descubrirán cómo conquistar el poder... y cuando eso ocurra, que Dios nos asista. Después de todo, son el sexo fuerte. Contrariamente al tópico, los tíos somos los débiles. Basta con tomar nota de lo evidente:

- Vivimos menos que las mujeres.
- Nuestros cerebros están peor formados y, a medida que envejecemos, encogen antes que los de las mujeres.
- Proporcionalmente, tenemos más posibilidades de padecer enfermedades cardíacas, infartos, úlceras, insuficiencia hepática...
- Los hombres están más expuestos a las enfermedades de transmisión sexual (que suelen contagiar a sus confiadas novias y esposas).
- Los sistemas circulatorio, respiratorio y digestivo suelen fallar mucho antes en los hombres que en las mujeres, al igual que los órganos excretores (lo que no es de extrañar, teniendo en cuenta el dulce aroma que dejamos siempre en el baño).
- Nuestro sistema reproductor —la facultad de producir esperma— dura más que la capacidad de las mujeres para ovular, pero nuestra facilidad para expulsarlo se agota años antes de que las mujeres descubran las ventajas de un baño caliente y una buena novela.
- Los hombres no pueden dar a luz.

La lista ideal de presidentas, según Mike

- Presidenta Cynthia McKinney (el mejor miembro del Congreso, hoy por hoy).
- Presidenta Hillary Clinton (sólo si me invita a pasar la noche en la Casa Blanca).
- Presidenta Oprah (las conversaciones con el doctor Phil al calor del hogar nos salvarían a todos).
- Presidenta Katrina vanden Heuvel (directora de *The Nation*, candidata perfecta para ser presidenta de la nación).
- Presidenta Sherry Lansing (dirige los estudios Paramount; me dio un papel en una peli. ¿Hace falta añadir algo más?).
- Presidenta Karen Duffy (corresponsal para *TV Nation*; le haría la vida imposible a cualquier dirigente extranjero que osara desafiarla).
- Presidenta Caroline Kennedy (sólo porque sería lo correcto).
- Presidenta Bella Abzug (aunque muerta, lo haría mejor que Junior).
- Presidenta Leigh Taylor-Young (la primera mujer que vi desnuda, en la película *La perversa*, protagonizada por Ryan O'Neal. Verás: éramos unos seis tíos como de dieciséis años, y nos habíamos colado en el cine South Dort y... Bueno, da igual).

- Los hombres pierden pelo.
- Los hombres pierden la cabeza (los suicidios masculinos son cuatro veces más numerosos que los femeninos).
- Los hombres son más tontos. Las chicas sacan mejores resultados en los exámenes de primaria (y huelga decir que no mejoramos con la edad).

Quizá no exista explicación lógica para esta disparidad. Quizá, tal como nos enseñaron las monjas, todo forme parte del plan divino. Pero si es así, ¿por qué se esmeró Dios mucho más con las mujeres? Seguro que las monjas saben algo que yo desconozco (después de todo, son mujeres). Conocen los secretos de Dios y, naturalmente, no los iban a compartir con un tío como yo.

Soy del parecer —a partir de la mera observación de la mujer con la que vivo— que cuando Dios se afanaba por crear el mundo, pasó la mejor parte del sexto día ideando el aspecto de la mujer. Nadie puede dejar de notar el toque del artesano en el cenit de su capacidad creativa. Las formas, las curvas, la simetría, todo ello es una obra de arte. La piel es suave y tersa; su cabello, sano y espeso. Conste que no se trata de comentarios salaces, sino de las conclusiones extraídas por el crítico de arte que hay en mí. Las mujeres son asombrosamente bellas.

¿Y qué le pasó a Dios a la hora de hacernos a nosotros? Por lo visto, ya había agotado sus mejores trucos. Para cuando le tocó el turno al hombre, el Señor andaba algo aburridillo y distraído pensando en cosas más placenteras como el descanso del domingo.

Así que los hombres acabamos como los Chevrolet: ensamblados descuidadamente en la cadena de montaje y con averías garantizadas a corto plazo. Es por eso por lo que tratamos de pasar apoltronados el mayor tiempo posible; el ejercicio necesario para recoger lo que vamos consumiendo y desechando podría acarrearnos una afección cardíaca. Nuestros cuerpos fueron hechos para levantar, cargar y lanzar, pero sólo por un tiempo limitado. Y ¿qué puedo decir de ese apéndice extra con que se nos dotó? Vamos a ver... En sus prisas por acabar el engendro, parece que Dios agarró una pieza suelta del taller y nos la pegó sin miramientos. Una chapuza. Si cualquiera de nosotros tomase algo parecido y lo pegara a un árbol o a una farola, veríamos que la cosa no queda muy bien. Pero nadie cuestiona su presencia en el cuerpo masculino. Como una criatura surgida del universo *Alien* y retocada por Frank Purdue, el órgano sexual masculino es testimonio de que, como en las inundaciones de Bangladesh o los dientes de los ingleses, Dios yerra a discreción.

Cómo salvarse si ella prende fuego a la cama

- Baje al suelo y gatee.
- De ser posible, envuélvase la cara con un trapo o una toalla mojados.
- Diríjase hacia donde cree que se encuentra la puerta. Pálpela antes de abrirla. Si está caliente, NO la abra. Busque otra salida.
- Si ella ha cerrado todas las puertas con llave, rompa una ventana.
- Mantenga siempre un extintor a mano. Si es necesario, colóquelo debajo de la almohada, junto a la pistola. También es recomendable tener preparado un cubo lleno de agua.
- Si ha abusado usted de su mujer, lo mejor es que se ponga siempre pijamas ignífugos antes de irse a la cama. Podrían salvarle la vida.
- Llame al parque de bomberos local y pida que incluyan su nombre en la lista de «cabrones malnacidos» (ciudadanos que se consideran más expuestos a perecer a manos de un «ser querido»). De este modo, los bomberos sabrán exactamente dónde vive y dónde se encuentra su dormitorio.

Acogotados por la impotencia, algunos hombres enloquecen y deciden vengarse. Ya que la naturaleza favorece siempre a las mujeres, nos tomamos la justicia por nuestra mano. Puesto que no podemos batirlas, vamos a batearlas.

En estos días, la tendencia masculina a herir, lesionar o asesinar mujeres se considera «políticamente incorrecta», por lo que se han reforzado las leyes que protegen a las mujeres del peligro masculino. Pero como bien sabemos, las leyes están hechas para aplicar castigos una vez cometido el crimen. Pocas leyes han conseguido detener a hombres sedientos de venganza. Y ellas saben perfectamente que el número de la policía está allí para solicitarle que cuando aparezcan por casa se traigan la mortaja y algo para limpiar el desaguisado, porque para entonces la orden de alejamiento emitida por los tribunales habrá sido debidamente embutida en la boca de la víctima. ¿Y el cuerpo? Con signos crecientes de rigor mortis, gracias.

Los hombres dotados de mayor sutileza recurren a menudo a otros medios para igualar la balanza. Por ejemplo, las tabacaleras (dirigidas por hombres) han tenido un gran éxito a la hora de convencer a las mujeres de que fumen (en un momento en que el número de fumadores varones disminuye). Gracias a ello, el cáncer de pulmón ha superado al de mama como primera causa de muerte entre las mujeres. Número de féminas eliminadas al año a causa del tabaco: 165.000.

La denegación de ayuda es otro truco muy socorrido para mermar la población femenina. Si necesita un trasplante de órgano para sobrevivir, es un 86 % más probable que lo obtenga si es un hombre. Los hombres con enfermedades coronarias tienen un 115 % más de probabilidades de que se les implante un *bypass* que las mujeres en las mismas condiciones. Y si es mujer, tiene todos los números para que le cobren tarifas más elevadas por una asistencia más bien cutre.

Naturalmente, cuando todo el resto falla, puede recurrir al asesinato. Suele funcionar. Mueren cinco veces más mujeres que hombres a manos de su pareja.

Sigamos así y quizá logremos sobrevivir.

CÓMO EVITAR LA EXTINCIÓN DE LOS HOMBRES

Por mal que pinte el futuro, todavía existe alguna esperanza de retrasar nuestro fin; pero para ello debemos adoptar actitudes nuevas. Hay muchas cosas que podemos aprender de las mujeres y de su cordura. Aquí tienen algunas pistas:

1. **Recuerde que su coche no es un arma de destrucción masiva.** Deje de mosquearse por el vehículo que le acaba de cortar

el paso. ¿Qué más da? Tardará lo mismo en llegar a casa. Así que un cretino le ha hecho perder cinco segundos en la carretera. ¿Y qué? Las mujeres no se preocupan ni mucho ni poco por estas cosas y son más longevas. Cuando ven a un gilipollas al volante sacuden la cabeza y se ríen. Es un método que funciona. Chicos, hay que relajarse. Estamos dañando nuestro corazón con cada minuto de tensión y enojo. Deje de conducir y de conducirse como si le hubieran enchufado una rata en el culo. Nada es tan importante. A menos que la rata sea de verdad, claro.

2. **No se pase con la comida ni con la bebida**. Tenemos que pensar más en lo que nos llevamos a la boca. Si comiéramos y bebiéramos menos viviríamos mucho más ¿Cuándo fue la última vez que vio a una mujer atiborrarse como si fuera la última cena? No hay duda de que a muchas mujeres les gusta empinar el codo, pero ¿a cuántas ha visto bajarse los pantalones y mear en la acera? ¿Por qué le parece que tantos de nosotros sufrimos cáncer de colon o de estómago? Porque somos incapaces de decirle que no a Jack (Daniels) y a Johnny (Walker), así como a un solomillo de medio kilo poco hecho con cebolla, jalapeños y tabasco. Hay un motivo muy simple por el que las mujeres no se llevan el periódico al baño. ¿Lo pilla?

3. **Baje del burro. Vivirá más**. ¿Por qué no nos hacemos a un lado y les cedemos el puesto a ellas para que dirijan el mundo? Ya sé que usted es un paleto reaccionario que no quiere ver mandar a las mujeres. Pero si dejáramos que fueran ellas quienes se preocupen de construir una planta nuclear en Bahrein o de declarar la guerra a China o de decidir si las transmisiones de fútbol son de interés general, viviríamos ocho años más. Pues, hala, a callar. ¿Qué tiene de bueno ser el jefe y lidiar con los malos rollos de cientos de empleados? Eso no mola nada. Hay que retirarse, descansar y dejar que ellas se ocupen de este mundo intratable durante los próximos mil años. Piense en todos los libros que podría leer.

4. **Lávese las manos**. A ver si nos enteramos: algunos de nuestros hábitos son tan vomitivos que me maravilla que las mujeres se dignen respirar el mismo aire que nosotros. Si fuéramos capaces de regenerarnos, suscitaríamos mayor empatía y reforzaríamos el compañerismo. Para empezar, ¿por qué no dejamos las manos quietas? Las manos no están hechas para hurgarse las narices, rascarse el ano o recolocarse el paquete. No fueron concebidas para que arrancáramos aquel artículo del periódico antes de que ella pudiese leerlo ni para quitarnos un resto de pollo al curry de entre los dientes o para reventarnos un grano ante el espejo del ascensor. Cuando se siente en el metro o autobús, mantenga las piernas juntas para no ocupar tres plazas. Y lleve calzoncillos limpios.

5. **Aprenda a manejar el váter**. Pensaba que ya habíamos superado este capítulo, pero las pruebas que apreciamos en aeropuertos, estaciones de tren y restaurantes de toda la nación claman al cielo: no nos hemos enterado. Aquí tiene algunas sugerencias:

   • Primero, levante la tapa y déjela en posición vertical. Haga lo propio con el asiento oval de debajo. Está diseñado para quedarse en dicha posición de tal modo que usted pueda usar ambas manos. Como quien conduce un coche. ¿Verdad que no querría que el coche se saliera de la carretera? Bien, pues su esposa piensa lo mismo al ver un charco de orina en el baño.
   • Apunte, sostenga, proceda con la micción, guárdeselo.
   • Con una mano, devuelva el asiento oval y la tapa a su posición original. No está de más que la operación se lleve a cabo en silencio.
   • Tire de la cadena según lo exija el modelo. (Esta operación no es opcional, ni siquiera en los baños públicos.) Si la taza no se limpia debidamente a la primera, no abandone la escena hasta que quede como una patena.
   • Lávese las manos. Séqueselas con la toalla o el secador de manos y no con su camisa. Si la toalla es de papel, arrójela

a la papelera; si es de tela, repóngala en el toallero (se trata de una barra de metal o plástico que por lo general sobresale de una pared próxima al lavabo). Si se encuentra en su propia casa, lave la toalla al menos una vez por semana.

6. **Lávese cada día.** Echarse algo de agua en la cara por la mañana no equivale a lavarse, como tampoco haberse rociado con Heineken en la fiesta de anoche. Entre en la bañera, regule a su gusto la temperatura del agua y póngase debajo del chorro. Tome jabón y una esponja y restriegue todo su cuerpo. No pase la pastilla de jabón por sus cavidades corporales para dejarlas inmaculadas. Alguien más usa esa pastilla para lavarse la cara. Enjuáguese. Cuando termine, abandone la ducha y séquese procurando no encharcarlo todo a su paso.

7. **Baje el tono de voz y trate de escuchar.** Funciona así: cuando alguien habla, preste atención a lo que dice. Mírelo y no interrumpa. Cuando haya terminado, trate de no decir nada inmediatamente. Asimile los estimulantes conceptos, sentimientos e ideas que le acaban de comunicar. Igual llega a alguna conclusión brillante, se apropia de dichas ideas y acaba saltando a la fama.

8. **Hágase un examen del oído.** Si lo dicho anteriormente no le da resultado, puede que no acabe de estar bien físicamente. Mayo es el Mes Nacional de la Salud y el Habla, y muchos hospitales realizan chequeos gratuitos del oído. Además, algunos centros ofrecen revisiones periódicas, también gratuitas, a lo largo del año. También existen tests on-line que ayudan a determinar si necesita acudir a una consulta profesional.

9. **Sea consciente de que las mujeres saben de qué vamos.** Corte el rollo de hombre sensible. Ya conocen la treta. No intente convencer a nadie de que usted es «feminista». No puede; usted juega en el otro equipo. Sería como ver a un miembro del Klu Klux Klan canturrear el «He tenido un sueño» de Martin Luther King Jr. Usted es un espécimen del sexo que siempre

ganará más dinero y tendrá todas las puertas abiertas. Pero eso no significa que no pueda hacer nada para mejorar las cosas. La mejor manera de ayudar a las mujeres consiste en encauzar a sus compañeros masculinos por el buen camino. Allí es donde reside la verdadera lucha: en tratar de iluminar el bloque de hormigón que tenemos por cabeza.

Ayude a terminar con las diferencias salariales entre sexos examinando su propia nómina. Asegúrese de que las mujeres que hacen el mismo trabajo que usted cobren lo mismo. Participe en el Día de la Paga Igualitaria, que suele celebrarse a principios de abril para festejar los casos que responden a esa realidad. Contacte con *fairplay@aol.com* para mayor información.

También puede unirse al esfuerzo para presionar al Congreso con el fin de que apruebe dos decretos relativos a la paga igualitaria. El decreto de la paga justa permitiría a las mujeres entablar un pleito basándose en el principio de un mismo sueldo para un mismo trabajo y permitiría también a los empleados de una misma empresa demandarla en caso de que estuviera pagando salarios diferentes para labores iguales y que requieren la misma formación. El decreto para una nómina justa cubriría los daños y perjuicios mayores en este mismo ámbito y serviría para proteger a los empleados que divulguen información salarial.

Para terminar, únase a un sindicato u organice uno. Los datos señalan que una mujer sindicada de treinta años que gana unos 30.000 dólares al año llega a perder 650.133 dólares a lo largo de su vida a causa de la desigualdad salarial; en caso de no estar sindicada, la pérdida aumenta hasta los 870.327 dólares. Si convence a los otros colegas de que se sindiquen, mejorará notablemente la vida de sus compañeras y la suya propia.

CÓMO PUEDEN SOBREVIVIR LAS MUJERES SIN LOS HOMBRES

1. **Visite un banco de esperma o una agencia de adopción.** En la mayor parte de las comunidades existen centros de este estilo para mujeres que desearían tener hijos y ahorrarse al padre. Es bueno (y más fácil para los padres) que los niños tengan padre y madre, pero todo lo que se nos ha dicho acerca de los daños sufridos por los hijos criados por madres solteras es una de las grandes mentiras de nuestra cultura. En el libro *The Culture of Fear,** Barry Glassner señala que «en general, las personas criadas por madres solteras alcanzan un nivel de ingresos y de educación básicamente igual al de quienes fueron educados por ambos padres». Las investigaciones al respecto demuestran que como grupo, los hijos de madres solteras se las arreglan emocionalmente mejor que los hijos de matrimonios conflictivos o de familias en las que el padre está ausente o abusa de sus hijos.

2. **Sepa dónde comprar una escalerilla.** Hay muchas marcas, tamaños y estilos a buen precio. Pruebe en el Ikea o en la Bauhaus.

3. **Cuando nada funciona, practique el amor propio.** Cualquier periódico le brindará información abundante sobre centros telefónicos o de Internet que pueden echarle una mano (por así decirlo) en la búsqueda del placer solitario.

* *La cultura del miedo. (N. del T.)*

8
SOMOS LOS MEJORES

El titular no podía ser más claro: «Todos los países menos Estados Unidos firman el Protocolo de Kyoto contra el calentamiento global.»

Nada nuevo: el mundo entero nos execra.

Todos están encantados de odiarnos, pero ¿quién puede reprochárselo? Nosotros mismos nos despreciamos. ¿Cómo si no puede explicarse que llamemos «presidente» a George W.? En los viejos tiempos, ya habrían clavado su cabeza como adorno en un puente sobre el río Potomac. Ahora, sin embargo, el menda anda pavoneándose por ahí como autoproclamado «líder electo», mientras al resto se nos pone cara de tontos y el mundo entero se ríe de nosotros.

Es triste, pues no hace tanto tiempo disfrutábamos de un período de cierto prestigio internacional. Mediamos con éxito en el primer tratado de paz de Irlanda del Norte. Conseguimos que las facciones beligerantes de Israel y los territorios ocupados se sentaran a charlar (y por vez primera se concedieron tierras a los palestinos). Reconocimos finalmente la existencia de Vietnam (aunque todavía no nos hemos decidido a pedir perdón por haber liquidado a tres millones de vietnamitas: Alemania dejó el listón muy alto en su momento, y nos quedamos cortos en varios millones). La presión estadounidense sobre Suráfrica forzó la liberación de Nelson Mandela, encaminó al país hacia la democracia y permitió que el propio Mandela fuera elegido presidente.

Finalmente, devolvimos al pequeño Elián a Cuba con su padre y, por primera vez en mucho tiempo, evitamos que una panda de fanáticos radicados en Miami dictara nuestra política exterior en este hemisferio.

A los ojos del mundo las cosas pintaban bien para el Tío Sam..., hasta que ese mendrugo, que no había cruzado el charco en su vida, se puso al timón en el 1.600 de la avenida Pennsylvania.

Durante sus primeros cuatro meses en el cargo, así es como se comportó George W. Bush con el resto del mundo:

- Incumplió nuestro acuerdo con la Comunidad Europea para reducir las emisiones de dióxido de carbono.
- Declaró una nueva guerra fría, esta vez con China, al abatir uno de sus aviones, provocando la muerte del piloto.
- Permitió que se desmoronara el proceso de paz en Oriente Próximo, dando lugar a una de las peores carnicerías a las que hemos asistido entre israelíes y palestinos.
- Reanudó la guerra fría con Rusia al violar los tratados de misiles antibalísticos de la década de los setenta.
- Amenazó con reducir unilateralmente nuestra presencia en la ex Yugoslavia, lo que desembocó en el resurgimiento de conflictos violentos entre grupos étnicos de la región.
- Desafió los acuerdos sobre derechos humanos de la ONU, ocasionando la salida de Estados Unidos de la Comisión de Derechos Humanos de dicho organismo.
- Al igual que había hecho papi, bombardeó a civiles en Irak.
- Intensificó la narcoguerra en Suramérica. De paso, Estados Unidos ayudó a los colombianos a derribar un avión repleto de misioneros estadounidenses. Entre otros, murieron una mujer del estado de Michigan y su hija.
- Cortó cualquier hilo de esperanza de reducir tensiones con Corea del Norte, garantizando no sólo la hambruna masiva del país, sino que el cinemaníaco Kim Il Jong se quedara con todos los vídeos que había alquilado en Blockbuster.
- Se enajenó las simpatías de prácticamente todo el mundo al anunciar la prosecución del demencial sistema de defensa conocido como «Star Wars».

Un día en la vida del «presidente»
George W. Bush

8.00: El Presidente de Estados Unidos (PEU) se levanta y comprueba que sigue en la Casa Blanca.

8.30: Desayuno en la cama. Rumsfeld le lee el horóscopo y las tiras cómicas.

9.00: Aparece el «copresidente» Cheney para ayudar a George a vestirse, repasa un poco la situación en Yemen y le recuerda que debe lavarse los dientes.

9.30: El PEU llega al despacho oval y saluda a la secretaria.

9.35: El PEU abandona el despacho oval para hacer algo de ejercicio en el gimnasio de la Casa Blanca.

11.00: Masaje y pedicura.

12.00: Almuerzo con el presidente de la Liga de Béisbol Bud Selig. Selig ratifica que todavía no hay plazas importantes disponibles.

1.00: Siesta.

2.30: Sesión fotográfica con el «equipo del día» de la Liga Infantil de béisbol.

3.00: El PEU regresa al despacho oval para discutir la legislación con miembros del Congreso.

3.05: Se suspende el encuentro; los congresistas declaran a la prensa que «la reunión ha sido muy fructífera. El presidente nos ha dicho "aprobad algunas leyes", y luego nos ha tenido jugando a la pelota en el jardín de atrás».

3.10: Cheney informa a George acerca de la política energética y le insta a escribir «notas de agradecimiento» a los presidentes de las compañías petroleras.

3.12: El PEU pide ver un mapamundi; parece sorprendido de «lo grande que se ha hecho el mundo».

3.40: El PEU ha memoriza las 191 capitales del mundo en menos de media hora.

(Continúa)

3.44:	Bush llama al primer ministro de Rumanía «porque puedo»; le desafía a adivinar la capital de Birmania. George habla en español y el primer ministro de Rumanía no entiende una palabra de lo que dice.
3.58:	El PEU acepta una llamada de la cárcel de Austin, Texas. Sus hijas han sido detenidas por profanar un retrato de papá en la sede del gobierno del Estado. El PEU simula no oír lo que le dicen a causa de las interferencias, imita la voz de una mexicana y cuelga. Se le oye comentar: «De tal palo tal astilla.»
4.00:	Termina su jornada laboral. El PEU se retira a sus aposentos para otra siestecilla.
6.00:	Cena oficial con jefes de Estado africanos. Le dice a Cheney que «ahora mismo no puedo pensar en África; es el "Continente Negro", ya sabes». Le pide al copresidente que ocupe su lugar.
6.05:	El PEU se zambulle para hacer unos largos en la piscina de la Casa Blanca.
7.00:	Llama a Laura al rancho de Texas (para asegurarse de que todo anda bien).
7.02:	El PEU se dirige al auditorio de la Casa Blanca para ver *Dave: presidente por un día* (otra vez); se queda dormido.
8.30:	Cheney despierta al PEU, lo lleva a la cama, lo arropa y le da las buenas noches. El co-PEU baja al despacho y se concentra de nuevo en sus planes para destruir el planeta Tierra.

Todo ello en menos de 120 días, compaginándolo además con sus ímprobos esfuerzos por dinamitar la política interior, tal como hemos visto. Los que pensábamos que Junior era un inútil hemos quedado impresionados con su capacidad inventiva.

Ahora, el mundo vuelve a odiarnos. Se trata de una situación familiar, pero no deja de ser una pena. Por una vez, resultaba agradable que los extranjeros nos vieran como buena gente. La simpatía de Clinton permitió que pasaran inadvertidas muchas lacras de su administración: el incremento del trabajo infantil a cuenta de nuestras multinacionales en el tercer mundo, el vertido de productos tóxicos en países pobres y la exportación de películas cada vez peores.

De hecho, Clinton hizo muchas cosas al estilo de Bush, pero sabía disimular. Era un tipo encantador y perfectamente dotado para enmascarar su vertiente sórdida. Durante años presentó una imagen tan buena que los ciudadanos de este país podíamos viajar por el mundo sin temor a linchamientos espontáneos por parte de los lugareños.

Ahora, gracias a una política exterior de camionero, resulta mucho más difícil justificar el hecho de que nosotros, el 4 % más arrogante de la población mundial, acaparemos la cuarta parte de su riqueza. Si no andamos con ojo, todos esos extranjeros demacrados y arribistas van a empezar a pensar que tienen derecho a teléfonos móviles y licuadoras. Y el cúmulo de desconfiados que abundan en países oprimidos quizá se entere de que los tres hombres más ricos de Estados Unidos poseen más activos que los sesenta países más pobres del mundo juntos.

¿Y si a la ingente población de Asia, África y Latinoamérica se le pasase por la cabeza la idea de que los mil millones de personas que carecen de agua potable deberían tenerla? ¿Se imagina usted lo que eso costaría? ¡Por lo menos un 25 % de lo que nos costará el programa Star Wars!

¿Qué pasaría si el 30 % de la población mundial que sigue sin electricidad decidiese que le apetece enroscar una bombilla para ponerse a leer un libro? ¡Huy, qué miedo!

Mi mayor temor proviene del 50 % de nuestros queridos terrícolas que no ha hecho una llamada telefónica en su vida. ¿Qué sucedería si de pronto todos quisieran llamar a casa en el día de la madre o empezaran a ocupar las líneas para pedir pizzas a domicilio? Hay que decirles que no hay más números disponibles.

Toda esta gente se siente ya bastante ultrajada, gracias a la lamentable actuación de Bush, así que no hay razón para seguir abochornándola. Además, hay otras cosas de que ocuparse.

¿De quién fue la idea de desoír la oferta rusa de hace quince años para desembarazarnos de todas las armas nucleares? ¿Ha olvidado el mundo que estaban dispuestos a desarmarse unilateralmente después de la disolución de la Unión Soviética? En 1986, en la cumbre de Islandia anterior al desmembramiento de la URSS, Mikhail Gorbachov puso sobre la mesa una propuesta de «eliminación final de las armas nucleares para el año 2000» (no pudo llegar a un acuerdo con Reagan por la negativa de éste a renunciar al desarrollo del programa Star Wars). Por si acaso Reagan no había oído bien la primera vez, Gorbachov reiteró la oferta a Bush padre en 1989: «Para mantener la paz en Europa, no necesitamos la disuasión por medio de las armas nucleares, sino el control de las mismas. Lo mejor sería la abolición de todo el armamento nuclear.»

Para entonces, ya llevábamos cuarenta años de amenaza inminente de aniquilación nuclear. Y un buen día los rojos se evaporaron y la guerra fría terminó. Nos quedamos con 20.000 cabezas nucleares, y los ex soviéticos con 39.000: lo suficiente como para volar el mundo cuarenta veces.

Creo que la mayoría de los que pertenecemos a la generación de la posguerra crecimos pensando que no íbamos a llegar al fin de nuestras vidas sin que se produjese, al menos, el lanzamiento «accidental» de uno de esos misiles. ¿Cómo podía evitarse? Con este mogollón de armas listas para dispararse en cualquier momento, parecía inevitable que algún chalado pulsara el botón, que algún malentendido condujera a la guerra total o que algún terrorista accediera al material y se encariñara con él. Nos encogimos bajo un manto de terror, lo que afectó completamente a nuestro funcionamiento como nación: tratamos de aliviar el miedo construyendo más armas de destrucción masiva.

Al gastar todo ese dinero del contribuyente en tal cantidad de armas inútiles que esperábamos no tener que usar, permitimos que nuestras escuelas hicieran su particular descenso a los infiernos, dejamos a nuestros ciudadanos sin asistencia médica gratuita y empujamos a la mitad de nuestros científicos a trabajar para proyectos militares, impidiéndoles que se dedicaran a descubrir la cura del cáncer o cualquier otra cosa que mejorase nuestra calidad de vida.

Los 250.000 millones de dólares que el Pentágono planea gastar para construir 2.800 nuevos cazas de ataque conjunto sobrarían para pagar la matrícula de todos los estudiantes universitarios del país.

El incremento del presupuesto propuesto por el Pentágono para los próximos cinco años es de 1,6 billones (con be) de dólares. La cantidad calculada por la administración que haría falta para mejorar y modernizar todas las escuelas del país es de 112.000 millones.

Si decidiéramos detener la fabricación del resto de los cazas F-22 solicitados por la Fuerza Aérea durante la guerra fría (que tanto Clinton como el Bush actual han insistido en financiar), el dinero destinado al proyecto —45.000 millones— serviría para costear el programa de escolarización primaria de todos los niños de Estados Unidos durante los próximos seis años.

A mediados de los años ochenta, sucedió otra cosa digna de reseña. Al anunciar que la Unión Soviética abandonaría las pruebas nucleares, independientemente de lo que decidiera Estados Unidos, Gorbachov estaba desafiando a Reagan a seguir su iniciativa. Fue un momento extraordinario, olvidado seguramente por la mayoría de los estadounidenses. Por primera vez en mucho tiempo concebimos esperanzas de que la raza humana renunciaría a achicharrarse por voluntad propia.

La carrera armamentística que nosotros empezamos y que los soviéticos se vieron forzados a seguir contribuyó notoriamente a la bancarrota de la URSS. Cuando los soviéticos construyeron su primera bomba A en 1949, Estados Unidos ya tenía 235. Diez años después, teníamos 15.468, mientras que la URSS iba muy por detrás, con «sólo» 1.060. Sin embargo, a lo largo de los siguientes veinte años, la Unión Soviética gastó muchos miles de millones en bombas —mientras su pueblo tiritaba de frío—, y llegó alcanzar nuestra cota. En 1978, ya contaban con 25.393 cabezas nucleares, en tanto que nosotros sumábamos 24.424 (aunque, eso sí, teníamos agua corriente).

Gorbachov heredó un país hambriento cuya población se desvivía por un rollo de papel higiénico. Pero incluso al borde de su disolución, en 1989 mantenía una increíble reserva de 39.000

cabezas nucleares. Las 22.827 del Pentágono bastaban y todos se reían. ¿Tenía Washington la misión de empobrecer al pueblo de la URSS hasta el extremo de provocar una revuelta? Gorbachov, que ya había echado cuentas, tiró la toalla..., pero era demasiado tarde. En 1991, la URSS dejó de existir.

Arrastrados por la euforia del momento, los nuevos líderes rusos y ucranianos, ansiosos por desmarcarse del antiguo régimen, se aproximaron a Estados Unidos cargados de ramas de olivo y palomas de la paz. Los ucranianos anunciaron que abandonaban la carrera armamentística y enseguida desmantelaron su arsenal, al tiempo que los rusos desprogramaban las coordenadas de sus misiles que apuntaran a nuestras ciudades. Luego, propusieron a Estados Unidos una eliminación conjunta de armas nucleares.

¿Cuál fue nuestra respuesta a una oferta de este calibre y sin precedentes?

Nasti de plasti.

Los rusos no se desanimaron y esperaron pacientemente, confiados en que finalmente nos sumaríamos a la propuesta.

También esperaban que mostráramos cierta compasión y mandásemos algo de comida, maquinaria, un par de bombillas, cualquier cosa que paliara su miseria. Suponían que haríamos por ellos lo que hicimos por Europa occidental después de la Segunda Guerra Mundial: un esfuerzo de reconstrucción que originó en la región un período de paz de más de cincuenta años, el más largo en siglos.

No hay duda de que los rusos se figuraron que la vida iba a ser mucho mejor y el mundo mucho más seguro.

Pero ya sabemos qué pasó: les dejamos pudrirse hasta que la mafia tomó el poder. Creció el descontento y la desesperación entre el pueblo. La ayuda prometida no llegó, la escasez de alimentos continuó, las infraestructuras se desmoronaron y el proletariado siguió con la mierda hasta el cuello. Su nuevo presidente, Boris Yeltsin, era un bufón harto de vodka. Además, visto que no querían convertir el país en una fábrica tercermundista de explotación para las grandes empresas americanas (como había hecho China), no hubo afluencia de dólares. Políticos de línea dura del lado oscuro de la administración rusa asumieron el

BORIS YELTSIN CONTRA LAS GEMELAS BUSH

Tenemos la seguridad de que las chicas Bush beben más que un cosaco. Basta comparar sus expedientes:

Gemelas Bush: sorprendidas bebiendo en un club de Austin.
Yeltsin: sorprendido bebiendo en una reunión del G-7.

Gemelas Bush: consiguieron que el servicio secreto las ayudara a sacar a un novio de la cárcel.
Yeltsin: consiguió que agentes del KGB lo llevasen en coche hasta la licorería.

Gemelas Bush: arrestadas por utilizar una identificación falsa para poder beber.
Yeltsin: no ha sido arrestado; utiliza excusas falsas para poder beber.

poder, y la esperanza de eliminar sus 25.000 cabezas nucleares todavía operativas se desvaneció.

Actualmente, los nuevos líderes rusos ya hablan de fabricar más armas para venderlas a Irán y a Corea del Norte.

Se nos ha ido al garete una ocasión única para finiquitar esta carrera armamentística demente y ganarnos un nuevo aliado en el mundo. La ventana de la oportunidad no estuvo abierta por mucho tiempo y la cerramos antes de que Clinton hiciera lo propio con su bragueta.

Monica Lewinsky. Así pasamos la segunda mitad de los años noventa: obsesionados por la mancha lechosa en su vestido azul. Nuestro Congreso dejó de lado asuntos tan nimios como la eliminación de la amenaza nuclear en el mundo para debatir cómo insertaba nuestro comandante en jefe su puro en lo más íntimo de una becaria. En eso andábamos distraídos..., junto con la mala temporada de los Broncos, el estrangulamiento de las reinas de belleza infantiles y las citas nocturnas de Hugh Grant. Tuvimos en nuestras manos la llave para legar un mundo seguro a nues-

tros hijos, pero la codicia desenfrenada por la orgía de beneficios de Wall Street nos tenía demasiado ocupados. Esto es lo que
pasa en un país de vagos y maleantes. Nos refocilamos alegremente en nuestra inopia como líderes del mundo libre.

Pero no desesperemos. Entre los veinte países más industrializados del mundo somos el número 1.

Somos número uno en millonarios.

Somos número uno en billonarios.

Somos número uno en gasto militar.

Somos número uno en muertes por arma de fuego.

Somos número uno en producción de carne de vacuno.

Somos número uno en gasto de energía per cápita.

Somos número uno en emisiones de dióxido de carbono (su-
peramos a Australia, Brasil, Canadá, Francia, India, Indonesia, Alemania, Italia, México y el Reino Unido juntos).

Somos número uno en la producción de basura per cápita
(720 kilos por persona al año).

Somos número uno en la producción de residuos peligrosos
(unas veinte veces más que nuestro competidor más próximo, Alemania).

Somos número uno en consumo de petróleo.

Somos número uno en consumo de gas natural.

Somos número uno en menor cantidad de ingresos generados por impuestos (como porcentaje del producto interior bruto).

Somos número uno en menor tasa de gasto gubernamental
(como porcentaje del PIB).

Somos número uno en consumo diario de calorías per cápita.

Somos número uno en abstención electoral.

Somos número uno en menor número de partidos repre-
sentados en la Cámara baja.

Somos número uno en violaciones (casi tres veces más que
nuestro inmediato competidor, Canadá).

Somos número uno en muertos por accidente de carretera
(casi el doble que Canadá, el segundo de la lista).

Somos número uno en partos de madres menores de veinte

años (de nuevo, el doble que Canadá, y casi el doble que Nueva Zelanda, nuestro competidor más próximo).

Somos número uno en ratificación del menor número de tratados internacionales sobre derechos humanos.

Somos número uno entre los países de las Naciones Unidas con un gobierno legalmente constituido que no ratificaron la Convención de la ONU sobre los Derechos del Niño.

Somos número uno en cantidad de ejecuciones registradas por delitos cometidos antes de cumplir la mayoría de edad.

Somos número uno en muertes de niños menores de 15 años por arma de fuego.

Somos número uno en suicidios de niños menores de 15 con un arma de fuego.

Somos número uno en malas notas en los exámenes de matemáticas de octavo.

Somos número uno al habernos convertido en la primera sociedad en la historia cuyo colectivo más pobre son los niños.

Reflexionemos por un instante sobre esta lista. ¿No debería llenarnos de orgullo saber que los estadounidenses estamos en la cúspide de todas estas categorías? Casi hace sentir nostalgia por los tiempos en que Alemania del Este ganaba todas las medallas olímpicas. No es moco de pavo. Démonos una palmadita en la espalda y, hala, a seguir así.

Con el fin de ganarnos la simpatía del resto de las naciones, me gustaría hacer unas pocas sugerencias para lograr la paz mundial. Modestamente, lo he bautizado como «Plan global de Mike para la paz». Da igual si lo llevamos a la práctica por convicción moral o simplemente porque no deseamos acabar con un Bin Laden al acecho en cada uno de los aeropuertos del país. En cualquier caso, hay que poner un poco de orden en el mundo.

Yo empezaría con Oriente Medio, Irlanda del Norte, la ex Yugoslavia y Corea del Norte.

TIERRA SANTA

Un nombre tan bonito para un lugar donde se perpetran más actos sanguinarios que en la zona VIP de una fiesta satánica.

En enero de 1988, apenas un mes después del inicio de la primera Intifada, viajé con unos amigos a Israel, Cisjordania y Gaza, para enterarme in situ de qué iba el tema.

Aunque ya había estado en Centroamérica, China, el Sureste asiático y otras regiones de Oriente Medio, no estaba preparado para lo que vi en los campos de refugiados de los territorios ocupados. Jamás había asistido a tamaña sordidez, degradación y miseria. Forzar a seres humanos a vivir en estas condiciones —y hacerlo a punta de pistola, durante más de cuarenta años— es una iniquidad sin sentido.

Me entristece y enfurece enormemente el horror y el sufrimiento que han tenido que soportar los judíos desde tiempos inmemoriales. No hay una sola comunidad que haya padecido más muerte y tormentos que la judía, víctima de una intolerancia que no ha durado siglos sino milenios.

Lo que me asombra no es tanto la naturaleza de este odio —pues las guerras étnicas parecen formar parte inevitable de la vida— como la persistencia con que se ha transmitido de una generación a otra. Pienso que el odio no debería ser como el reloj del abuelo que heredará el mayor de los nietos. Si mi tatarabuelo hubiera odiado a canadienses o presbiterianos, yo no tendría manera de saberlo. Sin embargo, el odio hacia los judíos ha ido pasando de padres a hijos como un idioma, una canción o una leyenda de tradición oral. Habitualmente, los humanos somos capaces de sacudirnos de encima las malas ideas, como la de que la Tierra es plana. Ya hace seiscientos años que desechamos esa tontería. Hemos superado el mito de que la Creación se llevó a cabo en seis días o el de que los huevos son malos para el nivel de colesterol. ¿Por qué tanta gente sigue apegada al desprecio por los judíos y no lo relega al olvido?

En eso reside una de las mayores complicaciones para los palestinos: los humanos tenemos la desgracia de que, una vez maltratados, tendemos a maltratar. Nada es menos sorprendente que

Lugar	Importancia histórica	Matanza
Tel Aviv	En las afueras de la moderna Tel Aviv se encuentra el antiguo puerto de Jaffa, fundado según la leyenda tras el Diluvio por Jafet, hijo de Noé, y donde se puede visitar la casa de Simón el Curtidor, en la que se hospedó el apóstol san Pedro.	2001: 21 jóvenes israelíes muertos y más de 100 heridos por un atentado suicida junto a una discoteca frente a la playa.
Tumba de José, Nablus / Shejem	Los cristianos creen que José de Arimatea llevó el cuerpo de Jesús a esa tumba después de la Crucifixión, y que allí resucitó. Muchos judíos creen que es la tumba de José, el hijo de Jacob (con su túnica de colorines y todo).	2000: El cabo Yosef Madhat de la policia de fronteras y el rabino Binyamin Herling mueren a manos de palestinos. 2000: Una niña de dos años muere en el asiento de atrás del coche de sus padres tiroteada desde un asentamiento judío próximo.
Monte del Templo, Jerusalén	Principal lugar de culto para los musulmanes en Jerusalén. Se encuentra cerca de la tumba del rey David, el lugar	1990: soldados israelíes matan a 17 palestinos.

(Continúa)

Lugar	Importancia histórica	Matanza
	donde se celebró la Última Cena, etcétera.	
Tumba de los Patriarcas, Hebrón (también conocida como mezquita de Macpela)	Lugar sagrado para los cristianos, musulmanes y judíos. Se cree que es allí donde yacen los restos de Abraham, su esposa Sara y sus descendientes Isaac y Jacob.	1929: Masacre en la comunidad judía perpetrada por árabes. 1994: El colono judío Baruch Golstein asesinó a 29 musulmanes que oraban en la mezquita.

el hecho de que los niños que han padecido abusos acaben un día abusando de sus propios hijos. Después de que los estadounidenses bombardearan repetidamente a los pacíficos y neutrales camboyanos, masacrando a cientos de miles durante la guerra de Vietnam, los camboyanos acabaron volviéndose los unos contra los otros, masacrándose esta vez por su cuenta. Después de que la Unión Soviética perdiera veinte millones de personas durante la Segunda Guerra Mundial, decidió prevenirse contra cualquier intento de injerencia externa invadiendo y dominando casi todos los países con los que lindaba.

Una vez martirizada, la gente suele enloquecer y acaba por tomar medidas drásticas e irracionales para protegerse.

No deseo tocar el delicado tema de las razones para la creación del Estado de Israel ni del supuesto derecho sagrado a ocupar esas tierras. Sólo quiero profundizar en las circunstancias actuales, origen de una matanza incesante perpetrada por ambas partes. Dicha situación deriva, por un lado, del odio de los palestinos hacia los judíos y, por otro, de la tremenda opresión ejercida por los judíos sobre los palestinos.

Es cierto que los palestinos también viven oprimidos en otros países árabes, donde no se les permite votar ni poseer bienes inmuebles y se les trata como a ciudadanos de segunda clase y como arma arrojadiza en el conflicto contra Israel. Pero tampoco perderé tiempo con esto, visto que no hay mucho que pueda hacer al respecto.

Los ciudadanos de Estados Unidos no donamos 3.000 millones de dólares anuales a Siria, tal como hacemos con Israel. Y puesto que se trata de nuestro dinero, nos hemos de considerar responsables de la opresión, la matanza y las condiciones de segregación que se dan en los territorios ocupados por Israel.

Además, Israel tiene armas nucleares, algunos países árabes pronto las tendrán y, si nadie detiene esta locura enseguida, puede que acabemos pagando un precio elevadísimo por ello.

En primer lugar, me opongo a un apartheid financiado a mi costa. Creo que todos los seres humanos tienen derecho a la autodeterminación, el voto, la vida, la libertad y la búsqueda de la felicidad. Los árabes que viven en Cisjordania y en Gaza no gozan de ninguno de esos derechos. No son libres para viajar y viven bajo toque de queda. Se les acusa, arresta y encarcela impunemente. Sus casas son derribadas sin aviso previo. Se les roba la tierra para entregarla a los colonos y sus hijos son asesinados por arrojar piedras o por el mero hecho de andar por la calle.

¡Claro que tiran piedras! ¡Claro que matan a colonos israelíes! Así suele reaccionar la gente maltratada: paga con la misma moneda. ¿Quién lo sabe mejor que los israelíes? El mundo estuvo a punto de liquidarlos en el siglo pasado y está claro que no van a dejarse aniquilar en este milenio que empieza.

En tiempos como éstos, los que hemos sido lo bastante afortunados como para vivir libres de sufrimientos de este calibre, debemos movilizarnos para detener la escabechina. En ese sentido, mi país no puede seguir entregándole cheques en blanco a Israel. Para detener la barbarie hay que involucrarse con ambas partes.

Mi plan:

1. El Congreso debería advertir a Israel de que tiene treinta días para poner fin al derramamiento de sangre perpetrado en su nombre y el nuestro o, en caso contrario, dejaremos de enviar los 3.000 millones anuales. El terrorismo grupuscular es una lacra, pero el terrorismo de Estado es el peor de los males. En el mundo siempre habrá locos agraviados que necesitan vengarse a sangre y fuego. Pero resulta inadmisible que los israelíes —gente por demás buena e inteligente— impongan un sistema de terror a otro colectivo únicamente por su raza o religión. Somos millones los contribuyentes estadounidenses que aportamos dinero para las acciones inadmisibles de Israel. Buena parte de tales acciones no sería posible si el Estado no sustrajera 4 centavos diarios de nuestras nóminas para destinarlos a comprar balas con las que soldados israelíes matan a los chicos palestinos.

2. Si Israel desea seguir recibiendo dinero de nuestros impuestos, deberíamos concederle el plazo de un año para que se embarque en un plan de paz con los palestinos para crear un Estado llamado Palestina (formado por Cisjordania, Gaza y una franja de tierra que una ambos territorios). Esta nueva nación palestina debería aprobar una constitución que prohibiese toda agresión contra Israel y que garantizara plenos derechos democráticos a todos los hombres, mujeres y niños palestinos.

3. A partir de entonces, Estados Unidos donaría a Palestina el doble de fondos entregados hasta ahora a Israel (por una paz permanente, yo pagaría alegremente lo que me tocara). No se trata de dinero gratis para funcionarios corruptos como los que abundan en mi país, sino de una ayuda al estilo del Plan Marshall para construir carreteras, escuelas e industrias que generen trabajos dignamente pagados.

4. Las Naciones Unidas deberían comprometerse entonces a defender a Israel contra cualquier país o entidad que siga luchando por su destrucción. También debe comprometerse a defender la Palestina democrática de los regímenes árabes vecinos (que sin duda se pondrán como una moto cuando su propia población oprimida vea el mal ejemplo palestino de libertad y prosperidad).

Bueno, supongo que nadie me hará caso. Aparentemente, resulta más divertido proseguir con esta telenovela sangrienta cuyos protagonistas se disputan un pedazo de tierra que tarda menos en cruzarse que Nueva York en hora punta.

Sin embargo, hay una persona que quizá se digne escuchar.

Querido presidente Arafat:

No nos conocemos. Éste no es un intento de engatusarlo para que me invite a una cena o a una partida de mus. Usted es un hombre atareado, y yo también (aunque nadie aquí me llama presidente ni me dice «¡Sí, señor!»).

Perdone. Este humor idiota es el que me ha relegado al canal 64 de la televisión por cable, justo después del canal italiano.

Creo que tengo la clave de su futuro éxito. Conozco la solución para que dejen de matarse y, de paso, acaben creando un Estado palestino.

Usted pensará: «¿Quién es este zoquete?» Tiene razón.

Pero escuche. Quiero proponerle algo que dejará en bragas a todos los israelíes reaccionarios y pondrá de su lado a aquellos que desean la paz.

Mi propuesta no es una idea nueva. No se basa en ejércitos ni dinero ni resoluciones de la ONU. Es barata, se ha probado en muchos países y nunca ha fallado. No requiere armas ni mala baba. Consiste, de hecho, en la renuncia a las armas.

Se llama desobediencia civil pacífica. Con ella Martin Luther King y su campaña pusieron punto final a la segregación racial en Estados Unidos. Gandhi y sus seguidores doblegaron al Imperio británico sin disparar un tiro. Nelson Mandela y el Congreso Nacional Africano consiguieron acabar con el apartheid.

Si funcionó entonces, le puede funcionar ahora.

No hay duda de que se puede ganar recurriendo a la violencia. Los vietnamitas demostraron que podían sacudirse de encima al país más poderoso del orbe. Y nosotros, ya ve: ocho años liquidando pieles rojas y, a base de tiros, nos hicimos con esta chulada de país.

Sin duda, matar sigue siendo un método eficaz. El problema es que cuando la matanza tiene que parar, uno anda ya con la cabeza algo revuelta y le resulta difícil deponer las armas (225 años después, nosotros todavía no hemos aprendido).

Sin embargo, si se decide a probar el enfoque no violento no sólo verá morir a poca gente, sino que al final conseguirá un país para usted y su gente.

La cosa funciona de este modo:

1. Plante el trasero. Consiga que unos cientos o miles de personas se apalanquen en una carretera y no se muevan ni luchen cuando traten de echarles. En lugar de que Israel vaya cerrando a placer las fronteras de Gaza y Cisjordania, las cierran ustedes. Marchen pacíficamente hasta el punto de control y siéntense. Los israelíes no podrán acudir a sus asentamientos, así como tampoco transportar mercancías ni recursos naturales. No existe vehículo israelí que pueda avanzar sobre miles de personas que le cortan el paso (ni siquiera con cadenas en los neumáticos). Naturalmente, es posible que traten de hacerlo y que algunos de ustedes acaben heridos o muertos. Sigan sin moverse. El mundo estará mirando, especialmente si se toman la molestia de alertar a los medios: la CNN se pondrá al teléfono. Los palestinos que mueran a causa de este plan siempre serán muchos menos que las víctimas que provoca la situación actual.

2. Convoque una huelga general. Niéguese a trabajar para los israelíes. Su economía se basa en la mano de obra semiesclava que ustedes suministran. Acabe con ello. ¿Quién hará todos sus trabajos basura si los palestinos se niegan? ¿Otros israelíes? Qué va. Les necesitan a ustedes, así como a su voluntad de quebrarse el lomo por salarios ínfimos. Ya verá lo pronto que llegan a un acuerdo. Naturalmente, tratarán de tomar represalias. Quizá les corten el agua, las carreteras o el suministro de alimentos. Hagan lo que hagan, no se dé por vencido. Acumule reservas, convoque una huelga no violenta y manténgase firme. Acabarán cediendo ellos.

Hace unos pocos años, un millón de israelíes asistió en Tel Aviv a una manifestación por la paz. Fue una escena impresionante, y demostró que los palestinos cuentan con, al menos, un millón de aliados judíos (cerca de una tercera parte de la población del país). Un millón de sus «enemigos» vendrán en su ayuda si protesta sin violencia. Hay que probarlo. Entre su población y los israelíes bienintencionados superarán a aquellos que quieran arrojarlos al mar.

Desgraciadamente, ya sé que su inclinación es la de seguir derramando sangre. Cree que así obtendrá la liberación anhelada, pero se equivoca. Hágase a la idea: los israelíes no van a marcharse de ahí. Seis millones de ellos murieron a manos de la nación presuntamente más civilizada del mundo. ¿Cree que se van a dejar asustar por cuatro piedras y unos cuantos coches bomba? Viven en un mundo en el que están solos y aislados, y no lo abandonarán hasta que usted o el resto del planeta acabe con el último de ellos. ¿Es eso lo que quiere? ¿Todos los judíos borrados de la faz de la tierra? Si es así, está mal de la chaveta y muchos le vamos a negar cualquier respaldo.

Si, por el contrario, lo que desea es paz y tranquilidad en lugar de guerra y desalojos, abandone las armas, déjese caer en mitad de la carretera y... espere. No hay duda de que los israelíes maltratarán a muchos de ustedes. Arrastrarán a sus mujeres por el pelo, azuzarán los perros contra ustedes y recurrirán a los manguerazos (y a infinidad de trucos más que aprendieron de nosotros). Sea tenaz. Cuando las imágenes de este oprobio sean contempladas por el mundo entero, se producirá tal clamor universal que el gobierno israelí será incapaz de proseguir con su campaña.

Ya está. Si quiere, me ofrezco a apuntarme a su protesta no violenta. Es lo menos que puedo hacer después de haber ayudado a financiar las balas y bombas que han estado matando a su gente durante tanto tiempo.

Cordialmente,

Michael Moore

EL REINO UNIDO DE GRAN BRETAÑA
E IRLANDA DEL NORTE

De nuevo, el nombre los delata: la gente que está al mando del cotarro sabía que era un timo. Si el Reino Unido se sentía con autoridad moral para reclamar jurisdicción sobre Irlanda del Norte, no tenía más que declararla parte de Gran Bretaña sin mencionar los seis condados del otro lado del mar sobre los que en realidad no tiene derecho alguno.

No me malinterpreten, me caen bien los británicos. Me han financiado trabajos y programas por los que en Estados Unidos no daban un duro. Lejos de los estadios de fútbol, los británicos son personas inteligentes con un sentido particularmente agudo de la sátira política. Cuentan con una diversidad mediática envidiable (hay once periódicos en Londres, y sus cuatro canales públicos de televisión tienen más que ofrecer que nuestras doscientas cadenas juntas). Los editoriales de los rotativos defienden un amplio abanico de puntos de vista, y en el Reino Unido nadie parece quedar fuera del discurso político.

Salvo los católicos de Irlanda del Norte.

Al igual que con la situación palestina, no voy a perder tiempo con un refrito de ochocientos años de historia, de modo que pasemos directamente al presente embolado. Los católicos de Irlanda del Norte son ciudadanos de segunda clase cuyos derechos son violados constantemente. Se encuentran en el nivel inferior de la escala económica y viven bajo la bota de las fuerzas de ocupación británicas. Estas circunstancias han provocado incontables muertos en los últimos treinta y cinco años. Durante su mandato, Bill Clinton fue capaz de sentar a ambos bandos a una misma mesa y los ayudó a alcanzar un acuerdo de paz que integraba a los católicos en las estructuras de poder de Irlanda del Norte. Todos quedaron aliviados y esperanzados.

Sin embargo, la esperanza no duró mucho, pues los protestantes pronto insistieron en que no compartirían el poder hasta que el IRA entregase hasta la última arma. La mayoría interpretó el gesto como una excusa para inhabilitar el acuerdo. Se produjeron nuevos derramamientos de sangre y, desde entonces, se han ensombrecido las perspectivas de paz.

Como este sinsentido ya ha durado bastante, he ideado una solución que instaurará una paz permanente en el país: convirtamos al catolicismo a los protestantes de Irlanda del Norte.

Toma ya. Si todos compartiesen una misma confesión, se acabarían riñas y disputas. Naturalmente, la mayoría de los protestantes no querrá convertirse, pero eso jamás ha sido una problema para la Iglesia católica. Desde las Cruzadas hasta la conquista de América, la Iglesia siempre ha sabido persuadir a los nativos para que vean la luz.

Dado que los católicos ya constituyen el 43 % de la población de Irlanda del Norte, basta con convertir al 8 % de los protestantes para alcanzar la mayoría. Es pan comido. Sobre todo si les abrimos los ojos respecto de las siguientes ventajas que entraña ser un católico apostólico y romano:

- **Sólo hay un tipo al mando**. Se trata del Papa. Existen varios miles de sectas protestantes. Algunas están dirigidas por un comité, otras por un presidente electo y otras se gestionan como una cooperativa, sin nadie que lleve la voz cantante. En cambio, los católicos tienen un líder vitalicio al que no le asusta tomar decisiones, que dicta a los fieles una serie de pautas y límites para llevar una vida ordenada y como Dios manda. Cuando el Papa muere, nada de rollos electorales: se reúnen doscientos individuos vestidos de rojo y, una vez tomada su decisión, dejan escapar la *fumata bianca* para anunciar la buena nueva. Ni discursos de campaña, ni peloteo al electorado, ni recuentos.
- **Más sexo**. Como todos sabemos, los católicos tienen más hijos y eso significa que llevan una vida sexual más activa, pues la Iglesia católica condena cualquier tipo de procreación contra natura. Y digo yo que a nadie le amarga un dulce. Cuando los protestantes de la orden de Orange sepan que por fin se van a comer un rosco, verán lo pronto que acaban con sus ridículos desfiles.
- **Más días libres**. La Iglesia católica tiene seis fiestas de

guardar oficiales. En los países de mayoría católica, se trata de días libres pagados sin escuela ni trabajo. ¿Me pueden mencionar una sola fiesta de guardar inventada por los protestantes aparte de aquella en la que sale el catálogo navideño con los modelitos de Eddie Bauer?

- **Alcohol gratis**. Si va a misa cada día, podrá tomar un sorbo de vino gratis. Es cierto que uno debe hacerse a la idea de que se está bebiendo la sangre de Cristo, pero el esfuerzo de imaginación vale la pena. ¿Cuántas veces ha dicho usted que su *gin tonic* no era más que agua con gas? Hay que tener fe.
- **Chicas católicas** (véase más arriba).
- **Un puesto garantizado en el paraíso** junto a Dios Padre en persona. Lo dice la Biblia: Jesús hizo a Pedro padre de la Iglesia y luego dejó bien claro que los seguratas de las Puertas del Cielo sólo franquearían el paso a los miembros de la «única iglesia verdadera». Una de dos: o sigue prometiendo fidelidad a la Reina y se resigna a arder para siempre en el infierno, o cambia de bando y se gana un asiento de primera clase a la Eternidad.

Una vez que esta lista caiga en manos de los protestantes de Irlanda del Norte, en cuestión de horas asistiremos a un frenesí de conversiones masivas. Y resulta muy fácil: cualquier católico puede oficiar el sacramento del bautismo para salvar el alma de un infiel, sobre todo si está moribundo.

Sólo necesita algo de agua que verter sobre la frente de un protestante y repetir las palabras siguientes: «Yo te bautizo en el nombre del Padre, del Hijo y del Espíritu Santo. Amén.»

Ya está. Es más fácil que hacerse del club de fans de Ricky Martin.

Y si los protestantes siguen resistiéndose a la conversión, recorra sus vecindarios con mangueras bendecidas en la parroquia y rocíelos con agua bendita, pronunciando las sagradas palabras. Luego, corra como un poseso.

LA EX YUGOSLAVIA

Este rincón dejado de la mano de Dios ha sido fuente de buena parte de las desgracias colectivas del último siglo. La incapacidad de sus residentes para llevarse bien —serbios contra croatas contra musulmanes contra macedonios contra albaneses contra kosovares contra serbios— puede sintetizarse en un único acontecimiento: en 1914, un anarquista serbio llamado Gavrilo Princip asesinó al archiduque Fernando. El incidente desencadenó la Primera Guerra Mundial, que condujo a la segunda. Entre ambas se llevaron por delante a más de sesenta millones de personas.

No sé qué le pasa a esta gente. Yo no voy por ahí matando tejanos ni arrasando poblados de Florida. He aprendido a vivir con ese tipo de personal. ¿Por qué ellos no?

Yugoslavia no siempre fue tan violenta. Después de la Segunda Guerra Mundial, los yugoslavos que habían luchado contra los nazis (básicamente serbios, pues los croatas les recibieron

DOCE PASOS PARA REHABILITAR A YUGOSLAVIA DE SU ADICCIÓN A LA VIOLENCIA

La verdad es que los yugoslavos no tenéis tiempo para doce pasos: os dais demasiada prisa en liquidaros. Probad con estos tres, y rapidito:

- Admitid que no podéis controlar dicha adicción y que vuestras vidas se os han escapado de las manos.
- Tomad la decisión de entregar vuestra voluntad y vuestras vidas al cuidado de las Naciones Unidas, la OTAN y cualquier otra organización que pueda interponerse en vuestra compulsión cainita por las hostilidades tribales.
- Tratad de compensar a todas las personas a las que habéis dañado, siempre que sea posible y que ello no implique ulteriores males (o que los interesados ya estén muertos).

con los brazos abiertos a ellos y a su solución final) asumieron el poder y formaron un gobierno comunista bajo el liderazgo del mariscal Tito. Tito se negó a someterse al dominio de Moscú y se dispuso a pacificar las diversas facciones étnicas del país. Durante casi cuarenta años, los yugoslavos dejaron de matarse entre sí y se convirtieron en un país civilizado que ganaba muchos campeonatos de baloncesto.

Entonces Tito murió y se desató la carnicería. Los croatas empezaron a matar serbios. Los serbios se pusieron a matar musulmanes en Bosnia y albaneses en Kosovo. Estados Unidos se puso a bombardear Kosovo para demostrar que matar era una cosa fea. En los últimos años, la guerra y la paz se han alternado alegremente. Esta gente no para. Son adictos.

De modo que ya es hora de intervenir.

No digo militarmente, sino mediante un programa de doce pasos, parecido al de Alcohólicos Anónimos.

Propongo que la gente de la ex Yugoslavia haga el juramento de destetarse de la mala leche. Concierten reuniones semanales en parroquias y mezquitas de todo el país (o lo que queda de él), siéntense en círculo y desahóguense. Está permitido fumar y hay café gratis.

De lo contrario, vamos a bombardearles con esos cochecitos de mierda yugoslavos. Nunca se sentirán seguros, pues en cualquier momento podemos descargar sobre su cabeza una de esas macetas de mil kilos.

Pero quizá la solución esté en manos de la ciencia y ésta sea la ocasión que tanto buscábamos para intentar resucitar a un muerto. Como ser vivo, Tito no gustaba mucho en Estados Unidos, pero ahora casi nos recuerda a la madre Teresa de Calcuta. Si podemos clonar humanos, ¿no habríamos de ser capaces de devolver la vida a alguien que ya estuvo vivo en su día? Por mi parte, no me importaría que el gobierno estadounidense destinara unos cuantos millones de dólares para este nuevo proyecto Frankenstein. La visión de aquel hombretón tocado con su gorra grotesca nuevamente al frente de sus revoltosos ciudadanos sería todo un espectáculo. En nombre de millones de personas que no merecían morir en el siglo XX por culpa de las fechorías yugoslavas, quizá no tengamos otra esperanza para restaurar la paz y la tranquilidad domésticas. ¡Tito, levántate y anda!

COREA DEL NORTE

Hay una cosa que conviene no olvidar acerca de Kim Jong Il: es un fanático del cine y tiene una colección casera de más de 15.000 vídeos. Quizá sea en todas esas películas donde busca orientación para salvar a su población oprimida y hambrienta. Pero visto que sus favoritas son (además de las pelis porno) *westerns*, cintas de Elizabeth Taylor y la saga de *Viernes 13*, puede que no esté recurriendo a la mejor de las soluciones.

El dictador cinéfilo también ha escrito un libro sobre el séptimo arte y ha llegado a fundar una escuela de cine. «Kim Jong Il mira todas las películas producidas por Corea del Norte —declaró Kim Hae Young, una actriz que huyó a Corea del Sur—. Siempre hace comentarios sobre las actuaciones, la dirección y demás. Si elogia a algún actor o actriz, éstos se convierten inmediatamente en grandes estrellas.»

Comparte su gusto por el mágico mundo del espectáculo con su hijo mayor, Kim John-nam, que recientemente estuvo en Japón para visitar el nuevo Disney World inaugurado allí. Para entrar en el país, se sirvió de un falso pasaporte dominicano (no hay duda de que tiene acento dominicano). Cuando los de inmigración descubrieron de quién era en realidad, llamaron a papá y lo mandaron de regreso a su cuarto.

Presuntamente, Kim Jong Il recibe transfusiones de sangre de jóvenes vírgenes «para retrasar el envejecimiento». También es un gran hincha deportivo y entiende perfectamente la diferencia entre marcaje zonal o individual en el esquema defensivo del baloncesto norteamericano. Lleva zapatos de plataforma para parecer más alto y se rumorea que es el mayor comprador del mundo de coñac Hennessy.

El problema es que millones de norcoreanos se mueren de hambre porque Kim Jong Il es un dictador que gasta el 25 % del

PIB en defensa. Eso puede hacerse impunemente si uno es estadounidense (con el montón de cereales que tenemos, es dudoso que vayamos a morir de hambre por entregar casi todo nuestro dinero al Pentágono). Pero en Corea del Norte, una península rocosa repleta de caracoles, no se dan esas mismas ventajas.

Desde 1948, año en que la península coreana se dividió entre el norte comunista y el sur capitalista/fascista, los ciudadanos de ambas partes han soportado condiciones muy duras. Han pasado por la guerra de Corea, que nunca terminó oficialmente (todavía nos hallamos en período de alto el fuego), por décadas de represión y aislamiento (a las que Corea del Sur puso fin con la democratización de los años ochenta), por grandes privaciones económicas, inundaciones y hambrunas. Los norcoreanos sólo han podido ver a sus parientes del sur un par de veces en más de cincuenta años. En 1985, se autorizó el reencuentro de cincuenta personas de cada lado y, en el 2000, el de cien personas.

Kim Jong Il, al que los norcoreanos deben referirse como «Amado Líder», tiene reputación de playboy excéntrico e irresponsable. Un funcionario de la administración Clinton lo definió como un «borracho majareta que no entiende el mundo que lo rodea». Después de suceder a su padre —que dirigió el país entre 1948 y 1994— como jefe de Estado, Kim ha sido acusado de las muertes de varios miembros del gabinete surcoreano y de la explosión de un avión civil de la misma nacionalidad. Tiene un ejército muy numeroso y se sospecha que cuenta con la bomba atómica.

En los dos últimos años, Kim Jong Il ha empezado a dar señales de cierta humanidad. Cuando se declaró la hambruna de 1995, rechazó la ayuda humanitaria de trabajadores extranjeros destinada a los campesinos y desvió reservas alimentarias hacia el ejército. Sin embargo, en 2000 permitió que unos 150 representantes de organizaciones gubernamentales internacionales entrasen en el país. Recientemente, celebró una cumbre con su homólogo de Corea del Sur, que lo instó a poner fin a su peligroso aislamiento. Luego, permitió una visita de la ex secretaria de Estado norteamericana Madeleine Albright, quien lo encontró capacitado para mantener discusiones diplomáticas a un nivel adulto. De hecho, hicieron buenas migas: Kim la agasajó con espectáculos, cenas y... películas.

Ahora que Kim parece entrar en onda —y darse cuenta de que sentarse en una sala oscura a ver películas de todo tipo puede ser el camino hacia la paz y la tranquilidad (según parece, llegó a secuestrar a dos productores de Corea del Sur para que filmasen documentales)—, tengo ciertas ideas que pueden ayudar a este chalado a salvar al país de la destrucción total.

- **Mostrarle películas mejores.** Kim Jong Il tiene que ampliar sus gustos más allá de Cicciolina y de John Wayne. Una vez señaló que se sentía tan impresionado por la actuación de Leonardo DiCaprio que «probablemente no soportaría ver *Titanic* una segunda vez». Lo comprendemos. Aquí tiene una lista de vídeos que le voy a mandar:

  Easy Rider. El Amado Líder debería soltarse un poco el pelo. Esta película le ayudará.

  200 Motels. Si Dennis Hopper no le pone las pilas, quizá Frank Zappa lo logre.

  Colega, ¿dónde está mi coche? Todo lo que necesita saber sobre Estados Unidos está en esta película.

  Mi cena con André. No trata más que de dos tipos que comen y hablan durante un par de horas, pero le dará una idea de qué pinta tiene una cena de verdad. La conversación lo ayudará a refinar sus dotes comunicativas.

- **Llevarlo a Hollywood para que charle con los ejecutivos de los estudios.** Seguro que tiene miles de ideas para una película y que alguna de ellas puede servirle a Rob Schneider. Hay que prometerle al dictador que Tom Cruise lo interpretará a él en un *biopic: Kim se fue.* Le tienen que hacer firmar un contrato de exclusividad y ofrecerle un bungalow en el recinto de la productora. Hay que llenar su agenda de reuniones innecesarias con cazatalentos y buscaideas. Eso lo mantendrá ocupado durante un par de años. Para entonces, Corea del Norte ya se habrá beneficiado de su ausencia y habrá podido recuperarse.

- Si el resto falla, habrá que financiar un parque temático en Pyongyang. Los parques temáticos siempre funcionan. Aunque no alcancen para recuperar la economía, mejoran el ánimo de la gente, especialmente del hijo dominicano del Amado Líder. Y eso es lo que importa.

9
LA CÁRCEL FELIZ

Eran poco más de las diez de la noche del 4 de octubre de 2000, un mes antes de las elecciones presidenciales y un día después del primero de los tres debates entre Al Gore y George W. Bush.

En esa agradable noche de octubre en Lebanon, Tennessee, John Adams, de 64 años, estaba sentado en su poltrona listo para ver las noticias. Junto a él había un bastón, adquirido a raíz de un infarto padecido pocos años antes. Miembro respetado de la comunidad afroamericana de Lebanon, Adams gozaba ahora de un subsidio de discapacidad después de trabajar durante años en la fábrica Precision Rubber.

Los locutores del debate televisado estaban exponiendo su diagnóstico post mórtem. Mientras Adams y su esposa, Lorine, discutían su intención de votar por Al Gore, alguien llamó a la puerta. La señora Adams abandonó la estancia para ver quién era. Dos hombres le exigieron que los dejase entrar. La mujer volvió a pedirles que se identificaran, pero los hombres se negaron y la señora Adams rehusó abrir.

De pronto, dos agentes de narcóticos de la policía de Lebanon forzaron la puerta, agarraron a la señora Adams y la esposaron. Inmediatamente, otros siete agentes irrumpieron en la casa. Dos de ellos se dirigieron al salón con sus pistolas desenfundadas y las descargaron en el cuerpo de John Adams. Tres horas más tarde, fue declarado muerto en el centro médico de la Universidad de Vanderbilt.

El asalto a la casa de los Adams había sido ordenado después de que un informante hubiera adquirido drogas en el 1.120 de la calle Joseph. La unidad de narcóticos de Lebanon, financiada junto con otras miles de todo el país como parte de la «guerra contra las drogas» de la administración Clinton, había obtenido de un juez local la orden de detención de los ocupantes de la casa.

El problema es que los Adams vivían en el 70 de la calle Joseph. La policía se había equivocado de casa.

En Nashville, pocas millas al sur, al tiempo que los agentes ejecutaban por error a John Adams, seguidores de Al Gore se afanaban en el cuartel general de campaña. Su máxima preocupación de aquella noche era subsanar los daños y tratar de distraer a los votantes de la estampa vacilante ofrecida por su candidato la noche anterior. Los teléfonos echaban humo, se redirigían los envíos de adhesivos y carteles y los estrategas discurrían atropelladamente para replantear los objetivos del siguiente día de campaña. Sobre una mesa reposaban copias de las propuestas de Gore en la lucha contra el crimen, como la de destinar más fondos para librar la guerra total contra la droga. Nadie sospechaba que sus esfuerzos desquiciados por erradicar el problema acababa de costarles un votante al otro lado de la ciudad.

Y matar a tus simpatizantes no es manera de ganar unas elecciones.

En todo caso, sólo se trataba de uno más de los muchos incidentes de los últimos años en que gente inocente ha muerto por los disparos de policías convencidos de que se encontraban ante «su hombre».

Todavía es peor el modo en que tantos ciudadanos han acabado entre rejas en los pasados años gracias a las políticas de Clinton y Gore. A principios de los años noventa, había cerca de un millón de encarcelados en las prisiones de Estados Unidos. Al final del mandato de Clinton, el número se había duplicado. El grueso de este aumento se debía a la aplicación de leyes que perseguían a los consumidores de drogas más que a los traficantes. De este modo, el 80 % de los que están en la cárcel por delitos relacionados con las drogas lo están simplemente por posesión y no por tráfico. A su vez, las condenas por consumo de crack son tres veces más altas que las que se imponen por consumo de cocaína.

No hay que devanarse mucho los sesos para figurarse por

qué la droga preferida por la comunidad blanca se tolera mucho más que la única que se pueden permitir los negros e hispanos de los barrios pobres. Durante ocho años hemos asistido a una auténtica ofensiva para encerrar al mayor número posible de ciudadanos de dichas minorías. En lugar de facilitar el tratamiento que su condición requiere, lidiamos con el problema de esta gente mandándola a pudrirse en una celda.

Hay que olvidarse de asistir a los menos favorecidos. Algún genio de la administración Clinton/Gore nos vendió la idea de ir a por las comunidades hispana y negra —¡plagadas de drogadictos!— y de diezmar el poder de un colectivo que vota por los demócratas en cuatro de cada cinco casos.

¿Qué sentido tiene? ¿Qué clase de campaña es esa que se empeña en destruir deliberadamente la propia base electoral? Uno jamás se topa con republicanos conjurados para hallar el mejor modo de encarcelar a directivos de grandes empresas ni a miembros de la Asociación Nacional del Rifle. Nadie puede imaginarse a Karl Rove porfiando por despojar de su derecho a voto a los miembros de la derechista Coalición Cristiana.

Todo lo contrario. El equipo Bush está plenamente comprometido a evitar que uno solo de sus seguidores llegue jamás a pisar la cárcel.

Antes de acabar su legislatura, causó gran conmoción el perdón concedido por Clinton a peces gordos como Marc Rich y demás sinvergüenzas. Parece que el país iba a levantarse en armas por la absolución de un fugitivo que había evadido al fisco. ¡Un millonario que se había librado de pagar impuestos! Estábamos conmocionados.

Sin embargo, no se prestó la menor atención a los «perdones» otorgados a David Lamp, Vincent Mietlicki, John Wadsworth o James Weathers Jr. Nadie propuso que se creara una comisión de investigación para averiguar por qué se habían retirado los cargos contra Koch Industries, la mayor petrolera privada de América, cuyos director general y vicepresidente son los hermanos Charles y David Koch. ¿Por qué?

Pues porque estas «indulgencias» se concedieron durante el reinado de George W. Bush.

En septiembre de 2000, el gobierno federal presentó 97 cargos contra Koch Industries y cuatro de sus empleados —Lamp, Mietlicki, Wadsworth y Weathers—, responsables medioambientales de la compañía, por soltar deliberadamente en el aire y en el agua 91 toneladas de benceno, una sustancia cancerígena, así como por encubrir la operación letal ante las autoridades federales.

Tampoco era el primer roce de Koch Industries con la ley en aquel año. Anteriormente, le habían impuesto una multa de 35 millones de dólares por contaminación ilegal en seis estados.

Pero una vez decidida la elección de George W. Bush, la suerte de Koch cambió repentinamente. Sus ejecutivos habían contribuido con 800.000 dólares a su campaña presidencial y a otras causas republicanas. En enero, mientras John Ashcroft esperaba entre bastidores, el gobierno retiró 84 de los 97 cargos.

No obstante, Koch Industries aún tenía que pagar multas que sumaban 352 millones. Pero la nueva administración Bush, ya firmemente asentada, se ocupó enseguida de zanjar la cuestión. En marzo retiraron otros dos cargos. Luego, dos días antes de que la causa llegara a los tribunales, el Departamento de Justicia de Ashcroft arregló todo el asunto.

Koch Industries se declaró culpable de falsificación de documentos y el gobierno absolvió a la empresa de todos los cargos relacionados con delitos ecológicos, a la vez que desestimaba todas las imputaciones criminales contra sus cuatro directivos. La magnanimidad presidencial liberó de cualquier acusación a los ejecutivos de la empresa que podían recibir penas de cárcel. Los 90 cargos más graves se retiraron definitivamente y una multa bastó para expiar los siete cargos restantes. Según el *Houston Chronicle*, «los ejecutivos de la compañía celebraron la resolución del caso» y el portavoz de la misma, Jay Rosser, se jactó de que dicha conclusión dejaba las cosas en su sitio.

No seré yo quien defienda las acciones de Marc Rich, pero corríjanme si me equivoco: soy del parecer de que contaminar el aire y el agua con sustancias químicas cancerígenas (que pueden ocasionar quién sabe cuántas muertes) resulta más grave que zafarse de Rudy Giuliani para completar un curso de ocho años de esquí en Suiza. Sin embargo, estoy seguro de que ninguno de ustedes ha oído hablar de lo que les acabo de contar. Y no es de extrañar: se trata simplemente del modo en que se resuelven los negocios en este país y ante una prensa nacional que lleva años dormida al volante.

Lástima que Anthony Lemar Taylor olvidara mandar su contribución a la campaña de Bush. Taylor es otro reincidente, un ladronzuelo que un día de 1999 decidió hacerse pasar por el as del golf Tiger Woods.

Taylor no se parece en nada a Woods (aunque los negros son todos iguales, ¿no?), pero se sirvió de un carné de conducir falso y tarjetas de crédito que lo identificaban como Tiger Woods para comprar un televisor de 70 pulgadas, varios equipos de música y un coche de lujo de segunda mano.

Finalmente, alguien se enteró de que aquél no era Tiger, y fue arrestado y juzgado por robo y perjurio.

¿La sentencia? DOSCIENTOS AÑOS DE CÁRCEL.

Han leído bien. Doscientos años gracias a la nueva legislación californiana según la cual tras una tercera condena, te cae la perpetua. Hasta la fecha, no hay un solo ejecutivo de una multinacional a quien hayan sentenciado a prisión de por vida después de que lo detuviesen tres veces por contaminar un río o por robar a sus clientes. Ese trato especial está reservado a los pobres, los negros o la gente que no suele contribuir a las campañas de ninguno de los dos partidos.

La apisonadora del sistema judicial anda tan decidida a castigar a los desposeídos que no le importa a quién encierra, ni si es culpable o no.

Kerry Sanders, el menor de nueve hermanos, padecía esquizofrenia paranoide. A la edad de veintisiete años ya llevaba más de siete luchando contra sus demonios y, durante buena parte de ese tiempo, había estado entrando y saliendo de instituciones mentales. Ocasionalmente, cuando olvidaba tomar la medicación, acababa perdido por las calles de Los Ángeles, como le ocurrió un día de octubre de 1993.

Mientras dormía en un banco fuera del centro médico de la Universidad del Sur de California, Kerry fue arrestado por entrar sin autorización en propiedad privada. Su suerte empeoró cuando una comprobación rutinaria mostró que existía un tal Robert Sanders, criminal confeso, que había escapado cinco semanas antes de una prisión estatal de Nueva York en la que estaba recluido por intento de asesinato en 1990.

Naturalmente, Kerry Sanders de California no era Robert Sanders de Nueva York. Pero supongo que «Kerry» y «Robert» son nombres que se confunden fácilmente y que California y Nueva York... pues... eh, son dos grandes estados, ¿no?

Para mayor desgracia, las fechas de nacimiento de Kerry y Robert coincidían.

Con esto, la policía de Los Ángeles ya tenía lo que quería, a pesar de que en la orden judicial constaba que Kerry Sanders había sido detenido por cruzar la calle con el semáforo en rojo en Los Ángeles en julio de 1993, antes de que Robert se fugase de la prisión de Nueva York.

A quién le importa: mandaron a Kerry Sanders a Nueva York para cumplir la sentencia de Robert. Kerry permaneció en la penitenciaría de esta ciudad durante dos años, mientras su madre removía cielo y tierra para encontrarlo en Los Ángeles. Los agentes de esta ciudad no se habían molestado en comparar los dos expedientes, un cotejo que habría revelado que las huellas dactilares no coincidían.

En todo el proceso, Kerry sólo contaba con un abogado de oficio para proteger sus intereses. Pero este letrado con treinta años en el ejercicio de su profesión le instó a no oponerse a la extradición, alegando que eso no haría más que prolongar su estancia en la cárcel del condado antes de que lo devolviesen a Nueva York. El defensor en cuestión no se percató de que Kerry era «lento» y mucho menos de que padecía una enfermedad mental grave. Claro que ¿habría cambiado las cosas el que lo supiese?

Por si fuera poco, el abogado dejó de formular preguntas elementales. No pasó más que unos pocos minutos con un cliente indefenso y no se preocupó de averiguar si Kerry tenía familiares cuyo testimonio pudiese resultar útil para su defensa. No examinó los expedientes para comprobar la existencia de antecedentes ni se informó de la situación financiera de su cliente. Ni siquiera se tomó tiempo para cotejar la descripción que figuraba en la orden de detención con el propio Kerry ni para solicitar la comparación de huellas digitales. Al fin y al cabo, los dos tipos eran negros ¡y habían nacido el mismo día!

Eso no es todo. Durante la vista en la que Kerry Sanders renunció a su derecho de recurrir contra el traslado a Nueva York, se le pidió que firmara un formulario. Decía así: «Yo, *Robert Sanders*, afirmo voluntaria y libremente que soy el mismo Robert Sanders.» Luego, lo firmó como «Kerry Sanders».

También llegó a dibujar unos garabatos en su documento de renuncia.

El abogado defensor se cubrió de gloria.

Finalmente, al aparecer ante el juez, se le preguntó a Kerry si había leído el documento que había firmado. Él respondió que no. El juez detuvo el procedimiento de extradición.

—¿Lo firmó? —preguntó el juez.

—Sí —contestó Kerry.

—¿Por qué lo hizo?

—Porque me lo dijeron —respondió Kerry Sanders.

El juez ordenó al abogado defensor de Kerry que revisara el formulario con su cliente. En pocos minutos, el juez se dio por satisfecho y tanto el tribunal como el defensor pasaron al siguiente caso.

Tras la traición de su abogado, Kerry Sanders fue trasladado al otro extremo del país para pasar dos años en la prisión de máxima seguridad de Green Haven, cien kilómetros al norte de Nueva York, donde otros internos lo agredieron sexualmente.

En octubre de 1995, después de que unos agentes federales de Cleveland arrestaran al verdadero Robert Sanders, Kerry pudo finalmente reunirse con su madre. De no haberse dado esta «casualidad», habría seguido en prisión.

Kerry volvió a casa con 48 dólares y 13 centavos, una bolsa de plástico con medicamentos, un refresco y un paquete de cigarrillos. «Me llevaron a Nueva York —le contó a su hermana Roberta— Hacía mucho frío y me encerraron en un cuarto muy pequeño.»

Éste no es un caso aislado de error garrafal por parte del sistema. En cierto sentido, no se trata siquiera de un error. Es el resultado lógico de una sociedad que encierra temerariamente a cualquiera que pueda ser un criminal, aunque no lo sea, por la única razón de que más vale la seguridad que la justicia. Nuestros tribunales son una suerte de cadena de montaje arbitraria concebida para apartar a los pobres de nuestra vista y de nuestro camino.

Esto es América, y supongo que si está bien visto privar a miles de negros de su derecho a voto en el estado de Florida, nada puede pasar si condenamos injustamente a un negro inocente de la ciudad de Los Ángeles.

En este sistema judicial parecido a una cadena de montaje, el factor que enturbia el buen funcionamiento de la justicia es el juicio ante jurado. El procedimiento resulta un engorro, pues obliga a todos a cumplir con su cometido. Para evitarlo, jueces, fiscales y abogados defensores hacen todo lo posible por coaccionar al acusado con el fin de que acepte una declaración de culpabilidad de cara a EVITAR LA INHUMANA SENTENCIA DE CÁRCEL QUE LE VA A CAER SI SE LE OCURRE SOLICITAR UN JUICIO CON JURADO. Si consiguen que el acusado no sólo se declare culpable sino también que firme una carta de renuncia de su derecho a apelar, el asunto queda resuelto y luego todos podemos echar unas risas en el club de tenis. Salvo el acusado..., que de todas maneras no es socio.

Mi hermana Anne era abogada de oficio en California. Insistía en defender a sus clientes y en obtener para ellos un juicio ante jurado si así lo deseaban. A causa de esta aberración fue sometida a un acoso vergonzante por parte de otros colegas de despacho. En 1998, la oficina de los defensores de oficio de su condado sólo permitió que uno entre 900 acusados tuviese acceso a un juicio con jurado.

Naturalmente, eso no significa que cada uno de los 899 restantes fuera culpable. Simplemente, se les presionó para que se declararan culpables y muchos de ellos acabaron en prisión, quizá por delitos que no cometieron. Gracias a la flagrante violación de sus derechos, nunca lo sabremos.

Con la generalización de este procedimiento, nuestro sistema judicial se vuelve cada vez más inicuo. Nuestros jueces y abogados son como basureros de pedigrí dedicados a acorralar y deshacerse de los desechos de la sociedad: limpieza étnica a la americana.

¿Qué sucede cuando este vertedero de vía rápida manda a la muerte a personas inocentes? En la Universidad Northwestern, en Evanston, Illinois, una clase de estudiantes de derecho se bastó para demostrar que cinco individuos que se encontraban en el corredor de la muerte de las cárceles de dicho estado eran inocentes. Estos estudiantes y su profesor les salvaron la vida.

Habida cuenta de ello, ¿cuántos cientos de inocentes condenados a muerte habrá en todo el país?

La pena capital es legal en treinta y seis estados, así como para el gobierno federal y el ejército. En cambio, la han abolido doce estados, además del Distrito de Columbia (ese pedazo de marisma de mayoría afroamericana donde se llevan matrículas ofensivas).

Desde 1976, se han efectuado más de 700 ajusticiamientos en Estados Unidos. Los estados con mayor actividad ejecutora son:

Texas: 248 ejecuciones (casi un tercio del total desde 1976)
Virginia: 82
Florida: 51
Misuri: 50
Oklahoma: 43
Luisiana: 26
Carolina del Sur: 25
Arkansas: 24
Alabama: 23
Arizona: 22
Carolina del Norte: 17
Delaware: 13
Illinois: 12
California: 9
Nevada: 9
Indiana: 8
Utah: 6

Desde 1973, noventa y cinco presos del corredor de la muerte han sido completamente absueltos por los tribunales; esto es, declarados inocentes de los delitos por los cuales se les sentenció a muerte.

Un asombroso estudio reciente sobre la pena de muerte que contemplaba 4.578 casos a lo largo de un período de veintitrés años (1973-1995) concluía que los tribunales hallaron errores serios y subsanables en 7 de cada 10 penas capitales que fueron revisadas durante el período. En el 85 % de los estados con pena de muerte, el índice de error era del 60 % o más.

¿Cuáles son los errores más comunes?

1. La actuación de abogados defensores descaradamente incompetentes que no prestan atención suficiente a pruebas que podrían demostrar la inocencia del acusado o que, al menos, éste no merece morir.
2. La actuación de policías o fiscales que disponen de ese tipo de pruebas pero que las suprimen, malogrando así todo el proceso judicial.

Descubrir tales errores toma su tiempo: una media nacional de nueve años desde la sentencia hasta la ejecución. En la mayor parte de los casos, los internos del corredor de la muerte esperan años ante la prolija revisión de los procedimientos necesarios para desvelar los errores y conseguir una conmutación de la pena. Esto representa un coste terrible para los contribuyentes, las familias de las víctimas y los condenados por equivocación.

De todos los reos mencionados por el estudio cuyas penas de muerte fueron conmutadas, un 82 % recibió una condena inferior a la original y el 7 % fue declarado inocente.

El número de errores se ha incrementado desde 1996, año en que el presidente Clinton aprobó una legislación que dificultaba a los condenados a muerte probar su inocencia, pues reducía a un año el tiempo concedido para apelar a los tribunales federales después de haber agotado sus apelaciones ante los tribunales del estado. A la luz del estudio que demuestra cuántos de estos internos son inocentes o no merecen la pena capital, dicha iniciativa no puede tildarse más que de abominable y disparatada.

Somos uno de los pocos países que condena a muerte a los retrasados mentales y a los delincuentes juveniles. Los otros cinco países que aplican la pena capital a delincuentes juveniles son Irán, Nigeria, Pakistán, Arabia Saudí y Yemen.

Aparte de Somalia, Estados Unidos es el único país que no ha firmado la convención de las Naciones Unidas sobre los Derechos del Niño. ¿Por qué? Porque en ella se prohíbe ejecutar a los menores de dieciocho años. Y nosotros amamos la libertad de ejecutar a nuestros niños.

No hay otra nación industrializada que siga nuestro ejemplo.

Incluso un país con un historial tan variopinto de violación de los derechos humanos como China tiene prohibida la pena de muerte para los menores de dieciocho años.

Actualmente, en Estados Unidos hay más de 3.700 presos esperando en el corredor de la muerte. De ellos, 70 son menores, o lo eran cuando cometieron el crimen por el que fueron juzgados.

En todo caso, nuestro Tribunal Supremo no considera un castigo cruel ni desacostumbrado (según los términos de la Octava Enmienda de la Constitución) ejecutar a adolescentes, a pesar de que la misma institución ha dictaminado que los chicos de dieciséis años carecen de «madurez de juicio» para firmar contratos.

Resulta curioso que la presunta incapacidad para firmar contratos por parte de un crío se considere una barrera legal, en tanto que cuando se trata de ejecutarlo se le atribuye una capacidad equivalente a la de un adulto.

Hay dieciocho estados que permiten la ejecución de criminales a partir de los dieciséis años. En otros cinco es legal ajusticiar a aquellos que contaban al menos diecisiete en el momento de cometer el crimen. En 1999, el estado de Oklahoma ejecutó a Sean Sellers, que tenía dieciséis años cuando cometió los asesinatos de los que se le acusó. Sellers padecía un trastorno de personalidad múltiple que nadie reveló al jurado que lo condenó. El tribunal federal de apelación estimó que Sellers podría haber sido «inocente en cuanto a los hechos» a causa de su trastorno psicológico, aunque apuntó que esa «inocencia no basta por sí sola para que el gobierno federal le conceda un indulto». Increíble.

El pueblo norteamericano no es idiota, y ahora que se han sacado a la luz los casos de tanta gente inocente condenada a morir, muchas personas están expresando su pesar y vergüenza ante dicha realidad. Hace unos pocos años, las encuestas mostraban que no menos del 80 % de la población apoyaba la pena de muerte. Actualmente, tras saberse de todos estos casos, un sondeo reciente del *Washington Post* y de la cadena ABC ha mostrado un declive en la aprobación popular de la pena capital, a la vez que ha aumentado el número de estadounidenses que prefieren la sustitución de dicha condena por la cadena perpetua. Un 51 % de la población se muestra favorable al aplazamiento de todas las ejecuciones hasta que se establezca una comisión que determine si la pena de muerte se está administrando con «justicia».

El 68 % apuntó que la pena de muerte es injusta porque conlleva la ejecución ocasional de gente inocente. Además, una encuesta reciente del instituto Gallup muestra que el apoyo a la pena de muerte es ahora el más bajo de los últimos diecinueve años. El 65 % opinó que una persona pobre tiene más posibilidades de ir a parar al corredor de la muerte que alguien con ingresos medios o altos que hubiese cometido el mismo crimen. El 50 % estuvo de acuerdo en que un negro tiene más probabilidades que un blanco de recibir la pena de muerte por el mismo crimen. Incluso en la máquina de matar conocida como Texas, el *Houston Chronicle* informó de que el 59 % de los tejanos encuestados creían que el estado había llegado a ejecutar a alguna persona inocente, mientras que el 72 % estaba a favor de cambiar las leyes estatales para incluir una sentencia de cadena perpetua sin opción a libertad condicional. Además, el 60 % se opone a la ejecución de retrasados mentales.

Parece que este gran país, más que librar una guerra contra el crimen, la libra contra los pobres, a los que achacamos los delitos sin el menor reparo. En el proceso, nos hemos olvidado de los derechos de las personas porque no cabe duda de que así todo resulta más barato.

Vivimos en una sociedad que premia y honra a los gánsters de las grandes multinacionales —ejecutivos que saquean directa o indirectamente los recursos de la Tierra y sólo velan por los beneficios del accionariado—, al tiempo que sometemos a los desposeídos a un sistema de «justicia» caprichoso y brutal.

Pero la gente empieza a darse cuenta de que algo no funciona.

Necesitamos reorganizar la sociedad para que trate a cada persona como un ser sagrado y valioso y para que nadie esté por encima de la ley por más candidatos que llegue a comprar. Mientras todo esto no cambie, no podremos pronunciar las palabras «con libertad y justicia para todos» sin sentir una profunda vergüenza.

10
DEMÓCRATAS: DONDE DIJE DIGO...

Firmó un proyecto de ley para que se distribuyeran fondos federales a organizaciones caritativas «de carácter confesional».

Amplió a un total de sesenta el número de crímenes por los que puede aplicarse la pena capital.

Firmó un proyecto de ley para prohibir los matrimonios de homosexuales y pagó cuñas propagandísticas en emisoras cristianas de radio para pregonar su oposición a cualquier forma de emparejamiento legal entre personas del mismo sexo.

En un corto período, dejó a diez millones de beneficiarios —de un total de catorce millones— sin asistencia social.

Prometió a los distintos estados «fondos federales extra» si se mostraban capaces de reducir aún más el número de subvencionados. A la vez, facilitó la obtención de dichos fondos al no exigir a los estados que ayudasen a conseguir trabajo a los antiguos beneficiarios de la asistencia social. Introdujo un plan que negaba cualquier tipo de ayuda a adolescentes con hijos en el caso de que abandonasen la escuela o la casa de sus padres.

Aunque se encargó de que nadie se diera cuenta, apoyó muchas de las disposiciones del «Contrato con América» pergeñado por el republicano Newt Gingrich, entre ellas la rebaja del impuesto sobre plusvalías.

A pesar de las llamadas por parte de gobernadores republicanos como George Ryan, de Illinois, para apoyar una moratoria sobre la pena capital, rechazó todos los esfuerzos para reducir el número de ejecuciones, incluso después de desvelarse que hay docenas de inocentes en los corredores de la muerte.

Suministró fondos para que los municipios contratasen a más de mil nuevos agentes de policía y propugnó nuevas leyes que permitían encarcelar a perpetuidad a personas que habían cometido tres delitos, incluso si se trataba del hurto de cuatro naranjas.

Actualmente, hay más gente en Estados Unidos sin seguro médico que cuando asumió el cargo.

Firmó órdenes que prohibían cualquier tipo de asistencia médica a inmigrantes ilegales.

Apoyó la prohibición de abortos de última hora y prometió firmar un proyecto de ley que únicamente incluyese la despenalización en el supuesto de que la vida de la madre corriese peligro.

Firmó una orden que prohíbe mandar fondos federales a países donde pueden emplearse para prácticas abortivas.

Firmó una orden de un año de validez que prohibía que fondos federales de Estados Unidos se enviasen a países extranjeros donde las agencias de planificación familiar mencionan el aborto como una opción viable para mujeres embarazadas.

Se negó a firmar el Tratado de Prohibición Total de las Minas Antipersona ratificado por 137 países (entre los no firmantes se encuentran Irak, Libia y Corea del Norte).

Saboteó el Protocolo de Kyoto al insistir en que las tierras de cultivo y los bosques se contaran en el porcentaje de reducción de emisiones por parte de Estados Unidos, lo que convertía en una broma el acuerdo (concebido ante todo para reducir la polución provocada por el dióxido de carbono procedente de coches y fábricas).

Aceleró las prospecciones de gas y petróleo en tierras de propiedad federal a un ritmo que igualaba, y en algunas zonas superaba, el nivel de producción registrado durante la era Reagan.

Aprobó la venta de un terreno petrolífero en California, lo que constituía el mayor acuerdo de privatización en la historia de Estados Unidos, a la vez que abrió la Reserva Nacional de Alaska a las prospecciones petrolíferas (algo que ni siquiera Reagan se atrevió a hacer).

Y se ha convertido en el primer presidente desde Richard

Nixon que no ha obligado a los fabricantes de coches a reducir el consumo de gasolina, una medida que ahorraría millones de barriles de petróleo al día.

En vista de todo lo anterior, sí, no hay duda de que Bill Clinton ha sido uno de los mejores presidentes republicanos que hemos tenido.

Somos muchos los que nos hemos estado arañando el rostro desde que George W. Bush accedió al cargo. La buena gente y los progres se mostraron horripilados ante la perspectiva de que un hijo de Bush hiciese estragos en el medio ambiente, diera marcha atrás en los derechos de la mujer y nos tuviera a todos recitando plegarias en la escuela y ante los semáforos. No les faltaban motivos para estar preocupados.

Sin embargo, Bush no es más que una versión algo más repugnante y malvada de lo que ya experimentamos a lo largo de los años noventa, con la salvedad de que, por entonces, todo eso vino envuelto en la encantadora sonrisa de un individuo que tocaba el saxo y nos llegó a contar cómo era la ropa interior que llevaba (y la que llevaban sus becarias). Su forma de ser nos gustaba. Daba impresión de normalidad. El tipo era capaz de cantar el Himno Nacional Negro. Salía de fiesta con Gloria Steinem. Veía mi programa y me caía bien.

A todos nos alivió que la era Reagan/Bush hubiera terminado, y molaba tener a un presidente que había fumado hierba en su juventud y que se presentaba como el «primer presidente negro de Estados Unidos». Con tales virtudes, decidimos hacer la vista gorda ante gestos como su veto de las disposiciones clave del Protocolo de Kyoto, unas semanas antes de las elecciones de noviembre de 2000.

No queríamos saberlo. Después de todo, ¿cuál era la alternativa? ¿El niño Bush? ¿Pat Buchanan? ¿Ralph Nader?

Oh, por Dios, Ralph Nader no. ¿Por qué querríamos votar por alguien con quien estamos plenamente de acuerdo? Qué rollo.

Nader es ahora la víctima de la ira personal y reconcentrada de la generación de la posguerra, que lo culpa de la derrota de Al Gore (aunque Gore no perdió). Miro a estos individuos de entre cuarenta y cincuenta años y me pregunto por qué Nader les parece tan amenazador.

Mi impresión es la siguiente: Nader representa todo aquello que fueron pero ya no son. Él nunca cambió. Nunca perdió la confianza, nunca cedió ni abandonó. Por eso lo odian. No se mudó a los suburbios residenciales blancos para proyectar su existencia alrededor de las expectativas de acumular todo el dinero del mundo. No se vendió para acaparar poder y no es de extrañar que millones de alumnos de secundaria y universitarios lo adoren. Es lo contrario de sus padres, que los criaron entregándoles una llave de la casa, instalándoles una línea de teléfono independiente y poniendo un televisor en su dormitorio. Nader no se pasó de los Beatles a Richard Clayderman. Lleva la misma ropa arrugada de siempre. Los que tanto lo critican son los clásicos chulos de instituto que no cesarán de acosarlo hasta que vista, piense y huela como ellos.

Lo sentimos. Nader no tiene intención de cambiar. De modo que ahorren su saliva, aumenten su dosis de Prozac y concierten una consulta semanal con un terapeuta. O simplemente relájense y siéntanse agradecidos porque aún existan personas como él. Pueden seguir sorbiendo su martini mientras Nader hace el trabajo sucio en su lugar.

Ya sé que es una píldora difícil de dorar: levantarse cada mañana para alimentar al monstruo financiero, estar en la nómina de unos gánsters y tener que poner ambas mejillas cada vez que ellos se preparan para propinarle una bofetada.

Pero en alguna de las circunvoluciones más recónditas de su cerebro se activa una terminación nerviosa por unos breves instantes. Se trata de su banco de memoria, que le recuerda los tiempos en que era joven, cuando creía en la posibilidad de cambiar el mundo, antes de que las hordas de adultos lo reprogramasen para que volviese al redil bajo la amenaza de dejarlo al margen del festín de los años ochenta.

Así fueron las cosas. Aprendió a renunciar a sus valores creyendo que los seguía preservando («sí, tengo un cuatro por cuatro para gozar mejor de la naturaleza»). Aprendió a aplacar su conciencia respecto de su trabajo de mierda, por miedo a la única alternativa que se le ocurría: una vida de privaciones y miseria. Interiorizó la naturaleza opresiva de su iglesia porque Jesús dijo cosas tan valiosas como «ama a tu enemigo», de modo que si el dinero que dona a la beneficencia acaba en manos de un club homófobo, ¿qué le vamos a hacer? Aprendió a callar cuando amigos o colegas hablaban en velados términos racistas porque sabe que usted no es racista y que, en el fondo, ellos tampoco. En cualquier caso, está bien que cada cual se quede en su barrio.

Y —¿cómo no?— siguió votando a los demócratas. De hecho, ellos dicen que llevan sus esperanzas en el corazón…, y usted les cree. Además, ¿quién puede ser tan inútil como para votar al candidato de un tercer partido? ¿Por qué molestarse en revivir su juventud, esa época en que estaba dispuesto a que le abrieran la cabeza por luchar en favor de aquello que le parecía justo? En el mundo adulto es mejor olvidarse de lo que es justo: hay que ganar. Ganar es lo que importa, bien se trate de sus acciones, sus fondos de inversión o el talento de su hijo respecto del de sus compañeritos.

¿Hacer lo correcto? ¡Bah! Hay que sumarse a las filas del ganador, por más que éste (Clinton) respalde la ejecución de personas, no prohíba las minas antipersonas, dicte órdenes de restricción de la información, impida la financiación de clínicas abortistas, eche a los pobres a la calle, duplique la población carcelaria, bombardee países, mate a inocentes (en Sudán, Afganistán, Irak y Yugoslavia), permita que unos pocos conglomerados controlen casi todos los medios de comunicación (antaño repartidos entre casi un millar de empresas) y no deje de aumentar los presupuestos del Pentágono. Todo eso sigue siendo mejor que… que… bueno, que algo muy malo.

¿Cuándo vamos a dejar de engañarnos? Clinton y la mayoría de los demócratas de hoy en día no han hecho ni harán lo que se supone que es mejor para nosotros ni para este mundo. Nosotros no pagamos sus facturas, lo hace el 10 % más rico de la población, y está visto que así debe seguir. La mayoría de ustedes ya lo saben, pero no se animan a reconocerlo porque la alternativa tiene cara de Dick Cheney.

Antes de que los benditos demócratas empiecen a conjeturar la temperatura a la que arden los libros, permítanme que deje algo muy claro: George W. Bush es peor que Al Gore o Bill Clinton. De eso no cabe la menor duda.

Pero ¿qué significa eso exactamente? Si uno se encuentra frente a dos humanos y alguien le pide que escoja al peor de los dos, se decantará seguramente por el más cabrón. Hitler era «peor» que Mussolini, un Chevrolet es «peor» que un Ford y yo soy sin duda peor que mi esposa. Esas distinciones son un juego de niños. La verdad es que la elección entre el «conservadurismo compasivo» de Bush y el clintonismo no tiene mucho más sentido que elegir entre el aceite de ricino y el jarabe para la tos. La administración del pimpollo Bush empezó por revocar una serie de órdenes ejecutivas de Clinton. Acto seguido, los demócratas lo pintaron como una especie de bestia negra. Simbólicamente, era un momento importante para ellos. Necesitaban que el pueblo creyera que Bush estaba envenenando el agua con arsénico para matarnos a todos. Querían que todos pensásemos que Bush iba a asolar los bosques del país, recortar los fondos destinados a planificación familiar y desertizar Alaska porque sólo estaba interesado en deshacer las cosas buenas logradas por Clinton.

Lo que jamás se mencionó es que Clinton había pasado ocho años sin intervenir prácticamente en tales asuntos y, entonces, cuando le quedaban pocas horas al mando, decidió retirarse del cargo luciendo su mejor palmito para hacer quedar a Bush como un corsario. La treta funcionó estupendamente.

En realidad, George W. Bush ha hecho poco más que proseguir con la política de los ocho años de la administración Clinton/Gore. Durante ese período, el dúo desestimó todas las recomendaciones para reducir la cantidad de dióxido de carbono en el aire y la de arsénico en el agua. Un mes antes de las elecciones de 2000, el líder demócrata del Senado Tom Daschle y otros dieciséis representantes del mismo partido consiguieron detener cualquier tentativa de reducción de arsénico en el agua. ¿Por qué? Porque Clinton y los demócratas se debían a los capullos que habían financiado sus campañas y a los que no les convenía ver reducidos los niveles de arsénico en el agua.

Basta recordar que el equipo Clinton/Gore fue la primera administración en veinticinco años que no impuso a las tres grandes firmas automovilísticas normas más estrictas de consumo energético. Con su beneplácito, millones de barriles adicionales de petróleo fueron innecesariamente refinados para contaminar el aire. Aquel gran icono del conservadurismo llamado Ronald Reagan obtuvo mejor nota en ese campo, pues su administración mandó que los coches consumieran menos. Posteriormente, Bush I estableció normas más severas. Clinton no hizo nada. ¿Cuánta más gente morirá de cáncer y hasta qué punto se acelerará el calentamiento global gracias a la camaradería de Bill y Al con Andrew Card, uno de sus mayores clientes? Se trata de uno de los activistas más aguerridos de los grupos de presión de la industria automovilística que, curiosamente, es ahora jefe de gabinete del sucesor natural de Clinton, George W. Bush.

¿Hay diferencia entre republicanos y demócratas? Los demócratas dicen una cosa («salvemos el planeta») y hacen otra, estrechando entre bastidores la mano de los sinvergüenzas que han hecho del mundo un lugar más sucio y cruel. Los republicanos se limitan a habilitar un despachito para esos sinvergüenzas en el ala oeste de la Casa Blanca. En eso radica la diferencia.

Prometer tu protección a alguien para luego robarle es peor que atracarlo sin más preámbulos. El mal al descubierto, el que no se esconde bajo una piel de cordero, puede resultar bastante más fácil de combatir y erradicar. ¿Preferimos una cucaracha a la que vemos pasear regularmente por el baño o una casa repleta de termitas ocultas tras las paredes? Las termitas nos llevan a pensar que tenemos la sala de estar más acogedora del mundo hasta que la estructura entera se desmorona y nos sepulta bajo el serrín.

Bill Clinton esperó hasta sus últimos días en la presidencia para firmar un montón de decretos y normas, muchos de los cuales prometían mejorar el medio ambiente y crear condiciones de mayor seguridad laboral. Fue la expresión última de su cinismo irrefrenable: esperar a las últimas 48 horas de mandato para hacer lo debido, de modo que todos volviésemos la vista atrás y dijéramos «él sí que fue un gran presidente». Pero Bill sabía que estas disposiciones de última hora durarían lo que tardara la nueva administración en asumir el poder. Ninguna de ellas llegaría a hacerse efectiva.

No era más que un truco de imagen.

¿Siguen creyendo que Clinton limpió nuestra agua de arsénico? No sólo no hizo nada en ese sentido en los últimos ocho años de su legislatura, sino que estipuló que no se eliminase el arsénico del agua hasta el año 2004. Ahí lo tienen. El gran gesto ecológico de Clinton garantizaba que seguiríamos bebiendo los mismos niveles de arsénico que habíamos estado tomando desde 1942, año en que un demócrata serio tuvo, por última vez, las agallas de enfrentarse a los intereses de las industrias mineras para reducir el nivel de veneno al que nos exponemos. Los canadienses y europeos ya tomaron medidas hace tiempo, pero Clinton hizo caso omiso de la ley que lo obligaba a seguir el mismo camino. Ello condujo a una querella contra su administración promovida por el Consejo de Defensa de los Recursos Naturales. En su última semana, Clinton cedió, pero no antes de modificar el enunciado de modo que postergase cuatro años más la aplicación de la ley. De este modo, oficializó los niveles de veneno que beberíamos durante toda la legislatura de Bush.

¿Y las regulaciones sobre las emisiones de dióxido de carbono que Bush II anuló? De hecho, Bush no anuló nada. No hizo más que mantener el statu quo de Clinton. Básicamente, se limitó a decir: «Voy a contaminar el aire en la misma medida en que lo hizo Clinton, y ustedes beberán la misma cantidad de arsénico en el agua que durante su mandato.»

Al igual que la demora de cuatro años establecida para la reducción del nivel de arsénico en el agua, las órdenes de Clinton respecto de las emisiones tóxicas especificaban que éstas no debían reducirse de inmediato. A mediados de noviembre, presintiendo la debacle electoral, anunció la estricta reducción de cuatro gases invernadero, entre los que se incluía el dióxido de carbono. Bonitas palabras, pero si uno iba más allá descubría que los nuevos niveles no entrarían en vigor hasta el año 2010. La guinda fue la introducción de una cláusula que impedía que

El legado de Clinton: sus regulaciones y órdenes ejecutivas de última hora

Clinton esperó ocho años antes de decidirse a hacer algo por nosotros. Poco antes de salir por la puerta, dispuso que:

- Se protegieran 24 millones de hectáreas de bosque contra la industria maderera y la construcción de carreteras.
- Se promulgasen reglas para reducir la siniestralidad laboral.
- Se incrementaran los normas de seguridad relativas a la cantidad de plomo en pintura, suelo y polvo; así como en el consumo de carburante de los motores Diesel.
- Se dictasen nuevas normas contra la contaminación causada por grandes camiones destinadas a reducir en un 95 % el nivel azufre en el carburante.
- Se obligase a los productores cárnicos a practicar comprobaciones bacteriológicas con regularidad.
- Se forzara el ahorro energético en los acondicionadores de aire.
- Se decretasen nuevas restricciones de consumo energético para las lavadoras.
- Se instituyeran normas más estrictas para el ahorro energético en calentadores de agua.
- Se protegiese a las nutrias marinas de la Costa Oeste.
- Se endurecieran los requisitos para almacenar comida importada.
- Se protegiese a los lobos marinos en Alaska.
- Se obligara a los hornos de fundición de hierro, plomo y acero a que informaran al público acerca de sus emisiones si éstas superaban los 45 kilogramos al año, una reducción espectacular, respecto del margen de 11.000 kilos al año establecido anteriormente.
- Se creara una reserva natural de 44 millones de hectáreas en los arrecifes de coral del archipiélago hawaiano.

(Continúa)

- Se promulgasen reglas más estrictas relativas al etiquetado de la carne.
- Se prohibieran las motos de nieve en los parques nacionales.
- Se establecieran normas de seguridad para los vehículos que transportan niños.
- Se limitara la información que las mutuas médicas tienen derecho a facilitar sin permiso de sus pacientes.
- Se protegieran terrenos federales contra la minería en casos en que la actividad minera represente un daño irreparable para la Tierra.
- Se permitiese a funcionarios federales denegar contratos a empresas que violan leyes medioambientales, laborales, de empleo y consumo.
- Se establecieran pautas contra el recurso a la fuerza y al confinamiento para los menores de veintiún años internados en instituciones psiquiátricas.
- Se propusiera la regulación de pesticidas bioquímicos.
- Se destinaran 320 millones de dólares al sistema de transporte urbano de Chicago.
- Se destinaran 7,5 millones a los estados para mejorar la seguridad infantil en los vehículos.
- Se destinaran 18 millones a comprar tierras de cultivo californianas con un valioso potencial ecológico.
- Se incrementara la protección de las tierras pantanosas del país.

se estableciese una nueva normativa durante los siguiente quince años.

La lista sigue. Clinton no hizo nada acerca del síndrome del túnel carpiano que afecta a los usuarios de teclados. La noche del 19 de enero, poco antes del fin de su carrera presidencial y mientras se dedicaba a perdonar a cuatro millonarios, decidió hacer algo por esas mujeres que se pasan todo el día sentadas ante el teclado y cuyas manos lisiadas acudieron a votarlo dos veces para convertirlo en presidente.

Amigos, les está engañando un puñado de «progres» de oficio que no movió un dedo en ocho años para deshacer estos entuertos. Y ahora no pueden dejar de atacar a Ralph Nader, que ha dedicado su vida a todas y cada una de estas causas. Qué cara más dura. Culpan a Nader de la victoria de Bush. Yo los culpo a ellos por haberse convertido en el mismo Bush. Maman de la misma tetina financiera, apoyando acuerdos como el Tratado de Libre Comercio de América del Norte, que, según el Sierra Club, ha duplicado la contaminación a lo largo de la frontera mexicana gracias a las fábricas estadounidenses que se trasladaron allí.

Si Clinton hubiera hecho aquello por lo que lo votamos en 1992, no nos encontraríamos con estos problemas. Habría bastado con que en su primer día de ejercicio ordenara la reducción de los niveles de arsénico en el agua potable para que los americanos bebiésemos agua más limpia y sana durante los últimos ocho años. Dado el caso, habría sido imposible para Bush decir: «Queridos conciudadanos, ya llevan demasiado tiempo bebiendo agua limpia y es hora de regresar a los tragos de arsénico para todos.» No se hubiera atrevido a dar marcha atrás. Pero dado que Clinton esperó hasta el último minuto para hacer lo que debía, su decisión no contó con apoyo político ni popular y Bush lo tuvo extremadamente fácil para revocarla. Dio por sentado que nadie iba a echar de menos algo de lo que jamás había gozado.

Pero Bush había olvidado algo: la mayoría de nosotros ni siquiera sabía que, bajo el gobierno de Clinton, estaba bebiendo agua con los mismos niveles de arsénico que en 1942. Como Bush quiso darse aires en su primer día al cargo invalidando las decisiones de Clinton, todos nos enteramos de que nuestra agua estaba contaminada. Y ahora, debemos formular esta dolorosa pregunta: habida cuenta de que nunca conocimos ni denunciamos los elevados niveles de arsénico que padecíamos durante la legislatura de Clinton, ¿cree que Gore se hubiera molestado en resolver el asunto? ¿Por qué iba a hacer una cosa así? El pueblo nunca supo nada al respecto ni se quejó a la Casa Blanca. Además, las industrias responsables de buena parte de ese arsénico forman parte del entramado que financió la campaña de Gore. Por más que repaso todas sus declaraciones preelectorales, no he hallado una sola mención del problema.

Seamos francos: el mentado nivel de arsénico disminuirá únicamente a causa de la metedura de pata de Bush. El asunto pasó a sumarse al cúmulo de preocupaciones de los ciudadanos y allí se quedó. Hay diecinueve congresistas republicanos que, al calor del debate y deseosos de aprovechar la oportunidad de cara al público, se han unido a los demócratas en la batalla contra el arsénico, de modo que todos nosotros acabaremos bebiendo agua más limpia y segura. Estos diecinueve republicanos, junto a los demócratas, aprobaron un proyecto de ley que no sólo prohíbe a Bush revocar la orden de Clinton sino que lo insta a reducir aún más los niveles de arsénico. Clinton no lo hizo y —créanme— Gore tampoco lo habría hecho. Es triste decirlo, pero tener un pardillo en la Casa Blanca en lugar de un listillo fue lo que cambió las cosas.

Otro marrón que le cayó a Bush en sus primeros meses nació de su intención de donar dinero de los contribuyentes a las iglesias para sus «tareas de caridad». Menudo alboroto se armó. Mi pregunta es: ¿dónde estaban los grupos progresistas en 1996 cuando en el proyecto de ley para la reforma de la asistencia social de Clinton se empleaba exactamente esa misma frase? Las organizaciones confesionales han estado recibiendo fondos federales desde hace más de cinco años. ¿A qué viene todo el griterío actual sobre la separación de Iglesia y Estado, si Bush no hace más que seguir la senda de su predecesor? ¿Quizás es que nos gustaba más la «fe» de Clinton? (Nadie le haría ascos a unas creencias tan maleables a conveniencia como las suyas.)

La prohibición de donar dinero que pueda ser utilizado para practicar abortos, decretada por Bush, nos tiene igualmente confundidos. Clinton, partidario de la libertad de elección, ya había firmado una orden que prohibía que se emplearan fondos norteamericanos para costear abortos en países extranjeros. Bush se limitó a endurecer la orden que retiraba la financiación a las asociaciones de planificación familiar que plantean el aborto como alternativa viable. Eso es peor de lo que ya teníamos, pero Bush pudo ampliar esa ley porque el presidente demócrata ya había sentado los cimientos de esta política restrictiva y derechista. A Bush le dieron la mano y quiso tomar el brazo entero.

Así que no se me quejen más de Bush el Menor. Los que desean que veamos en él una suerte de caricatura monstruosa quieren evitar que reparemos en su propia conversión acomodaticia. Claro que odian a Ralph Nader. Constituye un recordatorio inquietante de lo que sucedería en este país si eligiéramos a alguien capaz de representar al 90 % menos favorecido de la nación. Acusar a Nader a la vez que a Bush forma parte del mismo juego de mentiras para despistarnos y hacernos olvidar que el arsénico, tanto el republicano como el demócrata, es la misma asquerosidad que nos vemos obligados a tragar.

Pero Bush nunca será un maestro en el arte de escaquearse como lo fue Clinton. Necesita tomar cuatro lecciones de su manual de encanto y gracejo. Clinton sabía ganarse a la gente. Con independencia de lo que uno opinase de él, era agradable, listo, gracioso y espontáneo. Sabía que el pueblo americano desea desesperadamente creer en su presidente. Descubrió que decir algo equivalía prácticamente a hacerlo. Bastaba con proclamarse favorable a un medio ambiente impoluto, y ya no hacía falta hacer nada al respecto. Hasta podía llegar a contaminarlo un poco más y nadie notaría la diferencia. Podía decir que estaba por la libertad de elección y luego presidir el mayor cierre de clínicas abortistas desde la legalización de la operación. Así pues, vivimos en un país donde el 86 % de los condados no cuenta con un solo médico dispuesto a practicar un aborto. Clinton también aprendió que asumiendo posturas de cariz feminista podía apañarse para que ninguna dirigente del movimiento se escandalizase por la orden que firmó en 1999 para negar fondos federales a cualquier asociación extranjera que contemplara la posibilidad del aborto. Todos creen que se trata de una idea de Bush: Clinton era una gata zalamera y por eso se hizo con el apoyo de todos los grupos feministas.

Visto todo lo cual, cabe decir que nuestro verdadero problema, en definitiva, no es Bush, sino los demócratas. Bush se vería paralizado si los demócratas empezaran a comportarse como un auténtico partido de la oposición. Ni siquiera estaría donde está si un solo demócrata en el Senado hubiera osado desafiar el recuento de votos de las presidenciales. Pero nadie dijo nada.

Durante su primer año de mandato, los demócratas se han plegado a la voluntad de Bush y han sido sus compañeros en ese viaje hacia la demencia.

Basta citar la proposición de reforma de la Ley de Bancarrota, que habría dificultado mucho las cosas para los trabajadores que se ven obligados a declararse insolventes. En lugar de establecer la supresión de sus deudas, esta propuesta, aprobada por el Senado y por el Congreso, pero suspendida posteriormente, habría obligado a los que lo pierden todo a permanecer endeudados con los bancos y compañías de crédito. De haberse hecho efectiva esta reforma, millones de personas habrían perdido la esperanza de salir a flote en un mar de deudas.

Este proyecto de ley fue aprobado en el Senado con el apoyo de treinta y siete demócratas —incluidas todas las senadoras—, que se alinearon con la banca en lugar de hacerlo con las familias trabajadoras americanas. Curiosamente, fueron los grandes millonarios del Senado —los Kennedy, Rockefeller, Corzine, Dayton— quienes votaron contra esta legislación represiva.

Los demócratas han recibido con los brazos abiertos, uno tras otro, todos los proyectos de ley presentados en el Congreso por la Casa Blanca ocupada por Bush. El recorte de los impuestos propuesto por Bush fue aprobado con su apoyo abrumador, a pesar de que iba destinado a beneficiar al 10 % más rico del país.

Los demócratas también han respaldado a Bush en los bombardeos de Irak y su política agresiva hacia China. En agosto de 2001 asistimos al clímax de este idilio con la aprobación por parte del Senado de las prospecciones petrolíferas en Alaska. Treinta y cuatro republicanos se habían apeado del carro para anunciar que votarían contra su propio partido: buenas noticias para todos aquellos preocupados por el medio ambiente. Pero la alegría se desvaneció al efectuarse la votación y materializarse el apoyo de treinta y seis demócratas al descarrío de Bush.

El espectáculo más triste de esta vergonzosa colaboración de los demócratas con el enemigo se produjo cuando aprobaron cada una de las candidaturas al gabinete presentadas por Bush. Algunos de los designados contaron con el apoyo unánime de los demócratas en el Senado y hasta los más controvertidos, como John Ashcroft, consiguieron el número suficiente de votos para ocupar el cargo. Ni un solo demócrata osó obstruir el proceso, tal como habría hecho cualquier republicano en el caso de que un presidente demócrata hubiera optado por un fanático como Ashcroft para la fiscalía general. No hay que olvidar que Janet Reno había sido la tercera opción de Clinton para el mismo cargo: los dos primeros de la lista fueron desestimados tras la algarabía orquestada por los republicanos al enterarse de que habían contratado a niñeras sin papeles.

Y ésa es justamente la diferencia: los demócratas son gente pusilánime, pronta a batirse en retirada. No hay nadie entre sus filas dispuesto a batallar por nosotros del modo en que tipos como Tom Delay o Trent Lott luchan por los republicanos. La gente como ellos no reposa hasta alcanzar la victoria, aunque dejen su camino sembrado de cadáveres.

Como los demócratas se han convertido en aspirantes a republicanos, propongo la fusión de ambos partidos. Así podrán seguir representando a los ricos sin rubor alguno y se ahorrarán dinero en personal y sede para consolidar una maquinaria imbatible en representación de ese 10 % de la población que está por encima de todo y de todos.

Una fusión de ese género permitiría a los trabajadores de este país fundar finalmente su propio partido, el segundo de nuestro sistema bipartidista, en representación del 90 % restante de estadounidenses.

Para acelerar el proceso, me ofrezco a pagar de mi bolsillo los gastos legales y el papeleo necesario para que la Comisión Electoral haga oficial el nuevo engendro: el Partido Demócrata-Republicano. Además, como gesto de buena voluntad, dejaré que los demócratas conserven a su mascota, el asno, que bien podría aparearse con el elefante republicano para engendrar un nuevo animal fetiche.

Así que solicito que la noche del 31 de diciembre de 2001, los líderes del Partido Demócrata entreguen las llaves de su sede en el 430 de la calle Capital en Washington a quienquiera que desee hacerse responsable de ellas (yo no; las perdería). Somos unos doscientos millones los que queremos que se instituya un auténtico sistema bipartidista (o de tres o de cuatro partidos, el país da de sí), con uno de los partidos ocupado en que la pista de tenis desgrave en la declaración de renta y el otro batallando por el derecho a asistencia médica gratuita.

Si la actual dirección del Partido Demócrata no está dispuesta a entregarme las llaves, pienso presentar una querella por fraude en nombre de todos los que en alguna ocasión votamos por ellos. Al fin y al cabo, estos presuntos demócratas están haciéndose pasar por republicanos y, en consecuencia, engañando a los ciudadanos que les confiaron su dinero, su tiempo y sus votos. Obtendré una orden judicial que les prohíba emplear la palabra «demócrata» sin la coletilla de «republicano».

Entre tanto, los demás podemos seguir con lo nuestro. El nuevo partido podrá llamarse los Nuevos Demócratas o los Demócratas Verdes o Democracia y Cerveza. Ya lo decidiremos en el comité.

(Los lectores dispuestos a ahorrarme el coste de este pleito deben prometer que echarán a todos los demócratas de boquilla y votarán por candidatos honestos y progresistas que luchen por lo contrario que los republicanos.)

Y para los cargos demócratas que pretenden sobrevivir a la escabechina política que se avecina, tengo un consejo: al enemigo, ni agua. Es mi última recomendación gratis a un partido que mandó a Vietnam a nueve chavales de mi instituto. Si no podéis limpiar vuestra mierda, que os den a vosotros y al asno.

Ya es hora de echar a estos demócratas

La siguiente lista muestra lo lejos que están de un programa progresista los siguientes representantes demócratas en el Congreso. Los porcentajes evidencian la frecuencia con que votaron en contra de una legislación y a favor de los Republicanos. (Fuente: Americans for Democratic Action; a partir del registro de la votaciones del año 2000.)

CONGRESO

Ralph M. Hall, (votó con los republicanos el 80 % de las veces)
Ken Lucas, KY (75%)
Christopher John, LA (70%)
Jim Traficant, OH (70%)
Marion Berry, AR (65%)
Bud Cramer, AL (65%)
Ronnie Shows, MS (65%)
Jim Barcia, MI (60%)
Ike Shelton, MO (60%)
William O. Lipinski, IL (55%)
Tim Roemer, IN (55%)
Adam Smith, WA (55%)
Charlie Stenholm, TX (55%)
John Tanner, TN (55%)
Gene Taylor, MS (55%)
Sanford D. Bishop Jr., GA (50%)
Allen Boyd, FL (50%)
Gary Condit, CA (50%)
David Phelps, IL (50%)
Leonard Boswell, IA (45%)
Jerry Costello, IL (45%)
Tim Holden, PA (45%)
Paul E. Kanjorski, PA (45%)
James H. Maloney, CT (45%)
Michael R. McNulty, NY (45%)

Bob Clement, TN (40%)
Bob Etheridge, NC (40%)
Harold Ford, TN (40%)
Bart Gordon, TN (40%)
Collin C. Peterson. MN (40%)
Max Sandlin, TX (40%)
Shelley Berkley, NV (35%)
Peter Deutsch, FL (35%)
Mike Doyle, PA (35%)
John J. La Falce, NY (35%)
Frank Mascara, PA (35%)
Carolyn McCarthy, NY (35%)
Dennis Moore, KS (35%)
Solomon P. Ortiz, TX (35%)
Lorena Sanchez, CA (35%)
Bart Stupak, MI (35%)
Brian Baird, WA (30%)
Lois Capps, CA (30%)
Eva Clayton, NC (30%)
Cal Dooley, CA (30%)
Barry Hill, IN (30%)
Darlene Hooley, OR (30%)
Jay Inslee, WA (30%)
William J. Jefferson, LA (30%)
Jim Moran, VA (30%)
Nick Rahall, WV (30%)
Vic Snyder, AR (30%)
John Spratrt, SC, (30%)
Ellen Tauscher, CA (30%)

Zell Miller, GA (votó con los republicanos el 100% de las veces)
John Breaux, LA (50%)

Daniel Inouye, HI (40%)
Max Cleland, GA (30%)
Blanche Lincoln, AR (30%)

REPRESENTANTES REPUBLICANOS QUE PUEDEN SALTAR

Los siguientes congresistas republicanos tienen pocas posibilidades de seguir en sus escaños si un auténtico demócrata compitiera con ellos:

SENADO

Wayne Allard, CO
Susan Collins, ME
Pete Domenici, NM
Tim Hutchinson, AR
Mitch McConnell, KY

Bob Smith, NH
Gordon Smith, OR
Ted Stevens, AK
Strom Thurmond, SC

CONGRESO

Shelley Moore Capito, WV
Mike Ferguson, NJ
Melissa Hart, PA
Steve Horn, CA
Mark Kennedy, MN

Doug Ose, CA
Charles (Chip) Pickering, MS
Mike Rogers, MI
Rob Simmons, CT
Heather Wilson, NM

11
LA PLEGARIA DEL PUEBLO

Creo que fue santo Tomás de Aquino quien una vez observó: «No hay nada como la propia mierda para darse cuenta de lo que uno apesta.»

En julio de 2001, Nancy Reagan, que velaba el lecho mortuorio de su esposo las veinticuatro horas del día, mandó a Washington D. C. a los antiguos guardaespaldas de éste, Michael Deaver y Kenneth Duberstein, con un mensaje privado para George W. Bush y los dirigentes republicanos. El partido se hallaba dividido respecto de la investigación sobre células madre, cuyo objetivo es utilizar células de embriones humanos descartados para tratar enfermedades degenerativas como el Alzheimer (el mal que padecía el ex presidente Reagan) y para encontrar curas de otras afecciones crónicas. Los fanáticos antiabortistas (entre los que se cuentan los Bush y los Reagan) que han controlado el partido durante décadas exigieron que se detuviera la investigación embrionaria, por más sufrimiento que sus resultados pudieran ahorrar.

George se inclinaba por la prohibición de dichas investigaciones, alegando, en esencia, que esos embriones muertos eran seres vivos. Supongo que temía que las mujeres se dedicaran a fertilizar sus óvulos para fecundar, abortar y luego vender los fetos a los científicos. Tal es la fantasía desmedida de los conservadores majaretas que dirigen el país.

Ahora, no obstante, empezaba a verse un atisbo de cordura. Algunos conservadores, como Tommy Thompson y Connie Mack, habían anunciado que aprobaban la investigación sobre células madre, declarando que el procedimiento no equivalía en absoluto a exterminar vidas humanas. De repente, en los medios de comunicación no se hablaba de otra cosa que del motín conservador, y los abanderados del Derecho a la Vida reanudaron las hostilidades contra el flujo de la razón.

George se quedó tan pancho, más preocupado por la marca de pasta de dientes del primer ministro británico que por cambiar su estandarte antiabortista.

Entonces llegó el mensaje de Nancy. La viuda en ciernes pidió a Bush que cambiara de parecer y aprobara, financiara y abanderara la investigación sobre células madre. La investigación, según le transmitió a través de sus recaderos, podía salvar la vida de Ronnie o de los futuros Ronnies que padecían Alzheimer, Parkinson y otras enfermedades terribles. Nancy había ido modificando su posición en relación con el aborto en años recientes y finalmente osaba dar un paso al frente para afirmar que un embrión no es un ser humano.

En ese momento, la escena se trasmutó por completo. El lema de la sede pasó a ser: QUE SE JODAN LOS FETOS, SALVEMOS A RONNIE.

Y los principios del pequeño Bush se hundieron más rápidamente que cualquiera de sus empresas. La Casa Blanca pasó a decir que no había nada malo respecto de «cierto tipo» de investigación sobre células madre. En televisión, Bush dejó de decir que un embrión humano era un ser humano de pleno derecho. Después de décadas de darnos la lata con la cantinela de que «la vida humana se origina en el momento de la concepción», los mismos individuos que habían dejado por los suelos el derecho al aborto decían ahora que esos «bebés nonatos» no eran más que tejido embrionario muerto, que podría ser útil para prolongar la vida de cuatro millonarios.

Los próceres republicanos de todo el país se unieron al clamor en pro de la investigación sobre células madre. El senador Orrin Hatch lideró la ofensiva, manifestando que «no se trata de destruir la vida humana, sino de facilitarla». Hasta su anciano colega Strom «sólo-en-casos-de-incesto-o-violación» Thurmond se mostró de acuerdo: «La investigación sobre células madre podría tratar y curar potencialmente enfermedades como la esclerosis múltiple, el Alzheimer, el mal de Parkinson, afecciones cardíacas, varios tipos de cáncer, diabetes... Soy favorable a esta ciencia pionera y respaldo la financiación gubernamental de la misma», aseveró el hombre cuya hija, curiosamente, sufre diabetes.

No hay nada tan adorable como un hipócrita reaccionario y desacomplejado. Se pasan la vida amargando la existencia de los demás, pero basta con que algún mal penetre en sus hogares para que manden sus valores al garete y recurran al asidero que dé mejores resultados. Dedican todas sus energías a impedir que negros, mujeres y gays salgan adelante, pero en el momento en que alguien de su familia parece hundirse, todo esfuerzo es poco para salvar a esa personita tan especial.

Reagan, Bush, Cheney, Lott y toda su caterva de santones son responsables de décadas de legislación cruel concebida para castigar a los pobres, encarcelar a los enfermos (toxicómanos) y privar ilegalmente de derechos a los desesperados. Pero, en el momento en que topan con un apuro impensable, adoptan la compasión de San Francisco y la piedad de la madre Teresa.

Los ricos y poderosos asumen como misión propia la contaminación de nuestro aire, el envenenamiento de nuestra agua, la expoliación de nuestros bienes y la denegación de asistencia, pero cuando sus propias acciones los amenazan, son los primeros en aspirar a cambiar las cosas.

Me alegro. Espero que consigan todo lo que desean. Si hace falta que les ocurra una desgracia personal para entrar en razón, que así sea. En definitiva, a pesar de sus casas con siete cuartos de baño y sus garajes atestados de Bentleys, son humanos como nosotros. Y cuando uno de sus seres queridos yace en cama ensuciando inopinadamente los pañales, meándose en las sábanas y balbuceando como tantas almas en pena cuya asistencia social han recortado de los presupuestos federales, entonces todos parecemos iguales y esta nación discapacitada hace realidad por fin sus ideales de equidad y justicia.

Así que, gracias al infortunio de Ronald Reagan, vamos a conseguir algo de financiación pública para la investigación sobre células madre y quizás hallemos una cura para el Alzheimer y quién sabe qué otra enfermedad. Así funciona el cotarro. Nuestro querido ex líder, que ayudó a arruinar las vidas de millones de mujeres al considerar que sus embriones eran seres vivos, ahora pasa por un mal trago del que quizá se libre, y, gracias a que las hordas conservadoras lo consideran un santo, es posible que millones de estadounidenses se vean finalmente aliviados de sus padecimientos.

Este fenómeno —el cambio oportunista de opinión de quienes se convierten en víctimas— se está dando en todos los ámbitos. En Nueva York, el alcalde republicano Rudy Giuliani, que se opuso durante años a que el municipio financiase la asistencia sanitaria de niños desprovistos de seguro médico, cambió de parecer en cuanto le diagnosticaron un cáncer. «Debo admitir —explicó un humilde Giuliani a la prensa— que una vez que conocí el diagnóstico, empecé a ver muchas cosas bajo una nueva luz.»

También Dick Cheney. De buenas a primeras, comenzó a bloquear cualquier iniciativa antigay por parte de la Casa Blanca. ¿Por qué? Porque su hija es lesbiana. ¿Qué postura mantendría si no este rodillo de las causas sociales? Los sarasas y maricones pasan a ser personas cuando resulta que duermen bajo nuestro mismo techo. El día en que su hija salió del armario, Dick Cheney dejó por un momento de ser un republicano opulento para mostrarse como ser humano y como padre. Cuando uno es el afectado, cuesta seguir comportándose como un capullo.

De este modo, he llegado a la conclusión de que la única esperanza de procurar en este país ayuda a los enfermos, protección a las víctimas de la discriminación y una vida mejor a los que sufren, consiste en rezar para que los poderosos se vean afligidos por las peores enfermedades y desgracias. Está garantizado que cuando uno de los suyos está en peligro de muerte todos los demás podemos salir ganando.

Por todo ello, he escrito una plegaria para acelerar la recuperación de todos los necesitados, pidiéndole a Dios que castigue a todos los líderes políticos y tiburones financieros con alguna forma de enfermedad letal. Ya sé, no está bien pedir una cosa semejante a Dios, pero me gustaría pensar que Él no sólo es justo y caritativo, sino que también tiene un refinado sentido de la ironía. No creo que le deba incomodar en exceso inyectar cierto dolor a aquellos que han abusado del planeta y de las criaturas que lo habitan.

Se llama «Plegaria para afligir a los acomodados con tantos males como sea posible». Después de todo, la historia nos dice que Dios disfruta de vez en cuando con unos buenos castigos a la vieja usanza, ¿y qué mejor que castigar a estos burros de tez blanca que nos han metido en este berenjenal?

Por favor, rece esta plegaria conmigo cada mañana, preferentemente antes de la apertura de Wall Street. No importa la religión que profese, si es que profesa alguna. Se trata de una plegaria universal, portátil y no conlleva la donación de limosna alguna.

La mitad de los estadounidenses morirá de sida en breve. Doce millones de niños en Estados Unidos no comen debidamente. Texas sigue ejecutando a inocentes. El tiempo se acaba. Inclinen sus cabezas y únanse a mí.

PLEGARIA PARA AFLIGIR A LOS ACOMODADOS

Señor (Dios, Alá, Yahvé, Buda, Fred, quien sea):
Te suplicamos, ser misericordioso, que asistas a los que sufren hoy por cualquier razón que Tú, la naturaleza o el Banco Mundial hayan considerado oportuna. Nos damos cuenta, Padre que estás en los cielos, de que no puedes curar a todos los enfermos de golpe; eso vaciaría los hospitales que las buenas monjas han fundado en tu nombre. Y aceptamos que Tú, el Omnisciente, tampoco puedes erradicar todo el mal que hay en el mundo, pues tal eventualidad te dejaría sin trabajo.

Querido Señor, te pedimos más bien que inflijas a cada miembro de la Cámara de Representantes horribles cánceres de cerebro, pene y colon, en el orden que sea. Te rogamos, estimado Padre, que todos los senadores del Sur se conviertan en adictos a las drogas y sean encarcelados de por vida. Te suplicamos que los hijos de los senadores del Medio Oeste se hagan homosexuales, lo más afeminados posible. Confina a los hijos de los senadores del Este en una silla de ruedas y a los del Oeste en una escuela pública. Te imploramos, ¡oh Dios misericordioso!, que del mismo modo en que convertiste a la mujer de Lot en estatua de sal, conviertas a todos los ricos en pobres sin techo y liquides todos sus ahorros, activos y fondos de inversión. Apártalos de sus posiciones de poder y que desciendan al valle tenebroso de la asistencia social. Condénalos a una vida en las cadenas de comida rápida y a tener que sortear a los cobradores del frac. Deja que escuchen los gemidos de los inocentes, sentados en los asientos de en medio de la fila 43 del vagón de tercera clase, y que sientan el rechinar de los dientes cariados y podridos de los 108 millones de estadounidenses que no gozan de seguro dental.

Padre celestial, rogamos que todos los líderes blancos (especialmente los ex alumnos de la Universidad Bob Jones), convencidos de que a los negros les va estupendamente, se despierten mañana con una piel más negra que la pez para que puedan gozar de las bondades de ser negro en Estados Unidos y recoger los frutos que depara dicha condición. Humildemente, pedimos que tus ungidos, los obispos de la Santa Iglesia Católica Apostólica y Romana, se vean castigados con el lastre de tener ovarios y embarazos no deseados, así como con un panfleto sobre el método Ogino.

Finalmente, estimado Señor, te pedimos que Jack Welch* cruce a nado el río Hudson, profusamente contaminado por obra suya, que fuerces a los ejecutivos de Hollywood a ver sus propias películas una y otra vez, que obligues a Jesse Helms** a besar a un hombre, que enmudezcas a Chris Matthews, que le quites el resuello a Bill O'Reilly*** y que reduzcas a cenizas a todos aquellos que fuman en mi despacho. Ah, y desata una plaga de langostas que anide en el peluquín de Trent Lott.

Ojalá escuches nuestras plegarias, Oh Rey de Reyes, que estás en lo alto y nos vigilas tan bien como puedes, visto el hatajo

---

* Director general de General Electric. (*N. del T.*)
** Senador republicano ultraconservador. (*N. del T.*)
*** Comentaristas políticos de las cadenas NBC y Fox, respectivamente. (*N. del T.*)

de imbéciles que somos. Concédenos un alivio contra la miseria y el sufrimiento. Sabemos que los hombres a los que castigarás se apresurarán en liberarse de su infortunio y ello, a su vez, nos liberará a nosotros del nuestro.

Así te lo rogamos, en el nombre del Padre, del Hijo y del Espíritu Santo (esa especie de fantasma). Amén.

12
Hasta nunca, Tallahassee

Tengo que hacer una confesión.

Soy el responsable de la «presidencia» de George W. Bush. Yo, Michael Moore, podría haberla evitado. Al no haberlo hecho, he conseguido cabrear a mucha gente y el país está para el arrastre.

Por eso me escondo.

Escribo este capítulo desde mi búnker de los bosques del norte de Michigan, en un lugar recóndito del paralelo 45. Los lugareños dicen que me hallo en un punto equidistante del Ecuador y del Polo Norte, pero para mí es como estar en ninguna parte.

Ya he dejado de pensar en cómo vamos a salvar al país o al planeta; mi única preocupación ahora es salvar el pellejo.

Todo empezó en Tallahassee, Florida.

Mi presencia en la capital del estado de Florida no tenía nada que ver con el circo mediático que se instaló allí durante treinta y seis días a raíz de las elecciones de 2000. Aquel espectáculo lamentable iba estrictamente dirigido a quienes no habían tenido bastante con los escándalos de O. J. Simpson y Lewinski y necesitaban desesperadamente contemplar cómo se abría otra purulenta llaga de la nación. No fue eso lo que me llevó a Tallahassee, ni permanecí en la ciudad durante todo ese tiempo.

Aterricé quince días antes de las elecciones y allí tuve un encuentro matutino inesperado con el gobernador del estado, Jeb Bush. Él y yo a solas en una callejuela oscura del centro de la ciudad, con sus gorilas acechando, listos para convertirme en el dónut del desayuno.

Mi presencia en Florida se debía a mi voluntad de impedir que su hermano ganara las elecciones y prevenir el desastre que se cernía sobre nosotros derrotando al enemigo. El nombre de la película es *¡Veinte segundos en Tallahassee!*

Pero era una misión destinada al fracaso.

Como resultado de mis acciones, ya no sé a quién debería temer más: a los ejecutivos del petróleo que dirigen la gran empresa conocida como Estados Unidos de América desde el despacho oval o a los progres perturbados que desean mi cabeza porque creen que yo fui el cerebro de la campaña de Nader, y que yo...

VALE, VALE. ES VERDAD. FUI YO, Y NADIE MÁS. ES CULPA MÍA ¿EN QUÉ ESTARÍA PENSANDO? ¿DE VERDAD TENÍA TANTAS GANAS DE CONOCER A SUSAN SARANDON? Dios, perdóname, he causado un daño irreparable al país, esta maravillosa nación de psicópatas idealistas y contables que no desean más que poder conducir sus furgonas Chevrolet por entre los cultivos frutales, cuya única exigencia es la de que algún día se les explique la diferencia entre «parcialmente nuboso» y «parcialmente soleado», que sólo pretenden lograr un contrato óptimo de minutos gratis en su teléfono móvil para recibir la llamada in extremis de sus hijos desde el colegio para que mamá contacte con CNN y negocie los derechos del metraje de la carnicería que están filmando en ese mismo instante.

Creo que puedo burlar a los sicarios de Halliburton y de Enron (los denominados «asesores especiales del vicepresidente»). A esos los atarán cortos, los pondrán en cuarentena y acabarán con su sufrimiento.

Pero no hay contrición que pueda satisfacer a la Gorestapo, enfurecida con toda razón porque a su hombre se le impidió acceder al cargo que ganó. Rebosan de ira. Debo decir que no he visto a los progres tan enojados desde... desde que, bueno, la verdad es que jamás he visto a los progres realmente indignados por nada. No son como la derecha fundamentalista que —con Dios y la demencia de su lado— siempre se las apaña para ver realizados sus sueños.

Ahora, sin embargo, todos estos izquierdosos han decidido levantarse contra la infamia y nos culpan a Ralph Nader y a mí.

¿Por qué a mí? Hay algo que no saben: Ralph Nader me despidió en 1988. Me echó a la calle, sin un duro.

Y ahora, con el fin de sobrevivir, de proteger a mis seres queridos y de escribir este libro para aquellos lo bastante afortunados como para encontrarlo entre lo último de la literatura heroica, me he retirado a lo más profundo de la espesura con mi portátil y mi brújula, para vivir de la tierra tal como manda la naturaleza, apuntando mis últimos pensamientos con la esperanza de que se pueda extraer de ellos alguna lección.

La semana pasada, mientras cambiaba de avión en Detroit, un tipo se me acercó con la mejor de sus sonrisas, me dio la mano y me saludó de la siguiente manera: «Todos dicen que eres un gilipollas, así que quería conocerte.» Se volvió y se alejó corriendo, sin esperar a oír mi respuesta: «¡Pues tienen razón!»

El estado de Michigan está repleto de gente así. Honesta y educada. Es como la carta que recibí hoy, parecida a muchas otras que me han enviado recientemente:

«Querido capullo —decía—. Espero que estés contento de lo que has hecho. Tú y el ególatra de Ralph Nader nos tendréis a todos bebiendo arsénico durante otros cuatro años. Hazme un favor: muérete.»

Podría responderle y decir que Ralph Nader sólo es responsable de animar a un millón de votantes a acercarse a las urnas, porque es el único que cuenta la verdad de lo que sucede en este país. Los ricos hicieron su agosto como auténticos bandidos durante el decenio demócrata de los noventa. No se hizo nada para aliviar los apuros de los 45 millones de estadounidenses que no cuentan con asistencia médica, y el salario mínimo se ha mantenido en una tasa esclavista de 5,15 dólares por hora.

También podría decirle que gracias a que Nader figuraba en las listas del estado de Washington, la mayoría de los 101.906 ciudadanos que votaron por él también lo hicieron por la candidata demócrata al Senado. Gracias a los votos de Nader, Maria Cantwell se convirtió en senadora por Washington con un margen de sólo 2.229 votos. Si van a culpar a Nader por quitarle votos a Gore en Florida, también deberían agradecerle que miles de nuevos votantes se decidieran a acudir a las urnas y permitieran la elección de Cantwell, que, a su vez, forzó un empate en el Senado. A partir de ese empate, un senador de Vermont se apercibió repentinamente del poder que le caía del cielo y se sirvió de él para entregar el Senado a los demócratas, tras abandonar el Partido Republicano. Nada de eso habría sucedido sin Nader.

Debo recordar a mi corresponsal que la única gente que le robó las elecciones a Gore, quien ganó con todas las de la ley, fueron los magistrados del Tribunal Supremo que no permitieron finalizar el recuento de votos. Tampoco está de más apuntar que Gore no se habría encontrado en ese aprieto si hubiera ganado en su propio estado o el de Clinton, o si hubiera vencido en alguno de los tres debates televisados. Gore no consiguió nada de eso, y así le fueron las cosas. Hay que decir en su defensa que a él no se le ha ocurrido culpar a Ralph Nader, sino a la cremallera de los pantalones de Clinton.

Podría responder todo eso a mi cariñoso corresponsal, pero no lo haré. En cambio, me gustaría contarle a él y a todos ustedes una historia que sólo conocen unos pocos amigos: mis catorce horas en el infierno de un lugar llamado Tallahassee.

Suelo evitar el estado de Florida. Es tan húmedo y pegajoso que uno debe andar con la manguera a cuestas. Está plagado de bichos y mosquitos. Secuestran niños cubanos y no los devuelven a sus padres. Cada día se abre la veda para los turistas alemanes que conducen coches alquilados. También tienen Disney World y a Gloria Estefan. Los Kennedy se pasean por West Palm Beach con sus bermudas recién estrenadas. Por no hablar de los huracanes, Bebe Rebozo, Ted Bundy, Anita Bryant, los pantanos, el bajo precio de las armas de fuego y el *National Enquirer*. Odio Florida.

No obstante, algo muy dentro de mí me decía que debía bajar hasta allí cuando se acercaban las elecciones. Quizá fue algo que había comido.

Me habían pedido que fuese a hablar con los estudiantes de la Universidad del Estado de Florida. Al principio dije que sí, pero luego me vi obligado a cancelarlo debido al plan de rodaje de mi última película.

Fue entonces cuando Al Gore no logró ganar su último debate contra George W. Bush. En mi pueblo, el chico listo gana los debates, y el burro los pierde. Es así de simple. Pero esta vez no. No podía creer lo que veía. Al Gore estaba haciendo todo lo posible para perder las elecciones.

Llamé al personal de la universidad en Tallahassee para preguntarles si seguía siendo bienvenido, y estuvieron encantados de buscarme un sitio. Fijaron una fecha para la semana siguiente, a quince días de las elecciones. Decidí convocar también una conferencia de prensa ante los medios de ámbito estatal y emitiría un comunicado.

Tenía algo que decir acerca de Ralph Nader.

Nuestra relación es más bien compleja. A finales de los ochenta trabajé para él. Me ofreció un trabajo cuando yo estaba desempleado, y su acto de generosidad fue algo que me propuse no olvidar.

Desde mi cubículo, contiguo al despacho de Ralph en el segundo piso de un edificio construido por Andrew Carnegie, me dedicaba a publicar un boletín sobre los medios de comunicación, titulado modestamente *Moore's Weekly*. Y también empecé a filmar lo que luego sería *Roger & Me*.

Todo iba estupendamente hasta el día en que firmé un contrato para escribir un libro sobre General Motors. Cuando Ralph se enteró de mi buena fortuna, no se puso a pegar brincos de alegría.

«¿Qué te hace pensar que estás capacitado para escribir un libro sobre General Motors?», inquirió. También quería saber con qué derecho pretendía realizar mi documental, por qué pasaba más tiempo en Flint que en Washington D. C. y por qué ya no publicaba mi boletín con la misma regularidad.

Por fin, bajando la vista hacia mí, sacudió compasivamente la cabeza: «Parece que el desastre laboral de Flint te sigue a donde vas.» Me pidió que recogiera mis bártulos y me largara.

Me quedé hecho polvo. Luego, encontré un lugar donde montar mi película y seguí adelante con mi vida.

Cuando se estrenó el documental, como muestra de apoyo y buena voluntad, llamé a Ralph y me ofrecí a donar a su causa los beneficios de la exhibición en Washington. Rechazó la oferta y, por añadidura, me dejó a la altura del betún en el *New York Ti-*

mes. Quedé hecho polvo otra vez. Capté por fin el mensaje y no le dirigí la palabra durante ocho años.

A finales de los noventa, se me ocurrió que ya era hora de hacerle una llamada. Quizá la experiencia del rechazo no había cuajado debidamente. Lo invité a él y a su plantilla a asistir al estreno de mi última película, *The Big One*. Vinieron. Desde el fondo de la sala, vi que Ralph pasaba un buen rato y no dejaba de reírse. Al final, le pedí que se levantara y saludara, gesto que fue recibido con una ovación entusiasta. Al salir le di un abrazo. Ralph no es de los que abrazan a todo el mundo (de hecho, yo tampoco). Seguro que vi algo así en una peli y me pareció enrollado.

Dos años después, sentado en el porche de mi casa en Michigan ocupado con mis cosas, recibí una llamada de Ralph, que me pidió que apoyase su candidatura a la presidencia de Estados Unidos. Soy de los que procuran no respaldar a políticos por las mismas razones que ustedes: son relamidos, medio calvos y no pronuncian dos frases sin soltar un embuste. Ralph no es ninguna de esas cosas; se trata sólo de un genio algo irritable. En otras palabras, no es material presidenciable. En 1996, se había registrado como candidato y prácticamente no había hecho campaña. Fue una gran desilusión para todos los que lo apoyaban ¿Iba a tomarlo en serio esta vez? Sí, dijo, esta vez iba en serio. Iba a recaudar un buen dinero, y se comprometía a visitar los cincuenta estados. Contaba con personal a tiempo completo para su campaña.

Me dieron ganas de alejarme del teléfono para regresar a mi inactividad. No quería verme mezclado en el tinglado que iba a montarse. Pero ¿qué otra opción tenía? ¿Permitirme el lujo de creer que el país estaba en buena forma? ¿Confiar en uno de los candidatos de los dos partidos financiados por los mismos peces gordos contra los que luchaba? ¿Quedarme en Michigan y dar de comer a las ardillas?

No podía abandonar a Ralph. Él me había echado una mano tiempo atrás y llevaba toda una vida tratando de ayudar a este país. Si su voz no se hacía oír durante las elecciones, nadie pondría sobre la mesa los temas que más nos preocupaban.

Antes de aceptar su oferta, decidí mandar una carta a Al Gore para pedirle que me dijese por qué debía contemplar siquiera la posibilidad de votar por él, habida cuenta del historial Clinton/Gore.

Respondió con una carta de cuatro páginas, de aquellas en las que el primer y último párrafos están personalizados y el resto es un mero módulo estándar. Me agradeció mi «provocativa carta» y luego procedió a repetir sus ideas, que yo conocía de antemano. A pesar de que me mantenía abierto a todo, nada de lo que dijo me convenció de que, una vez en el despacho oval, fuéramos a ver a un Al Gore distinto. Llamé a Ralph y le comuniqué que me subiría al carro, siempre y cuando no tuviera que vestir un traje gris, comer *hummus* o despanzurrar una ballena.

El equipo de Ralph difundió un artículo de Molly Ivins que brindaba consejo a todos los que deseaban votar por Nader pero temían que eso llevara a George Bush a la Casa Blanca. Si vivían en un estado en el que Gore o Bush iban a ganar por un amplio margen, sugería que utilizaran su voto para mandar un mensaje en nombre de Ralph Nader. Sin embargo, si vivían en un estado donde se esperaba una competición cerrada, entonces debían decantarse por Gore para detener a Bush. En cuanto a mí, yo suelo votar por el que considero que es mejor candidato, tal como me enseñaron en la primaria, pero ¿quién soy yo?

En privado, yo pensaba lo mismo que la mayoría de los seguidores de Nader: una vez que Gore machacase a Bush en los debates, las elecciones estarían decididas. Así, resolvimos conseguir varios millones de votos para Nader con el fin de mostrar al próximo presidente —Al Gore— que había un gran número de estadounidenses que no quería ver al partido demócrata escorarse más hacia la derecha. Un buen resultado para Nader sería el modo de presionar a Gore para que diese marcha atrás en algunas de sus promesas como la de gastar más en el ejército que en política laboral.

Fuimos unas lumbreras, sí.

Entonces llegaron los debates. A Ralph no le fue permitido intervenir, de modo que el país hubo de tragarse tres sesiones de noventa minutos en las que Gore y Bush se mostraron más de acuerdo que en desacuerdo. En el segundo debate, ambos coincidieron en treinta y siete cuestiones distintas. Era de juzgado de guardia.

Gore la cagó. Falló a la hora de desenmascarar la ignorancia y estupidez de Bush. Falló a la hora de distanciarse de él y mostrar al país que representaba una alternativa distinta a aquel nabo. Tuvo tres ocasiones de noquear al risueño hijo de Bush y no lo consiguió en ninguna de ellas. Mensaje para la nación: si así es como lidia con Junior, ¿qué será de nosotros cuando le toque negociar con los rusos, por no hablar de los canadienses?

Las implicaciones no podían ser más ominosas. La cosa pintaba del color de la derrota. Gore iba a perder en su estado natal, y en el de Clinton. No pudo convencer al decano demócrata del Senado, Robert Byrd, de Virginia, de que lo respaldara sino hasta cinco días antes de las elecciones (lo que acarreó la pérdida de dicho estado, un tradicional baluarte demócrata). Cualquiera de esos estados le habría bastado para llegar a la Casa Blanca.

Gore se estaba quemando, y los votantes de Nader abandonaban el barco como ratas (ratas simpáticas, como de peluche). Las expectativas de voto para Ralph se redujeron a la mitad, y no parecía que pudiera llegar al 5 % necesario para recibir fondos federales de cara a las siguientes elecciones.

La central de Nader devino un manicomio. Se decidió desestimar el plan de Molly Ivins y organizar una segunda gira por estados en los que Gore podía ganar o perder por un estrecho margen para que su presencia marcase la diferencia. (En algunos de estos estados, las encuestas otorgaban a Nader hasta un 12 % de los votos.) Se trataba de una estrategia aguerrida y desafiante que pretendía decir a los demócratas: «Habéis abandonado a vuestras bases. Habéis dejado de ser demócratas. Ya es hora de que os demos una lección.» Nada mejor que una patada en el culo por parte del patrón Nader.

Todos sabemos que lo único que realmente asusta a un político es verse despojado de su confortable despacho con sus becarias y su cuenta de gastos de representación (aparte de la perspectiva de tener que buscarse un trabajo de verdad). Si no pende esa amenaza sobre sus cabezas, jamás se comportan ni nos escuchan ni se levantan de la cama para dejarse caer por la oficina. Ralph Nader representaba la única esperanza del país para obligar a Gore a hacer las cosas bien.

Todo el mundo sabía que este segundo recorrido por los estados indecisos podía costarle la elección y mandar a Bush a la Casa Blanca. Pero cuando uno ha visto a la administración por la que votó alinearse más a menudo con los republicanos que con los demócratas tradicionales; cuando uno sabe que estos demócratas han empeorado las condiciones de vida de los pobres y allanado el camino para que los ricos disfrutaran de la mayor orgía de la historia, cuando mi ciudad natal acaba perdiendo más trabajos de General Motors en los ocho años de Clinton/Gore que en los doce de Reagan/Bush, sólo queda la disyuntiva de dejar que te joda alguien que promete que va a joderte o bien elegir a uno que disimula para luego darte por saco.

Perdonen la expresión, pero quizá sea la manera más amable de explicar cómo nos sentíamos yo y millones de ciudadanos del país ante estas elecciones. No tiene por qué estar de acuerdo ni tiene por qué gustarle; limítese a releer la frase para formarse una idea simplemente de la impotencia que nos embargaba.

Conozco a cantidad de buena gente que no veía otro remedio que votar por los demócratas. Preferirían oír «te quiero» mientras les dan por saco a tener que mirar a la cara a la bestia que se les va a montar encima durante los próximos cuatro años. Conozco esa sensación. Dime que me quieres y hazme lo que quieras..., incluso ponerme verde en las páginas del *New York Times*.

En realidad estos demócratas renuentes de Gore eran nuestros aliados. Deseaban muchas de las mismas cosas que nosotros. Mi actitud era que si Bush ganaba, íbamos a tener que colaborar con estos progres bienintencionados para salvar al mundo de George W. No se trataba de mandarlos al demonio.

Así que le dije al personal de Nader que no había motivo para mosquear a esta gente, pues eran nuestros amigos potenciales. Debíamos concentrarnos en luchar contra los que se habían apropiado la etiqueta de «demócrata»: los mercenarios del partido, los abanderados de grupos de presión, los calzonazos que no acababan de acomodarse al partido republicano porque tampoco tendrían las agallas para cargarse un parque nacional o para cerrar mil bibliotecas ni para negar desayunos gratuitos a los niños mal nutridos de nuestros centros urbanos más degradados. Hay que tener huevos para hacer algo así, además de la capacidad de disfrutar con ello. Quienes no acaban de pasarlo bien de ese modo consiguen su plaza en el Partido Demócrata.

Nuestros adversarios no eran aquellos que todavía sentían cierto vínculo desesperado con el llamado «Partido Demócrata». El hecho de que millones de estadounidenses sigan albergando la esperanza de que los demócratas representen sus intereses mejor que los republicanos refleja más bien nuestro fracaso a la hora de mostrar al país hasta qué punto se asemejan los dos grandes partidos y de convencerlos de que los demócratas van a seguir vendiendo su alma al diablo.

Los responsables de la campaña de Nader me pidieron que lo acompañara en esta gira final antes de las elecciones. Decliné la invitación. Les dije que prefería seguir trabajando en aquellos estados en los que Ralph podía obtener un mayor número de votos sin sentirme responsable de la posible victoria de Bush. ¿Por qué no gastar las energías en estados como Nueva York o Texas, donde los resultados se conocen de antemano? Podíamos decirle a la gente que no tirase su voto dándoselo a Gore, pues su impacto sería nulo. Por el contrario, lanzarían un mensaje claro y firme si conseguían que Nader se hiciera con un 10 % de los votos.

Ésa no era la estrategia que habían decidido, pero respetaron mi decisión y me desearon buena suerte.

Aterricé en Tallahassee la tarde del 23 de octubre de 2000. Un estudiante de la Universidad del Estado de Florida, su hermano y su cuñada me recogieron en el aeropuerto y, mientras nos encaminábamos hacia el coche, empezaron a comentar la «invitación» que, según parecía, yo había formulado a Jeb Bush.

—No hacen más que hablar de eso —me dijeron.

—¿De qué invitación estáis hablando? —pregunté.

—De la que publicaron ayer en el periódico.

Me pasaron una copia del *Tallahassee Democrat*, el periódico local, y en la primera plana de una de las secciones aparecía una entrevista que me habían hecho por teléfono la semana anterior. Había una gran foto mía y una cita en la que yo desafiaba al gobernador a subirse al estrado. «Qué duro soy —me dije—. Qué fácil lanzar el guante cuando estás a dos mil kilómetros de distancia.» Otra cosa bien distinta es encontrarte solo en un estado donde cuecen a fuego lento a los listillos del Norte. Eso no se me había ocurrido en su momento.

Llegué a la universidad y comenzó la rueda de prensa. Estaba nervioso. No quería que lo que pretendía decir se prestase a malentendidos.

Ante los medios presentes expliqué que había que detener a Bush. Apelé a la gente de Florida para que, si Gore era su hombre, no dejaran de votar por él, pero les recomendé que, si pretendían votar por Nader, meditasen largo y tendido sobre las implicaciones de su voto. Sentía que en Florida había algo más en juego y que, por tanto, si para ellos era más importante detener a Bush, quizá deberían votar por Gore. Yo entendía y respetaba su decisión.

Los periodistas quedaron algo sorprendidos. ¿Iba yo a votar finalmente por Gore? No, yo votaría por Ralph, pero para mí eso era fácil de decir, pues vivo en un estado donde Gore iba a arrasar. Sin embargo, en Florida las cosas eran distintas.

Por todo el estado corrió como reguero de pólvora la noticia de que uno de los «seguidores célebres» de Nader daba luz verde para votar a Gore en Florida si eso era lo que la gente estimaba que debía hacer.

Cuando terminó la conferencia de prensa, me fui al baño a vomitar. Ahora tocaba subir al estrado. Una multitud de dos mil personas atestaba el auditorio. La organizadora golpeó la puerta del lavabo.

—Es hora de empezar —gritó.

—Deme cinco minutos —rogué. Me entraron más náuseas. Cuando ella volvió a aporrear la puerta, le sugerí:

—Páseles un episodio de mi serie de televisión. Salgo en un minuto.

No sabía si me sentía así de mal por la terrible presión o por la Whataburger (especialidad de Tallahassee) que me había zampado de camino al centro. Quizá intuía que las elecciones y el país entero se iban al carajo y que no había escapatoria.

Veinte minutos después, me subí al estrado. Los verdes estaban sentados en las primeras filas, sosteniendo carteles de apoyo a Nader. Les dije a ellos y al resto de la audiencia que no había salida fácil: «Tienen que hacer uso de su mejor capacidad de juicio y votar por quien les dicte su conciencia. Yo no voy a despreciar a nadie porque decida votar por Gore. En todo caso, yo pienso votar a Nader», dije, y enumeré una serie de motivos personales para ello: nunca votaría por alguien que cree en la ejecución de otros seres humanos, que considera que debe proseguir el bombardeo semanal de poblaciones civiles de otros países, que opina que el salario mínimo debería incrementarse sólo en un dólar por hora, que pretende firmar otros tratados comerciales como el TLC, que dejarían sin empleo a varios miles de ciudadanos estadounidenses.

Les expliqué que no podía dar el visto bueno a Gore, alguien que planeaba gastar más en el ejército que el propio Bush, que no pretendía garantizar asistencia médica universal en todo el país, que pensaba que Janet Reno se había equivocado al devolver al pequeño Elián González a Cuba. Ése era Al Gore.

No obstante, aclaré que entendía el dilema ante el que se hallaban en Florida. Que no tenían necesidad de escucharme si no querían, que hicieran lo que les pareciera mejor, que luego ya veríamos. Y que Dios bendijese a esos chicos seguidores de Nader por su valentía y dedicación, algo a lo que muchos de sus padres de la generación de los sesenta renunciaron mucho tiempo atrás.

Durante la sesión de preguntas que siguió a la ponencia y el coloquio organizado con unos doscientos estudiantes y otros activistas políticos (algunos de los cuales habían conducido durante tres horas para estar presentes) se llevó a cabo un intercambio de fondo sobre el modo de manejar la catástrofe inminente. Para cuando terminó el debate, era la 1.30 de la madrugada, y hacía cinco horas que había zanjado mi conflicto con la hamburguesa. Partí con la sensación de que se estaba incubando una tormenta en Florida y de que resultaría imprudente no buscar refugio.

Me llevaron en coche al hotel, un rincón pintoresco en la avenida peatonal que conduce al edificio del congreso del estado. Encendí la televisión y vi la repetición de las noticias de las once. «Un importante seguidor de Nader dice que hay que detener a Bush, sea como sea», dijo el locutor. Apagué las luces y me acosté.

Me desperté a las 6.30 para tomar mi vuelo de regreso. Un estudiante me esperaba abajo para llevarme hasta el aeropuerto. Mientras liquidaba mi cuenta en el mostrador, el chico exclamó:

—El gobernador Bush acaba de pasar.

—Deténganlo —grité, casi sin pensar. (Debe de tratarse de un reflejo. Cuando estoy en Texas o Florida y oigo las palabras «gobernador Bush», instintivamente respondo «¡DETÉNGANLO!».) El chico abrió la puerta.

—Gobernador Bush —lo llamó—, aquí hay alguien que quiere conocerle.

Yo ya había salido del hotel y, efectivamente, en la avenida desierta y oscura a aquellas horas de la madrugada, estaban el gobernador Bush y su guardaespaldas, encaminándose al trabajo. Un deportivo utilitario negro, con otros gorilas en su interior, avanzaba por el paseo unos diez metros por detrás del gobernador.

Bush se volvió para ver quién preguntaba por él y, entonces, me divisó. Sonrió con el clásico mohín Bush y se dirigió hacia mí, mientras yo daba un paso hacia él y el guardaespaldas adoptaba una actitud de «vas a morir».

—Señor Moore —dijo Bush, sacudiendo la cabeza como si acabaran de servirle la misma ración de chile con carne por tercer día consecutivo. Le tendí la mano y él la estrechó.

—Sólo quería saludarle, gobernador —dije, educadamente. Jcb apretó fuertemente, sin la intención de aflojar hasta haber dicho lo que pretendía. Sus ojos se clavaron en mí como alfileres. El gorila se acercó más.

—¿Qué? ¿Le han pagado lo suficiente para venir hasta aquí? —me soltó aviesamente, como diciendo «eres un mierda, Moore». Me quedé sin saliva y mi corazón empezó a latir con tal violencia que temí que él alcanzara a oírlo.

—Nunca es suficiente, gobernador, ya lo sabe —repliqué con las primeras palabras que fui capaz de musitar ¿Qué le importaba a él quién o cuánto me pagaban? Entonces, caí en ello: ¡él era quien pagaba, a través de la Universidad del Estado de Florida! No era de extrañar que se hubiera cabreado: el tipo pagaba mi cuenta y yo, a cambio, les había dicho a miles de floridanos (especialmente a los votantes de Nader) que lo importante era batir a Bush. Y éste no era el planteamiento que los Bush esperaban por parte de un seguidor de Nader.

¿Habría visto las noticias de la noche anterior? Bush fijó en mí la mirada y me soltó la mano.

—¿Está Kevin con usted? —inquirió de pronto. ¿Quién? ¿Kevin? ¿Se trataba de una señal para que el gorila me dejara el cuello como el de la niña de *El exorcista*? De nuevo tardé un poco en comprender: me estaba preguntando por su primo Kevin Rafferty, el cineasta que me había ayudado con *Roger & Me*. No había trabajado con Kevin desde hacía doce años..., ¿por qué me lo preguntaba?

—Eh, no, no está aquí —farfullé.

—Bueno, salúdelo de mi parte —dijo.

—Claro —respondí.

—¿Ya se va? —preguntó.

—Sí —dije—. Ya mismo.

—Bien.

Volvió a sonreírme con el acostumbrado mohín Bush, asintió con la cabeza como diciendo «menos lastre», se volvió y se marchó. Mientras se alejaba calle abajo, traté de pensar en alguna réplica ingeniosa, pero ya estaba a veinte pasos de mí. El vehículo negro bajó una de sus ventanillas; el patrullero que iba al volante me echó una ojeada y pasó de largo. Ya despuntaba el día por detrás de la cúpula del edificio del congreso. No volvería a verlo hasta dos semanas después (y a partir de entonces sería prácticamente lo único que se vería en las pantallas de televisión).

Cada encuentro mío con alguno de los chicos Bush ha supuesto una experiencia desalentadora y castrante. Siempre parecen llevar las de ganar conmigo. Cuando me topé con George W. en Iowa traté de hacerle unas preguntas para mi programa de televisión y me gritó «búscate un trabajo de verdad». El gentío que nos rodeaba se partió de risa. Tampoco supe qué decir. Tenía razón: esto no es un trabajo.

El día en que tropecé con Neil Bush, uno de los conspiradores del escándalo de Silverado Savings & Loan que había quedado libre de acusación, me hallaba en el vestíbulo de General Motors en Detroit haciendo una entrevista radiofónica. Lo vi entrar con cuatro asiáticos (banqueros de Taiwan, según me aclaró más tarde). Al divisarme, le entró el pánico. Yo era la última persona a la que esperaba ver en General Motors.

—¿Dónde está tu cámara? —inquirió, paseando frenéticamente la mirada.

—Eh... Es que hoy no la he traído —dije tímida y pesarosamente. Su rostro se iluminó con una sonrisa.

—¡Vayaaa! ¿Mikey no se ha traído su cámara? —Alargó el brazó y me pellizcó la mejilla—. ¡Qué lástima! —Se alejó riendo y explicando a los chinos quién era yo y cómo me había ganado la partida.

Debo reconocer para mi vergüenza que al único Bush al que he podido reducir es a la chica, Dorothy. Es una mujer dulce, una mamá. Y no tuvo idea de qué responder cuando le pregunté cuál de sus dos hermanos creía que ganaría el concurso de «Veamos quién ejecuta a más internos en el corredor de la muerte», George o Jeb.

Reaccionó visiblemente ofendida, herida de verdad por la insinuación de que sus hermanos eran asesinos despiadados. Parecía a punto de echarse a llorar y yo me sentí como un capullo. *Qué machote estás hecho, Mike, por fin has noqueado a un Bush.*

En realidad, existe otro hermano Bush, Marvin, pero nunca oirán hablar de él en los medios de comunicación. Yo no lo conozco. Ustedes no lo conocen. Nadie conoce a Marvin. Dios sabe dónde está o qué andará haciendo..., aparte de planear qué gracia me soltará cuando se tope conmigo.

Después del glacial encuentro con Jeb, embarqué en mi avión hacia Los Ángeles, sin poder quitarme el episodio de la cabeza.

Entonces, mientras trataba de abrir la bolsita de cacahuetes tostados, tuve una iluminación. Conseguí uno de esos costosísimos teléfonos aéreos, llamé a Ralph y hablé con las tres personas que gestionaban su campaña, consciente de que quizá Nader también estaba a la escucha.

—Chicos —dije—, ¿se os ha ocurrido pensar que hoy día el hombre más poderoso del país es... Ralph Nader?

Silencio al otro extremo de la línea.

—En serio. Su 5 % va a marcar la diferencia. Bush necesita desesperadamente que a Ralph le vaya bien para poder ganar. Y Gore necesita que Nader se quite de en medio para salir elegido. Si Ralph no estuviera en liza, Gore ganaría. Sólo hay un hombre que pueda cortar el bacalao. Y ése es Ralph Nader. Pero después del 7 de noviembre ya no contaremos con esa ventaja. Sólo nos queda esta próxima semana. Mientras Gore y Bush sigan dependiendo de los actos de Nader, ¿por qué no nos aprovechamos de esta posición privilegiada?

—¿Qué es lo que tenías pensado? —preguntó uno de ellos.

—Ralph tiene el futuro de Gore en sus manos. ¿Qué os parece si lo llama para decir: «Oye, tú quieres ser presidente, ¿no? Pues esto es lo que debes hacer mañana mismo»? Entonces, le entregamos una bonita lista de la compra: asistencia médica universal, fin de esta falsa guerra contra la droga, nada de recortes impositivos para los ricos, etcétera. Y Ralph no le pide nada a cambio, ni un puesto en el gabinete ni financiación para sus proyectos. Se limita a pedir a Gore que se comprometa públicamente a seguir nuestras propuestas. Luego, Ralph sale por televisión y dice: «Tenemos lo que queremos. Hemos convencido a Gore de la necesidad de hacer 1, 2 y 3. Él se ha comprometido a cumplirlo todo. Así que, el próximo martes, si usted vive en alguno de los estados indecisos, pero me apoya a mí, necesito que vote por Gore. En cuanto al resto de ustedes, en los otros cuarenta estados, sigo necesitando su voto de modo que podamos construir un tercer partido viable que no pierda de vista a Gore.»

»En otras palabras, sería como cantar victoria. Y ése, después de todo es el objetivo de Ralph: decantar el programa político hacia nuestras posiciones. ¿Qué os parece?

—No alcanzaremos el 5 % a menos que cosechemos todos los votos que podamos en cada uno de los estados —repuso el director de campaña—. En este momento, no podemos renunciar a un solo voto.

—Pero después de conseguir ese 5 % —repliqué—, eso es todo lo que tendréis: 5 % de los votos, 0 % del poder. Ahora mismo, en cambio, tenemos todo el poder. Uno de los candidatos necesita que Nader continúe, el otro, que abandone. Estas elecciones se decidirán por un porcentaje de uno o dos. Ralph tiene entre el 2 y el 5 % ahora mismo y puede decidir quién va a ser el próximo presidente. No volveréis a tener esta cota de poder en vuestras vidas.

Un colega de Nader de toda la vida que estaba escuchando entendió lo que yo trataba de decir.

—Pero ahora no va a haber manera de que Ralph se retire —dijo—. Daría la impresión de que renuncia en el momento en que la cosa se pone al rojo vivo. Además, los demócratas le han tratado con una falta de respeto absoluta. Nunca lo convencerás de que los ayude. Además —prosiguió—, ¿qué te hace pensar que Gore mantendría sus promesas? Esta gente no respeta sus compromisos.

—¿Y qué pasa con los miles de universitarios que han estado trabajando tan duro? —intervino el director de campaña—. ¿Qué pasa con las decenas de miles que asistieron a los mítines en los que hablasteis tú y Ralph? Se trata de su primera experiencia electoral y resulta que el candidato por el que lo dieron todo arroja la toalla antes de llegar al final. No les podemos hacer esto. Los convertiríamos en adultos cínicos que jamás volverían a implicarse en política.

No hay duda de que su opinión era razonable. La última cosa que yo deseaba era incrementar las hordas de cínicos que han perdido todo interés en ejercer su derecho al voto.

—Sin embargo —observé—, ¿no habría un modo de presentar la operación como una victoria de los verdes, de Ralph, de todos los que han trabajado para él? Al conseguir un cambio de posiciones por parte de Gore, habríamos logrado un éxito insospechado. Es como el caso de aquel partido ultraconservador de Israel cuyos cinco escaños en la Kneset son siempre necesarios para formar un gobierno de mayoría. El partido que hace mayores concesiones a su programa consigue sus votos. Si se unen a los liberales para formar gobierno, sus seguidores ni se enfadan ni los acusan de venderlos. Al contrario, pues con sólo cinco votos han logrado salirse con la suya.

«Caramba, qué profundo —me dije—. Aquí estoy, enseñando teoría política a 30.000 pies de altura.»

—Mike —contestó una voz al teléfono—. ¿Te has vuelto loco? Esto no es la Kneset. Estás en Estados Unidos y las cosas funcionan de otro modo. Crucificarán a Ralph si respalda a Gore, y a éste también lo crucificarán si cambia sus posiciones a estas alturas. Nada de eso va a suceder.

Les aseguré que lo comprendía. También les recordé que no se trataba de que Ralph abandonara, sino de transferir el voto a Gore en los estados indecisos. De este modo, Gore contraería con él una deuda que tendría que saldar una vez que estuviera en la Casa Blanca y, así, no sólo tendríamos un pedazo del pastel, sino que además nos lo podríamos comer.

Nadie parecía interesado en el pastel.

Les di las gracias y colgué, poniendo fin a mi llamada de 140 dólares. Entonces, me repantigué en mi butaca y pedí mi primera copa aérea en la vida. Volando sobre Texas, me quedé dormido.

Lo que sucedió el 7 de noviembre de 2000 pasará a relatarse en los libros de historia. Nader contaba con el 6 % de la intención de voto en Florida según las encuestas realizadas en la víspera de mi llegada. Un día después de mi partida, había bajado hasta un 4 %. En el día de las elecciones cayó hasta el 1,6 %. Eso representaba 97.488 votos. ¿Sería razonable suponer que 538 de estos votantes habrían cambiado su voto si hubieran sabido que con ello se daba la vuelta a los resultados? Por supuesto.

De todas maneras, me sorprende que todos los que siguen enojados con Nader no hayan dirigido su rabia contra otros candidatos de izquierdas presentes en Florida. David McReynolds, del Partido Socialista, consiguió 622 votos; James Harris, del Partido Socialista de los Trabajadores, obtuvo 562; Monica Moorehead, del Partido Mundial de los Trabajadores, logró 1.804. Seguro que entre todos estos votantes también podían encontrarse 538 que se habrían tapado la nariz y habrían votado por Gore de haber sabido que Bush y sus amigotes iban a amañar las elecciones.

Para mí la culpa es de esta última candidata. Lo único que he aprendido de los años noventa es que la culpa es siempre de Monica. Así que culpen a Monica. No culpen a Ralph. ¡Y NO ME CULPEN A MÍ!

O quizá deberían hacerlo. Los demócratas insisten en atribuir tanto poder a los naderitas que quizá deberíamos asumirlo. ¡Sí, fuimos nosotros! Somos Thor todopoderoso y omnisciente. Lo arrasaremos todo a nuestro paso y os reduciremos a ceniza.

No fuimos nosotros quienes abandonamos al Partido Demócrata, fuisteis vosotros los que nos abandonasteis a todos los que confiábamos en que los demócratas creían en algo, como la lucha por los derechos de los trabajadores. Pero os dio por hacer manitas con los republicanos y no nos quedó otra opción que votar por Nader. Así hace las cosas Thor.

De modo que os negamos el acceso a la Casa Blanca. Os echamos de Washington. Y lo volveremos a hacer. Tenemos más de 900 asociaciones verdes en los campus de Estados Unidos. Más de 200.000 voluntarios entusiastas se han apuntado a nuestra lista de envíos por correo. Ganamos veintidós comicios en las elecciones de 2000 que se sumaron a otros cincuenta y tres verdes elegidos que ocupaban distintos cargos en todo el país. Desde el pasado mes de noviembre, los verdes han ganado otros dieciséis escaños, que suman un total de noventa y un cargos elegidos por sufragio. Cinco ciudades de California son gestionadas por alcaldes del Partido Verde. Y el número de votantes que dieron su apoyo a Nader en 2000 aumentó en un arrollador 500 % respecto de 1996.

Se trata de un movimiento que está creciendo. Y no estamos hablando únicamente del Partido Verde. Yo ni siquiera soy miembro. Existen millones de personas que ya no quieren saber nada de demócratas y republicanos y que aspiran a una alternativa real. Ése es el motivo por el que un luchador profesional ganó las elecciones a gobernador de Minnesota y por el que el único congresista de Vermont es un independiente (al igual que uno de sus senadores). Surgirán más independientes en los años próximos; no hay manera de detener esta corriente avivada por la desvergüenza de republicanos y demócratas.

Así que sálvese quien pueda. Voy a salir de mi búnker. Estoy harto de limitarme a «sobrevivir», de comerme la mierda de los quejicas que jamás osan dar un paso en pro de los desposeídos, exponiéndose a un arresto o a un porrazo en la cabeza, dedicando unas pocas horas de su tiempo cada semana a ejercer de verdaderos ciudadanos: el mayor honor de que uno puede gozar en una democracia.

Quisiera que todos nosotros nos encarásemos con nuestros miedos y dejáramos de actuar como si nuestro mero objetivo en la vida fuera el ir tirando. Esta modalidad de «supervivencia» va destinada únicamente a los acomodaticios o a los concursantes varados en una isla desierta. Nosotros no estamos varados. Tenemos iniciativa. Los malos no son más que un hatajo de estúpidos hombres blancos, y nosotros somos muchos más que ellos. Basta con saber usar nuestro poder.

Todos merecemos algo más.

Epílogo
a la edición inglesa

Quizá lo peor de tener a un presidente que nadie eligió es que, cuando se avecina una crisis nacional, debemos preguntarnos a qué intereses sirve. Dado que no gobierna por voluntad del pueblo sino por robo electoral, ¿no resulta más seguro suponer que «el pueblo» no se halla entre las prioridades del «presidente» George W. Bush?

A las 8.45 de la mañana del 11 de septiembre de 2001, Estados Unidos sufrió el peor ataque de su historia en su propio suelo por parte de enemigos extranjeros. Visto que los detalles de lo que sucedió ya son tan conocidos como los del 7 de diciembre de 1941 y los del 1 de septiembre de 1939, no me voy a extender sobre el número de aviones utilizados, la cantidad de víctimas mortales o las múltiples llamadas telefónicas de adiós por parte de seres queridos que viajaban en los aviones que los terroristas suicidas estrellaron en el World Trade Center y en el Pentágono.

Lo que sí desearía hacer, ahora que me acerco al final de este libro, es formular una serie de puntillosas preguntas a nuestro Comandante en Jefe, quien, por haber sido designado por los amigos de papá en el Tribunal Supremo, piensa que no tiene que responder a nada. Aquel día murieron 3.000 personas y hay algo en dicha tragedia que a mí y a un montón de gente más no nos acaba de cuadrar.

Así que, señor Bush, ¿podría aclararme estas cuestiones?:

1. ¿Es verdad que la familia Bin Laden ha estado suministrando fondos a la familia Bush durante más de veinte años? Según

el *New York Times*, su primera empresa petrolera (Arbusto, fundada en 1979) fue parcialmente financiada por los Bin Laden. El clan saudí invirtió en el Grupo Carlyle, la empresa de George padre que tiene vínculos muy importantes con la industria de defensa de Estados Unidos. Creo que una coincidencia tan extraordinaria merece una explicación.

2. Usted dice que Osama bin Laden fue el cerebro de los atentados del 11 de septiembre. Sin embargo, hay noticias de que, por entonces, este «maleante» estaba en tratamiento de diálisis a causa de una insuficiencia renal. ¿Nos está usted diciendo que un hombre conectado a una máquina de diálisis en una cueva de Afganistán supervisó toda la operación?

3. En 1997, cuando usted era gobernador del estado, la BBC emitió un reportaje sobre los líderes talibanes de Afganistán que volaron a Houston, Texas, para reunirse con ejecutivos de la petrolera Unocal con el fin de discutir la construcción de un gasoducto en Afganistán. Uno de los informes de viabilidad del proyecto fue encargado a Enron, la compañía que más dinero donó a sus campañas para gobernador y presidente. Halliburton fue una de las empresas designadas para construirlo. Por entonces, el presidente de la empresa era Dick Cheney, actual vicepresidente de Estados Unidos ¿Por qué acogió el estado de Texas a estos representantes de un gobierno terrorista? ¿Qué pasó con el acuerdo para construir el gasoducto?

4. Según el *Times* de Londres, en los días y semanas que siguieron al 11 de septiembre, usted permitió que un avión privado saudí sobrevolara Estados Unidos para recoger y sacar del país a una docena de miembros de la familia Bin Laden. No se llevaron a cabo interrogatorios policiales ni del FBI, como tampoco se convocó a un gran jurado para determinar si estos parientes podían poseer información valiosa. Por el contrario, mientras el resto del país tenía que quedarse en tierra y el caos se apoderaba de la nación, usted encontró tiempo para asegurarse de que los Bin Laden estuvieran a salvo. ¿Nos puede explicar a qué viene esa premura? ¿Por qué recibieron los saudís y los Bin Laden este trato de favor?

5. Al menos quince de los diecinueve secuestradores procedían de Arabia Saudí. Pero usted bombardeó Afganistán. ¿Fue un error de puntería? ¿O resultaba algo aventurado ir a por un país que suministra el 25 % de nuestra gasolina y que alberga a tantos socios de papá? Sólo trato de conocer el verdadero valor de las 3.000 vidas perdidas ¿A cuántos metros cúbicos de gas natural equivalen?

6. Tan pronto como acabó su campaña para tomar el control de Afganistán, usted instaló a un antiguo asesor de una petrolera como «jefe del gobierno interino». Luego, colocó a un ex consejero de Unocal como nuevo embajador en el país y, al cabo de pocos meses, se firmó el acuerdo para construir el gasoducto antes mencionado. Ahora que ya tiene lo que quería, ¿pueden regresar las tropas?

Hay que formular estas preguntas a George W. Bush, pero ¿quién lo hará? ¿Quién exigirá las respuestas? ¿La prensa perezosa y complaciente que pertenece a unos pocos millonarios que contribuyeron a la campaña de Bush? ¿O el supuesto partido de la oposición, que pasa el rato tratando de emular a los republicanos y que está financiado por los mismos millonarios? ¿Qué esperanza puede haber para nosotros si no somos capaces de formular estas preguntas elementales?

Con el fin de disimular el olor a gato encerrado, la administración Bush se ha servido alegremente de los ataques del 11 de septiembre como pretexto para empezar a trocear nuestra constitución y eliminar nuestras libertades civiles. No hay mejor momento para hacerlo: el pueblo vive bajo un estado de terror y nadie está seguro de dónde vendrá el próximo ataque.

Los británicos saben lo que significa vivir bajo este tipo de temor. Explotan unas cuantas bombas en Londres y el gobierno se reviste de toda suerte de poderes especiales para hacer lo que le place con el fin de combatir el «terrorismo». Nadie parece tener tiempo para preguntar acerca del terrorismo instigado por el gobierno o su relación con las muertes y la destrucción que se producen en nuestro entorno. ¿Cuántos irlandeses han sido arrestados y condenados injustamente? ¿Cuántos irlandeses fueron asesinados por operativos del gobierno británico? Quizá nunca lo sepamos. ¿Eso es una sociedad libre y abierta?

Y ahora nos toca la guerra de Bush contra el terrorismo. Qué fantástica excusa para distraernos a todos de los verdaderos problemas que hay en el mundo. Tony Blair, un clon perfecto de Bill Clinton, ha encontrado un nuevo gran amigo en George W. Bush. Quizá sea sencillamente porque le gusta parecer un genio cada vez que se le ve a su lado. ¿Quién puede reprochárselo? Mientras Bush chapurrea un inglés que se desvía inopinadamente hacia dialectos ignotos, Blair se limita a sonreír. El señor Blair nos haría un gran favor si borrara esa sonrisa de su cara y le dijera a Bush que no piensa respaldar ninguna otra aventura de los amigos de papá en pos de todo el petróleo del mundo.

George Orwell acertó con *1984*. Casi todos recordamos al «Gran Hermano», pero hoy día resulta mucho más relevante la coincidencia de que el Líder se vea obligado a costear una guerra permanente. Necesita que los ciudadanos vivan en estado de constante temor hacia el enemigo con el fin de que le concedan todo el poder que desea: como la gente quiere sobrevivir, renuncia de buena gana a sus libertades. Naturalmente, el único modo de conseguir esto es convenciendo al pueblo de que el enemigo está en todas partes y de que su amenaza es inminente.

Funcionó en la novela y funciona hoy. Lo único que detendrá esta dinámica es el rechazo tajante a las mentiras que nos cuentan. No es momento de abandonar. No debemos olvidar que somos más que ellos. Siempre hemos tenido el poder y así seguirá siendo, pero hay que echar mano de él sin temor.

Notas y fuentes

Capítulo 1 — Un golpe a la americana

La información acerca de la esposa de Jeb Bush y su roce con el Servicio de Aduanas puede encontrarse en «Gov. Jeb Bush: Florida Republican is Younger, Taller, and More Partisan than George W.», de Marcia Gelbart (*The Hill*, 30 de julio de 2000).

La investigación sobre las listas expurgadas de votantes apareció en «Florida's "Disappeared Voters": Disfranchised by the GOP», de Gregory Palast (*The Nation*, 5 de febrero de 2001); «How the GOP Gamed the System in Florida», de John Lantigua (*The Nation*, 30 de abril de 2001); «Florida Net too Wide in Purge of Voter Rolls», de Lisa Getter (*Los Angeles Times*, 21 de mayo de 2001); y «Eliminating Fraud —Or Democrats», de Anthony York (Salon.com, 8 de diciembre de 2000).

La prohibición de votar en algunos colegios electorales se comenta en «Contesting the Vote: Black Voters; Arriving at Florida Voting Places, Some Blacks Found Frustration», de Mireya Navarro y Somini Sengupta (*The New York Times*, 30 de noviembre de 2000); y también en «Irregularities Cited in Fla. Voting; Blacks Say Faulty Machines, Poll Mistakes Cost Them Their Ballots», de Robert. E. Pierre (*Washington Post*, 12 de diciembre de 2000).

En febrero, la Cámara de Representantes celebró varias sesiones dedicadas al prematuro anuncio de los resultados electorales, tal como se informó en «Election Coverage Burned to a Crisp; House Grills Networks' "Beat the Clock" Approach», de Howard Kurtz (*Washington Post*, 15 de febrero de 2001).

La conexión con el primo de Bush también aparece documentada en «Fox Executive Spoke Five Times with Cousin Bush on Election Night», por David Bauder (Associated Press, 12 de diciembre de 2000); y en «Bush Cousin Made Florida Vote Call for Fox News», de Howard Kurtz (*Washington Post*, 14 de noviembre de 2000).

Una serie de artículos en el *New York Times* informaron del recuento de los votos por correo procedentes del extranjero: «How Bush Took Florida: Mining the Oversees Absentee Vote», de David Barstow y Don Van Natta Jr. (14 y 15 de julio de 2001); «How the Ballots Were Examined» (15 de julio de 2001; «House Republicans Pressed Pentagon for E-Mail Addresses of Sailors», de C. J. Chivers (15 de julio de 2001); «Timely but Tossed Votes Were Slow to Get to the Ballot Box», de Michael Cooper (15 de julio de 2001); y «Lieberman Put Democrats in Retreat on Military Vote», de Richard L. Berke (15 de julio de 2001). Tras la publicación de estos artículos, Katherine Harris permitió la inspección del disco duro de sus ordenadores tal como se informó en «Computer Analysts Gain Access to Secretary of State Katherin Harris' Computers», de David Royse (Associated Press, 1 de agosto de 2001); y en «Florida Gives Computers in November Election to News Groups for Inspection», de Dana Canedy (*New York Times*, 2 de agosto de 2001).

El momento del veredicto del Tribunal Supremo se detalla en «The God that Failed; Florida Supreme Court's Rulings on the Presidential Elections», de Herman Schwartz (*The Nation*, 1 de enero de 2001); en transcripciones del noticiario de CNN de las 8.00 de la mañana del 9 de diciembre de 2000; en el reportaje especial de la cadena ABC emitido a las 2.47 de la tarde del 9 de diciembre de 2000.

Los comentarios del magistrado O'Connor relativos a su retiro fueron publicados en «The Truth Behind the Pillars», de Evan Thomas y Michael Isikoff (*Newsweek*, 25 de diciembre de 2000).

La información relativa a los vínculos familiares entre el Tribunal Supremo y la administración procede de «Contesting the Vote: Chellenging a Justice», de Christopher Marquis (*New York Times*, 12 de diciembre de 2000); y de «Justice Scalia's Son a Lawyer in Firm Representing Bush Before Top Court», de Jill Zuckman (*Chicago Tribune*, 29 noviembre de 2000).

La declaración de Scalia puede encontrarse en el texto de su veredicto: Tribunal Supremo de Estados Unidos, núm. 00-949 (00A504) George Bush et al. v. Albert Gore, Jr. et al., opinión coincidente de Scalia, J. 531 US (2000). 9 de diciembre de 2000.

El cambio de partido por parte de Theresa LePore se relata en «Disappointed, LePore Leaves Democrats», de Brad Hahn (*Orlando Sun-Sentinel*, 9 de mayo de 2001).

Uno de los mejores análisis sobre los esfuerzos e ilegalidades generalizados para negar el derecho a voto a los ciudadanos negros de Florida puede hallarse en el informe «Voting Irregularities in Florida During the 2000 Presidential Election», publicado por la Comisión de Derechos Civiles de Estados Unidos (8 de junio de 2001). Puede encontrarse en *www.usccr.gov/vote2000/flmain.htm*.

EL historial de Cheney en relación con el aborto puede hallarse en «Conservative Tilt in Congress Merged with a Moderate Style», de Michael Kranish (*Boston Globe*, 26 de julio de 2000); y en «Would Vote differently on ERA, Head Start, not Mandela», de Michael Finnegan (*Los Angeles Times*, 31 de julio de 2000); «Dick Cheney voted conservative, played moderate» (CNN.com, 24 de julio de 2000). El paso del actual vicepresidente por el Departamento de Defensa aparece relatado en su biografía oficial en *www.defense.link.mil/specials/secdef_histories/bios/cheney.htm*. Las inversiones en bolsa por parte de Cheney están detalladas en «Top of the News: O'Neill to Sell», de Dan Ackman (Forbes.com, 26 de marzo de 2001); «Cheney Oil Investments and the Future of Mexico's Democracy», de Martin Espinoza (*www.Corpwatch.org*, 8 de agosto de 2000); «A Go-Round on Foreign Policy Ride», de Molly Ivins (*Sacramento Bee*, 11 de marzo de 2001); «Eyes Wide Shut: Scruples Fade in Dealings with Burma» (*The Guardian*, 28 de julio de 2000). Las investigaciones ulteriores acerca de los negocios entre Irak y Halliburton proceden de «Firm's Irak Deals Greater Than Cheney Has Said; Affiliates Had $73 Million in Contracts», de Colum Lynch (*Washington Post*, 23 de junio de 2001).

La postura de Ashcroft respecto del aborto se examina en «Controversy on Abortion, Civil Rights Liberties», y «An Ashcroft Justice Department» (ABCNews.com, 23 de diciembre de 2000). Ashcroft participó en la votación de la Ley contra la Discriminación Laboral S.2056, voto núm. 1996-281, 10 de septiembre de 1996; y el voto del mismo en la ley de apelaciones de la pena de muerte puede encontrarse en Senate Bill núm. S.735, voto núm. 1996-66, 17 de abril de 1996. El historial de ejecuciones de Ashcroft durante su período como gobernador y su posición en relación con las drogas pueden hallarse en el artículo «An Ashcroft Justice Department» (ABCNews.com, 23 de diciembre de 2000). El voto de Ashcroft sobre el aumento de las condenas por faltas relacionadas con el uso de drogas forma parte de la Ley S.625; voto núm. 1999-360 del 10 de noviembre de 1999. Sobre los intereses de Ashcroft en el medicamento Claritin, véase «Cabinet Diversity?; Check Out the Bush Team's Corporate Logos», de Molly

Ivins (12 de febrero de 2001). Su voto en contra de la inclusión de medicamentos que se expiden con receta en la cobertura del programa de asistencia sanitaria Medicare aparece en Ley HR.4690, voto núm. 2000-144, 22 de junio de 2000.

Los antecedentes de Ann Veneman pueden leerse en «The Early Days of Bushdom are not a Pretty Sight», de Molly Ivins, (29 de enero de 2001); y en «Transition in Washington: Agriculture Department», de Elizabeth Becker (*New York Times*, 19 de enero de 2001). La fortuna personal de Veneman aparece pormenorizada en «History Richest Cabinet Takes the Gilt off Bush's Tax Cut», de Julian Borger (*The Guardian*, 7 de febrero de 2001).

El bagaje de Rumsfeld se describe en «Rumsfeld: Star Warrior Returns», de Michael T. Klare (*The Nation,* 29 de enero de 2001); y en «The Rummy» de, Jason Vest (*In These Times*, 19 de febrero de 2001).

El expediente medioambiental de Spencer Abraham y su relación con el Departamento de Energía proceden de «The Three Horsemen of Environmental Apocalypse», de David Helvarg (*The Nation*, 16 de enero de 2001); y de «Energy Secretary Nominee Tried to Abolish the Energy Department», (Environmental News Network, 8 de enero de 2001); y de «Who's Who in the Bush Cabinet», de Geov Parrish (*www.alternet.org*, 16 de enero de 2001).

La posición de Tommy Thompson respecto al aborto en sus tiempos de gobernador puede encontrarse en «Who's Who in the Bush Cabinet», de Geov Parrish (*www.alternet.org*, 16 de enero de 2001); y sus vínculos con Philip Morris, en otro artículo de AlterNet, «Bush War on Children», de Jonathan Rowe y Gary Ruskin (3 de julio de 2001).

El bagaje de Gale Norton se detalla en «Far, Far From the Center», de Bob Herbert (*New York Times,* 8 de enero de 2001); y en «Norton Record Often at Odds With Laws she Would Enforce», de Douglas Jehl (*New York Times*, 13 de enero de 2001). Los problemas judiciales de C. R. Bard aparecen referidos en «C. R. Bard, Inc. Executives Sentenced to Eighteen Month Federal Prision Terms» (PR Newswire, 8 de agosto de 1996).

La relación de Colin Powell con AOL/Time Warner se explica en «Stocks, Speeches Add to Powell Wealth», de Greg Toppo (Associated Press, 17 de enero de 2001); y en «The Americas: All the U.S. President's Very Rich Men», de Peter Spiegel (*Financial Times*, 8 de marzo de 2001); las acciones de Paul O'Neill se detallan en «The Man from Alcoa», de William Greider (*The Nation*, 16 de julio de 2001); y en «Alcoa Strikes Curious Water Deal with San Antonio», de Nate Blakeslee (*Houston Chronicle*, 3 de septiembre de 1999).

Los contactos empresariales de Kurt Rove aparecen en «Bush Aide With Intel Stock Met with Executives Pushing Merger» (*New York Times*, 14 de junio de 2001); y en «Mauro Raises Questions About Bush's Aides Link to Tobacco Industry» (*Abilene Reporter-News*, 31 de agosto de 1997).

La información acerca de Kenneth Lay proviene de «Power Trader Tied to Bush Finds Washington All Ears», de Lowell Bergman y Jeff Gerth (*New York Times*, 25 de mayo de 2001).

Puede encontrarse información adicional acerca de los miembros de la Junta en el Center for Responsible Politics y en *www.issues.org*.

CAPÍTULO 2 — QUERIDO GEORGE

Para más información sobre la familia Bush y sus lazos con la Alemania nazi, véase «An American Dynasty» (2ª parte), de Michael Kranish (*New York Times*, 23 de abril de 2001); «Author Links Bush Family to Nazis» (*Sarasota Herald-Tribune*, 12 de noviembre de 2000); y The Bush Family-Third Reich Connection: Fact or Fiction?», de Susie Davidson, (*Jewish Advocate*, 19 de abril de 2001).

Puede hallarse información acerca de las contribuciones individuales al Partido Republicano durante el ciclo electoral de 2000, en «The Republicans: The Few, the Rich, the Rewarded Donate the Bulk of GOP Gifts», de Don Van Natta Jr y John M. Broder (*New Yoork Times*, 2 de agosto de 2000); y The Center for Responsible Politics, *www.opensecrets.org*.

Puede seguir la pista de lo que Bush hizo y hace durante su administración leyendo la columna de Molly Ivins, de Creators Syndicate (sus artículos pasados pueden hallarse en *www.sacbee.com/voices/national/ivins*) o visitando las siguientes páginas web: *www.smirking chimp.com* y *www.bushwatch.com*.

La mención del libro favorito de Bush puede encontrarse en «'Hungry Caterpillar' A Favorite with Bush», (*Arizona Republic*, 17 de octubre de 1999). George Bush se licenció en Yale en 1968. *The Very Hungry Caterpillar* de Eric Carle fue editado en 1969. Associated Press publicó un artículo, «Bush's Alleged Grades Published», de Brigitte Greenberg (9 de noviembre de 1999), donde se expone su expediente universitario. La información acerca de los hábitos de lectura de Bush procede de «Shades of Gray Matter; The Question Dogs George W. Bush: Is He Smart enough?», de Kevin Merida (*Washington Post*, 19 de enero de 2000); y de «Bush Is Providing Corporate Model for White House», de Richard L. Berke (*New York Times*, 1 de marzo de 2001).

Se habla del pasado alcohólico de Bush y de su detención por conducir bajo los efectos del alcohol en «1986: A Life-Changing Year: Epiphany Fueled Candidate's Climb», de Lois Romano y George Lardner Jr., (*Washington Post*, 25 de julio de 1999); y en «Bush Pleaded Guilty to DUI» (Associated Press, 2 de noviembre de 2000). Las imputaciones contra Cheney por conducir borracho se mencionan en «Bush Stays in the Clear-For Now», de Jake Tapper (*www.Salon.com*, 4 de noviembre de 2000). Además de cubrir la mencionada detención, *Time*, «Fallout from Midnight Ride», Adam Cohen, 13 de noviembre de 2000, incluye información sobre los anteriores tropiezos de Bush con la ley.

Los detalles del accidente automovilístico de Laura Bush aparecen en «Laura Welch Bush: Shy No More», de John Hanchette, Gannett News Service (*USA Today*, 23 de junio de 2000); y en «Reserved Texas First Lady is Primed for National State», de Julie Bonnin (*Plain Dealer*, 31 de julio de 2000).

La respuesta a la pregunta de George Bush sobre si había consumido drogas se encuentra en «Bush Goes Further on Question of Drugs; He Says He Hasn't Used Any in the Past 25 Years», de Dan Balz (*Washington Post*, 20 de agosto de 1999).

El *Boston Globe* analiza la experiencia de Bush en la Guardia Nacional en «1-Year Gap in Bush's Guard Duty: No Record of Airman at Drills in 1972-1973», de Walter V. Robinson (23 de mayo de 2000). El presunto comentario de James Baker fue citado por el columnista conservador William Safire en 1992 y las consecuencias del mismo se relatan en «Report of Baker Remark Draws Ire in Israel» (Associated Press, 8 de marzo de 1992); y en «Jewish Blacklash Could Cost the President Dear», de Xan Smiley (*Sunday Telegraph*, 27 de septiembre de 1992).

Capítulo 3 – Lo que la bolsa se embolsa

Si le cuesta tanto como a mí creer que un piloto deba vivir de los bonos de comida, compruébelo en «Old Values Clash in Comair Strike», de James Ott (*Aviation Week & Space Technology*, 2 de abril de 2001); «Key Issues in the Strike» (*Cincinnati Enquirer*, 27 de marzo de 2001); «Small Jets' Big Stake in a Strike», de David Leonhardt (*New*

York Times,16 de junio de 2001); «American Eagle Pilots Reject Contract», de Dan Reed (*Star-Telegram*, 17 de agosto de 2000); «Express Pilots Vow to Strike as They Head Back to Bargaining Table», de Pauline Arrillaga (Associated Press, 28 de junio de 1998); «Continental Express Pilots Start Infomational Picketing», de M. R. Kropko (Associated Press, 14 de octubre de 1998); «High-Flying Job Doesn't Make Big Bucks», de Roger Roy (*Orlando Sentinel*, 16 de marzo de 1997); «US Airways Attendants Rehearse Strike Movements in Philadelphia» (*Philadelphia Daily News*, 24 de marzo de 2000); «Airline Worried About Spring Travel as Flight Attendants Threaten Strike», de Robert McCoppin (*Chicago Daily Herald*, 20 de enero de 2001); «Holiday Airline Travelers May Experience Flight Problems Due to Full Flights and Labor Problems Between Workers and Airlines» (Radio pública nacional, transcripción de la edición matinal del 21 de noviembre de 2000).

Las estadísticas sobre riqueza empresarial y personal proceden de «Income of the Richest Up 157 %», de Alan Fram (Associated Press, 31 de mayo de 2001); y de «Top 200: The Rise of Corporate Global Power», de Sarah Anderson y John Cavanagh (informe del Institute for Policy Studies, diciembre de 2000).

La información relativa a los impuestos sobre empresas puede encontrarse en *The Cheating of America*, de Charles Lewis y Bill Allison y el Center for Public Integrity, HarperCollins, 2001), pp. 11-13, 15, /9, 62-63.

CAPÍTULO 4 — A MATAR BLANCOS

Muchos de los datos estadísticos acerca de las condiciones sociales de los afroamericanos pueden encontrarse en el informe del Council of Economic Advisers for the President's Initiative on Race, «Changing America: Indicators of Social and Economic Well-Being by Race and Hispanic Origin» (septiembre de 1998).

La información acerca de la disparidad existente en la asistencia médica procede de los siguientes artículos: «Black Found on Short End of Heart Attack Procedure», de Sheryl Gay Stolberg (*New York Times*, 10 de mayo de 2001); «Race Bias in Stroke Treatment Found», de Melissa Williams (Associated Press, 4 de mayo de 2001); y «Black Maternal Deaths 4 Times the White Rate», de Leslie Casimir (*Daily News*, 8 de junio de 2001).

Los datos estadísticos sobre el uso doméstico de las armas contra intrusos proceden del folleto «Guns in the Home», publicado por The Brady Campaign to Prevent Gun Violence.

CAPÍTULO 5 — PAÍS DE BURROS

Las cifras sobre alfabetización de adultos proceden de un sondeo realizado por el Departamento de Educación.

La metedura de pata de Bush se detalla en «Deep U.S.-Europe Split Casts Long Shadow on Bush Tour», de Frank Bruni (*New York Times*, 15 de junio de 2001).

El contenido del discurso que pronunció en la ceremonia de graduación de Yale se describe en «George W. Bush commencement address at Yale University» (Associated Press, 21 de mayo de 2001).

Algunos casos anteriores de falta de conocimientos por parte de cargos gubernamentales aparecen en «Politics Is Nothing New in Choosing Ambassadors» (*St. Petersburg Times*, 21 de julio de 1989); «Ambassadors; What Price Monaco?», (*The Economist*, 4 de marzo de 1989); «European Press Has Fun with Clark Performance», de Jeff Bradley (Associated Press, 4 de febrero de 1981).

La información sobre la ignorancia de Bush respecto de las capitales de países importantes apareció en «Briefs or No Briefs?», de Jake Tapper (Salon.com, 26 de abril de 2001).

La información acerca del fracaso en el examen de historia por parte de estudiantes de las mejores universidades figura en «America's Best and Brightest Are Clueless About Our History», de Donald Kaul (*Des Moines Register*, 7 de julio de 2000). También apareció en «Education without Knowledge», de Bryan Maxwell (*University Wire*, 13 de julio de 2000).

Los datos acerca de la oferta de cursos universitarios proceden de «The Selling Out of Higher Education», de Samuel Hazo (*Pittsburgh Post-Gazette*, 3 de septiembre de 2000); y de «Much Ado —Yawn— About Great Books», de Emily Eakin (*New York Times*, 8 de abril de 2001).

Las alusiones negativas a los maestros proceden de «Education Panel Sees Deep Flaws in Training of Nation's Teachers», de Peter Applebome (*New York Times*, 13 de septiembre de 1996); «The Teacher-Pay Myth» (editorial del *New York Post*, 26 de diciembre de 2000); «Why Bad Teachers Can't Be Fired», de Michael Chapman (*Investor's Busi-*

ness Daily, 21 de septiembre de 1998); Douglas Carmine, citado en «Bring Back the Basics», de Brandon Uditsky (*Montreal Gazette*, 6 de enero de 2001); «Firing Offenses», de Peter Schweizer (*National Review*, 17 de agosto de 1998).

El artículo sobre la contratación de maestros provenientes del extranjero es «Facing a Teacher Shortage, American Schools Look Overseas», de Kevin Sack (*New York Times*, 19 de mayo de 2001). La escasez de maestros en Nueva York se trata a fondo en «Teacher Pact Still Far Off», de Steven Greenhouse (*New York Times*, 5 de junio de 2001); «Nation's Schools Struggling to Find Enough Principals», de Jacques Steinberg (*New York Times*, 3 de septiembre de 2000); «Survey Shows More Teachers Are Leaving for Jobs in Suburban Schools», de Abby Goodnough (*New York Times*, 13 de abril de 2001). La información acerca de las instalaciones escolares procede del Departamento de Educación, National Center for Education Statistics, Conditions of Public School Facilities; «26 DC Schools Cleared», de Debbi Wilgoren (*Washington Post*, 12 de septiembre de 1997); y «Angry Judge Closes 4 More DC Schools», de Valerie Strauss (*Washington Post*, 25 de octubre de 1997). Se habla de la escasez de personal de mantenimiento en «Janitorial Rules Leave Teachers Holding a Mop», de Shaila Dewan (*New York Times*, 27 de mayo de 2001).

La información acerca de los recortes presupuestarios aplicados por Bush a las bibliotecas procede de «Libraries Want to Shelve Bush's Proposed Cuts» (*Dallas Morning News*, 13 de abril de 2001). Las palabras de Jonathan Kozol acerca del estado de las bibliotecas escolares, «An Unequal Education», se publicaron en *School Library Journal*. Se pueden hallar datos adicionales sobre bibliotecas y la relación de Richard Nixon con las mismas en «Even in Infomation-Rich Age, School Libraries Struggle», de Marjorie Coeyman (*Christian Science Monitor*, 6 de febrero de 2001); y en «Era of Neglect in Evidence at Libraries», de Kathleen Kennedy Manzo (*Education Week*, 1 de diciembre de 1999).

Las fuentes de las respuestas al mentado test:
— Salario anual, U.S. Vital Statistics, tabla núm. 696 —Bureau of Labor Statistics—«Before You Call 911: Is This the Emergency Number the lifesaver it should be?», de Paula Lyons (*Ladies Home Journal*, mayo de 1995).
— Especies amenazadas, «11.000 Species Said to Face Extinction with Pace Quickening» (Associated Press, 29 de septiembre de 2000).
— Las dimensiones del agujero en la capa de ozono, «Ozone Woes

Down Below», de Colin Woodward (*Christian Science Monitor*, 11 de diciembre de 1998).

— La comparación entre Detroit y África: Detroit = 19,4 % (1991) — informe «Kids Count» (Annie E. Casey Foundation, 25 de abril de 2000); Libia = 19 %, Islas Mauricio = 19% e Islas Seychelles = 13 % – «School House Hype: School Shootings and the Real Risks Kids Face in America», de Elizabeth Donohue, Vincent Schiraldi y Jason Ziedenberg (UNICEF; Newspaper Guild; Justice Policy Institute, 1999).

Buena parte de la información acerca de la presencia empresarial en las escuelas procede del Tercer informe anual sobre tendencias del consumismo en la escuela (Center for the Analysis of Commercialism in Education, 14 de septiembre de 2000). Los datos adicionales al respecto proceden de «Marketing to Free-Spending Teens Gets Savvier», de Dave Carpenter (Associated Press, 20 de noviembre de 2000); «The Commercial Transformation of American Public Education» (conferencia del profesor Alex Molnar 15 de octubre de 1999); «The New (And Improved!) School» (*Mother Jones*, sept./oct. 1998); «Schoolhouse Rot», de Ronnie Cohen (*Mother Jones*, 10 de enero de 2001); «Five-Shift Lunches to End?», de Richard Weir (*New York Times*, 17 de mayo de 1998); «Coca-Cola Learns a Lesson in School», de Henry Unger y Peralte Paul (*Atlanta-Journal Constitution*, 14 de marzo de 2001); «Students For Sale: How Corporations are Buying Their Way into America's Classrooms», de Steve Manning (*The Nation*, 27 de septiembre de 1999); «Pepsi Prank Fizzles on "Coke Day"», de Frank Swoboda (*Washington Post*, 26 de marzo de 1998).

El perfil del alumno peligroso procede de «Risk Factors for School Violence» (Federal Bureau of Investigation Study of School Shootings, septiembre de 2000).

CAPÍTULO 6 – BONITO PLANETA; ¿HAY ALGUIEN AHÍ?

La información relativa a las prácticas de reciclaje por parte de Pepsi procede de «Dumping Pepsi's Plastic», de Ann Leonard (*www.essential.org*, 1994) y de una entrevista telefónica con la autora; «India: Dumping Ground of the Millenium?», de Keerthi Reddy (*Sword of Truth*, 13 de enero de 2001).

La información acerca de las prácticas de reciclaje en el Congreso apareció en «Texas Congressman, Environmental Groups Target House Recycling», de Suzanne Gamboa (Associated Press, 20 de septiembre de 2000).

Los índices de contaminación atmosférica fueron calculados a partir de la información publicada en «Air Pollution Kills, But Deaths Can Be Prevented» (Environmental News Network, 30 de agosto de 1999); y en «American Lung Association Fact Sheet: Outdoor Air Pollution» (American Lung Association, actualización de agosto de 2000).

La información sobre el consumo de gasolina puede hallarse en «Chrysler: CAFE Hike Possible», de Arthur Flax (*Automotive News*, 8 de mayo de 1989); «More Horsepower!», de Charles Child, (*Automotive News*, 24 de junio de 1995); y «The Regulators; Battling to Raise the Bar on Fuel Standards», de Cindy Skryki (*Washington Post*, 16 de mayo de 2000). Los datos sobre el consumo por parte de los deportivos utilitarios proceden de «Scary Talk from Shrub and the Veeper», de Molly Ivins (*Sacramento Bee*, 3 de mayo de 2001). La cantidad de barriles que producirían las perforaciones en la Reserva Natural de Alaska se menciona en «Cheney Promotes Increasing Supply As Energy Policy», de Joseph Kahn (*New York Times*, 1 de mayo de 2001).

A pesar de los esfuerzos por parte de grupos de presión ecologistas para vetar un proyecto de ley sobre transporte que protegía los índices contaminantes de dicho vehículos, Clinton acabó por firmarlo, tal como informa el artículo «Protecting Mother Earth and Gas Guzzlers», de Debra J. Saunders (*San Francisco Chronicle*, 14 de diciembre de 1999).

Se habla del estudio sobre calentamiento global en «Panel Tells Bush Global Warming is Getting Worse», de Katharine Seely y Andrew Revkin (*New York Times*, 7 de junio de 2001); y en «Climate Change Report Puts Bush on Spot», de Tracy Watson y Judy Keen (*USA Today*, 20 de junio de 2001).

Los artículos del *New York Times* referidos son: «Ages-Old Icecap at North Pole is Now Liquid, Scientists Find», de John Noble Wilford (19 de agosto de 2000), y su corrección publicada el 29 de agosto; los artículos sobre el asteroide son «Asteroid is Expected to Make a Pass Close to Earth in 2028», por Malcolm W. Browne (12 de marzo de 1998), y «Debate and Recalculation on an Asteroid's Progress», de Malcolm W. Browne (13 de marzo de 1998).

«America isn't Immune to Animal Diseases», de Deborah S. Rogers (*Sacramento Bee*, 30 de marzo de 2001), es un artículo basado en un estudio de 1989 de la Universidad de Pittsburgh, que afirma que el 5 % de los pacientes de Alzheimer fallecidos quizá padecían en realidad el mal de las vacas locas.

CAPÍTULO 7 – EL FIN DE LOS HOMBRES

Así están las cosas con las mujeres: la única que ha llegado a presentarse a las presidenciales por uno de los dos grandes partidos fue Geraldine Ferraro, que optaba a la vicepresidencia con Walter Mondale en 1984. Las cinco mujeres gobernadoras son: Jane Dee Hull (Arizona), Ruth Ann Minner (Delaware), Jane Swift (Massachusetts), Judy Martz (Montana) y Jeanne Shaneen (New Hampshire). Según el Center for American Women and Politics, hay 13 mujeres senadoras y sesenta mujeres en la Cámara de Representantes (datos de julio de 2001). Las cuatro empresas de entre las 500 mayores que cuentan con mujeres como directores generales son Hewlett-Packard (Carly Fiorina), Avon Products (Andrea Jung), Golden West Financial Corporation (Marion O. Sandler) y Spherion Corporation (Cinda A. Hallman). Las 21 universidades punteras que tienen como presidente a una mujer (según *U.S. News & World Report*, 2001) son: la Universidad de Princeton (Shirley Tilghman), la Universidad de Pensilvania (doctora Judith Rodin), Universidad de Duke (Nan Keohane) y la Universidad de Brown (Ruth Simmons, que también resulta ser la primera presidenta afroamericana de una universidad perteneciente al selecto club de las que componen la denominada Ivy League).

Los datos estadísticos relativos al índice de pobreza de las mujeres divorciadas procede de «Count on Costs Before You Split» (Society for Advancement of Education, abril de 1998).

El Día de la Paga Igualitaria se celebró el 3 de abril de 2001. Ese mismo día, el Departamento de Trabajo publicó un informe sobre el desajuste salarial: «Women Still Earn Less Than Men», de Francine Knowleds (*Chicago Sun-Times*, 3 de abril de 2001).

Las comparaciones sanitarias entre hombres y mujeres proceden de «Are Men Necessary? The Male Dodo» (*The Economist*, 23 de diciembre de 1995); «Men May Be the Weaker Sex», de Linda Carroll (*www.msnbc.com*, 16 de enero de 2001); y «The Numbers Count: Mental Disorders in America», de Hoyert DL, Kochanek KD, Murphy SL (National Institute of Mental Health, datos definitivos para 1997).

Capítulo 8 — Somos los mejores

La Organización Mundial de la Salud estima que hay mil millones de personas en el mundo sin acceso a agua potable. Si calculamos un coste promedio de 50 dólares por persona (cifra propuesta por el World Game Institute, *www.worldgame.org*), el coste total de procurar agua potable a dicho colectivo sería de 50.000 millones de dólares. Desde la administración Reagan, nos hemos gastado más de 60.000 millones en el demencial proyecto de Star Wars. Está previsto que en los próximos 15 años gastemos otros 50 o 60.000 millones más, según la Oficina de Presupuestos del Congreso. Además, cada año entregamos más de 100.000 millones como asistencia a las multinacionales. En otras palabras, mañana mismo el planeta entero podría gozar de agua potable si nuestras prioridades fueran otras. El Center for Defense Information estima que el coste total de nuestro sistema de misiles (incluidos gastos pasados y cálculos a la baja de gastos futuros) será de aproximadamente unos 200.000 millones. «The Costs of Ballistic Missile Defense», de Christopher Hellman (Center for Defense Information).

Las estimaciones para todos aquellos que están sin electricidad proceden de «Meeting the Challenge: Mural Energy and Development for Two Billion People Report» (informe del Banco Mundial, 2000). El número de personas sin línea telefónica fue mencionado por el pionero de Internet, el doctor Vinton Cerf, en un discurso del seminario Creating Digital Dividends, pronunciado en Seattle el 17 de octubre de 2000.

La información acerca del presupuesto del Pentágono destinado al año fiscal 2001 procede del Council for a Livable World, «Fiscal Year 2001 Military Budget at a Glance», *www.clw.org*. Las cifras sobre tasas de matriculación se calcularon a partir de la información del US Vital Statistics —Tabla 247 del informe sobre Población de la Oficina del Censo de Estados Unidos— y del Centro Nacional de Estadísticas de Educación, Digest of Education Statistics, núm. 311.

Las fuentes de las listas aparecidas en «Somos los mejores» provienen de «The State of America's Children Yearbook 2000» del Children's Defense Fund; el Informe de Desarrollo Humano de la ONU del año 2000; Estadísticas demográficas de Estados Unidos, tablas 1356, 1361, 1390, 1398; «Official Energy Statistics From the US Government» de la Energy Information Administration; Datos y cifras de Amnistía Internacional sobre la pena de muerte, 1/6/2001; «Family and Nation», de Patrick Moynihan.

Puede leer más acerca de las proezas de Kim Jong Il en «Kim Jong Il: Asian of the Year», de Anthony Spaeth (*Time Asia*, 25 de diciembre de 2000); «The Kim Is Dead! Long Live the Kim!», de Thomas Omstead y Warren P. Strobel (*Journal of International Affairs*, 6 de noviembre de 2000), «North Kores Opens Up», de Peter Maas (*New Republic*, 12 de junio de 2000; primavera 2001); «North Korea's Monster Movie Flops in South Korean Theaters» (Associated Press, 28 de julio de 2000); «South Korea Media Chiefs to Meet North's Kim Jon Il», (Reuters, 6 de agosto de 2000); «In-Depth Specials: Kim Jong Il: "Dear Leader" or demon?» (*www.CNN.com*).

CAPÍTULO 9 – LA CÁRCEL FELIZ

La muerte de John Adams fue cubierta por el periódico *Tennessean* en octubre de 2000. La información acerca de Koch Industries procede de «Federal Charges Against Koch Industries Cut to Nine», de Michael Hines (*Corpus Christi Caller-Times*, 12 de enero de 2001); «Government's Case Against Koch Industries Shrinks Again» (Associated Press, 18 de marzo de 2001); «Texas Pipeline Company to Pay $20 million fine», de Suzanne Gamboa (Associated Press, 9 de abril de 2001); «Oil Company Agrees to Pay $20 Million in Fines; Koch Allegedly Hid Releases of Benzene», de Dan Eggen (*Washington Post*, 10 de abril de 2001), «Koch Slapped with Big Penalty; Guilty of Pollution Violation», de James Pinkerton (*Houston Chronicle*, 10 de abril de 2001); «Oil Company Settles Charges», de Neil Strassman (*Fort-Worth Star Telegram*, 10 de abril de 2001).

La información acerca del caso de Anthony Lemar Taylor procede de los artículos siguientes: «DMV Can't Catch Tiger by His ID», de Kimberly Kindy (*Orange County Register*, 20 de diciembre de 2000); «Woods ID Thief Gets 200-to-Life», de Ramon Coronado (*Sacramento Bee*, 28 de abril de 2001).

El caso de Kerry Sanders fue tratado en «My Name is Not Robert», de Benjamin Weiser (*New York Times*, 6 de agosto de 2000).

Los estudiantes de la Facultad de Periodismo Medill de la Universidad Northwestern, dirigidos por el profesor David Protess, siguen investigando casos de pena capital. El 21 de junio de 2001 protagonizaron un episodio del programa de investigación de la cadena CBS, *48 Hours.*

El estudio del índice de error en casos de pena de muerte es «A

Broken System: Error Rates in Capital Cases, 1973-1995», de James S. Liebman, Jeffrey Fagan y Valerie West, 12 de junio de 2000. El *New York Times* informó del mismo en «Death Sentences Being Overturned in 2 of 3 Appeals», de Fox Butterfield(12 de junio de 2000).

El Death Penalty Information Center compiló estadísticas e información sobre la aplicación de la pena de muerte por parte de Estados Unidos contra menores y retrasados mentales.

Los sondeos sobre el apoyo a la pena de muerte se publicaron en el *Washington Post*, «Support for Death Penalty Eases; McVeigh's Execution Approved, While Principle Splits Public», de Richard Morin, Claudia Deane, 3 de mayo de 2001», y en «Harris County Is a Pipeline to Death Row», de Allan Turner (*Houston Chronicle*, 4 de febrero de 2001), «Complication; DNA, Retardation Problems for Death Penalty» (la plantilla del *Chronicle*, 6 de febrero), «A Deadly Distinction», de Mike Tolson, 7 de febrero de 2001.

Capítulo 10 — Demócratas: donde dije digo...

Para más información sobre el historial de Clinton y las organizaciones caritativas religiosas, véase «Filter Aid to Poor Through Churches, Bush Urges», de Adam Clymer (*New York Times*, 23 de julio de 1999). Sobre delitos federales y la pena de muerte: Bill Clinton, *Between Hope and History*, Random House, 1996, p. 80. Sobre matrimonios homosexuales: «Clinton Ad Touting Defense of Marriage is Pulled», de Howard Kurtz (*Washington Post*, 17 de octubre de 1996); y «Ad on Christian Radio Touts Clinton Stands», de Howard Kurtz (*Washington Post*, 15 de octubre de 1996). Sobre seguridad social: «A War on Poverty Subtly Linked to Race», de Jason DeParle y Steven A. Holmes (*New York Times*, 26 de diciembre de 2000). Sobre padres adolescentes y asistencia social: «Clinton Waffling Reaches New Levels» (*Minnesota Daily*, 7 de mayo de 1996). Sobre impuestos sobre plusvalías: «Statement by RNC Chairman Jim Nicholson on the Tax Relief and Balanced Budget Agreement» (hoja informativa del Comité Nacional Republicano, 31 de julio de 1997). Sobre la pena de muerte: «Charges of Bias Challenge U.S. Death Penalty», de Raymond Bonner (*New York Times*, 24 de junio de 2000); y «Clinton Is Urged to Declare a Moratorium on Federal Executions», de Raymond Bonner (*New York Times*, 20 de noviembre de 2000). Sobre policía y la ley de reincidencia: Clinton, *Between Hope and History*, pp. 75-81. Sobre los índices de población no asegurada: «A War on Poverty Subtly Linked to Race», de Jason DeParle y Steven A. Holmes (*New York Times*, 26 de diciembre de 2000). Sobre el seguro a inmigrantes ilegales: «Clinton's Plan: DOA?», de Michael Duffy (*Time*, 14 de febrero de 1994); y «Refusing a Helping Hand», de Wendy Zimmerman y Michael Fix (*Orlando Sentinel*, 20 de septiembre de 1998). Sobre Clinton y los abortos tardíos: «Clinton Message on Christian Radio Haunt Him», de Marc Sandalow (*San Francisco Chronicle*, 19 de octubre de 1996; y «Deal on UN Dues Break an Impasse and Draws Critics», de Eric Schmitt (*New York Times*, 16 de noviembre de 1999). Sobre el tratado para la prohibición de minas antipersonas: «US Should Sign Treaty Banning Land Mines», por Susannah Sirkin y Gina Coplon-Newfield (*Boston Globe*, 11 de agosto de 2000). Sobre el Protocolo de Kyoto: «Treaty Talks Fail to Find Consensus in Global Warming», de Andrew Revkin (*New York Times*, 26 de noviembre de 2000). Sobre prospecciones petrolíferas en terrenos federales: «Teapot Dome, Part II: The Rush for Alaskan Oil», de Jeffery St. Clair y Alexander Cockburn (*The Nation*, 7 de abril de 1997); y «Al Gore's Teapot Dome; Occidental Petroleum Acquires Large Portion of Elk Hills», de Alexander Cockburn (*The Nation*, 17 de julio de 2000). Sobre el límite de consumo de los motores de gasolina: «The Energy Plan: The Standards», de Keith Bradsher (*New York Times*, 18 de mayo de 2001). Sobre la política respecto al Protocolo de Kyoto antes de las elecciones: «Sinking Feelings: Climate change is one of the greatest threats to life as we know it», de Paul Brown (*The Guardian*, 11 de octubre de 2000).

El apoyo de los republicanos a la revisión de los índices de arsénico se analiza en «House Demanding Strict Guidelines on Arsenic Levels», de Douglas Jehl (*New York Times*, 28 de julio de 2001). La información acerca de la financiación estatal de organizaciones religiosas procede de «War on Poverty Enlists Churches», de Gail Russell Chaddock (*Christian Science Monitor*, 19 de junio de 2000).

Las fuentes sobre la política de financiación de prácticas abortivas en el extranjero son «Bush Acts to Halt Overseas Spending Tied to Abortion», de Frank Bruni y Marc Lacey (*New York Times*, 23 de enero de 2001); y «Deal on UN Dues Breaks an Impasse and Draws Critics», por Eric Schmitt (*New York Times*, 16 de noviembre de 1999).

Los datos estadísticos acerca de la disponibilidad de médicos que practiquen abortos proceden de «Factors Hindering Access to Abortion Services», Stanley K. Henshaw, Planned Parenthood/Family Planning Perspectives, 27 (2), pp. 54-59 y 87.

El recuento de los votos para la aprobación del proyecto de reforma de la Ley de Bancarrota aparece detallado en: Índice de votaciones, votación número 36, S.420, aprobado 15/3/2001. Sí: 83, No: 15, Abstenciones: 1 (Barbara Boxer, de California, no votó).

La información sobre las regulaciones y órdenes de última hora de Clinton procede de: «Racing the Clock With New Regulations», de Dan Morgan y Amy Goldstein (*Washington Post*, 20 de enero de 2001); «Clinton's Last Regulatory Rush», por Dan Morgan (*Washington Post*, 6 de diciembre de 2000); «Arsenic Fouls Review of New Rules», de Jonathan Weisman y Mimi Hall (*USA Today*, 20 de abril de 2001); «Midnight Regulations' Swell Register», de Cindy Skrycki, (*Washington Post*, 23 de enero de 2001); «Further Revisions to the Clean Water Act Regulatory Definition of "Discharge of Dredged Material"» (Agencia para la Protección del Medio Ambiente,17 de abril de 2001).

CAPÍTULO 11 – LA PLEGARIA DEL PUEBLO

El debate sobre políticos antiabortistas favorables a la investigación sobre células madre se trata a fondo en «Conservative Pressure for Stem Cell Funds Builds: Key Anti-abortionists Join Push for Embryo Research», de Ceci Connolly (*Washington Post*, 2 de julio de 2001); «Stem Cell Debate Creates Odd Alliances; Some Conservative Break Ranks with the Religious Right», de Marc Sandalow (*San Francisco Chronicle*, 22 de julio de 2001); «Thurmond Backs Stem Cell Research» (Associated Press, 30 de junio de 2001). La relación de Cheney con la legislación sobre temas homosexuales apareció detallada en «Gay Republicans Left Out in the Cold», de Chris McCall (*Badger Herald*, 2 de noviembre de 2000).

CAPÍTULO 12 – HASTA NUNCA, TALLAHASSEE

Maria Cantwell obtuvo 1.199.437 votos, en tanto que su oponente, Slade Gorton, obtuvo 1.197.208. Nader se hizo con un 4 por ciento del voto (103.002 votos). Podemos presumir fácilmente que muchos de esos 100.000 votantes de Nader también apoyaban a Cantwell contra los candidatos republicano y libertario (este último se hizo únicamente con el 2,63 por ciento de los votos). Los resultados electorales proceden del Washington State General Election Final Report.

El artículo de Molly Ivins, «Swing-State Progressives Ought to Think Back to '68», se publicó el 1 de noviembre de 2000. La cifra de votos de todos los candidatos son los resultados certificados oficialmente por el Departamento de Estado de Florida. Los resultados del Partido Verde son los que ofrece el Partido Verde de California y la campaña de Nader 2000/2004.

ÍNDICE